이미 일어난 스마트 시대의 미래

이것만은 알고 만나자!
이미 일어난 스마트 시대의 미래

초판 1쇄 | 2019년 2월 26일

지 은 이 | 원석연
편집교정 | 김근선
디 자 인 | 한정훈
출판진행 | 원예진
발 행 처 | 코코넛북스

출판등록 | 제2019-000003호
주   소 | 서울시 중구 동호로 17길 11 카티정보빌딩 3층
대표전화 | 02-6363-3000
팩   스 | 02-6363-3199
이 메 일 | books@coconut.land
홈페이지 | http://www.coconut.land

ISBN 979-11-966016-9-0 (03320)

- 코코넛북스는 ㈜카티정보의 출판사업부입니다.
- 이 책은 저작권법에 따라 보호를 받는 저작물이므로 무단 전재와 복제를 금합니다.
- 이 책 내용의 전부 또는 일부를 이용하려면 반드시 저작권자와 코코넛북스의 서면 동의를 받아야 합니다.
- 파본이나 잘못 인쇄된 책은 구입한 곳에서 교환해드립니다.
- 이 도서의 국립중앙도서관 출판예정도서목록(CIP)은 서지정보유통지원시스템 홈페이지(http://seoji.nl.go.kr)와 국가자료공동목록시스템(http://www.nl.go.kr/kolisnet)에서 이용하실 수 있습니다.(CIP제어번호:CIP2019005330)

이것만은 알고 만나자!
이미 일어난 스마트 시대의 미래

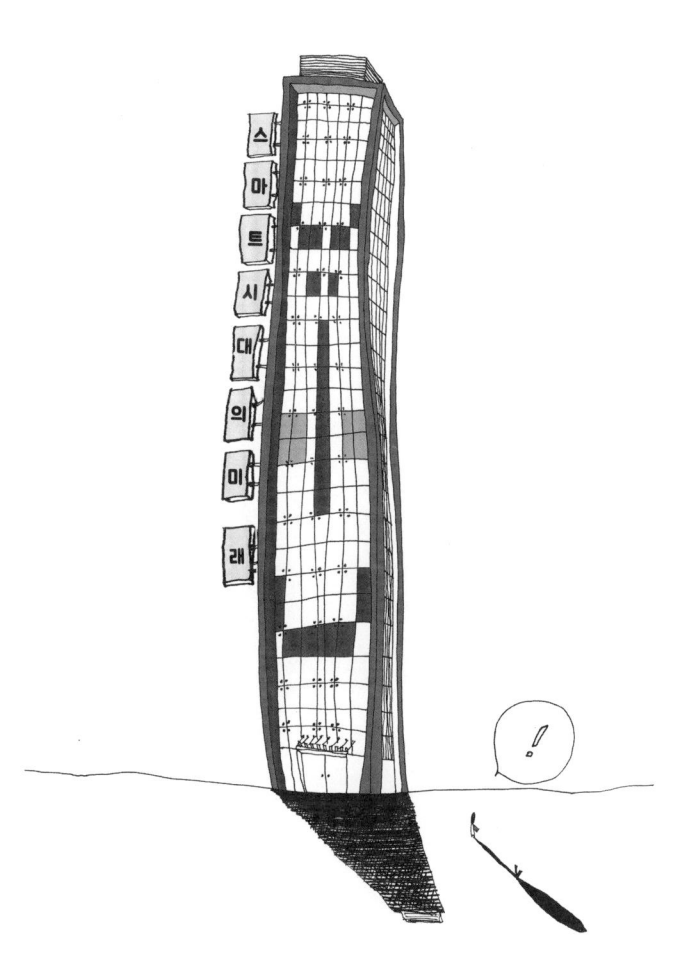

프롤로그

　어느 바닷가. 시원한 바람이 불어온다. 은은한 커피 향을 만끽하고 있다. 그런데, 갑자기 커피 잔에서 작은 파문이 인다. 무시하고 잔을 들었더니 테이블이 흔들리기 시작한다. 이것조차 무시하고 해변을 바라보니 파도가 거세다. 잠시 후 집채만한 파도가 밀려온다.

　4차 산업혁명이라는 거대한 해일이 우리 앞에 있다. 그리고, 질문을 던진다. 변화를 거부하고 안주할 것인가? 변화를 인정하고 적절한 대비로 이겨낼 것인가? 현재의 변화를 인정하고 대비하자. 이것이 '이미 일어난 스마트 시대의 미래'가 개인과 기업에게 요구하는 오늘의 질문과 답이다.

　4차 산업혁명이라는 거대한 파도의 실체를 이해하고, 그로 인해 만들어진 새로운 비즈니스 환경과 이에 따른 개인과 기업의 대응 방법을 살펴보려고 한다. 그런데, 디지털로 만들어진 변혁의 대응 방법이 아날로그 방식의 인문학적인 사고를 바탕에 두어야 한다는 아이러니와 만나게 된다.

　기술 트렌드로 인한 변화는 궁극적으로 인간을 향해 있다. 기술의 진화가 오히려 인간의 본질인 '융합과 협업'에 집중할 것을 요구하고 있다. 현재와 미래의 기술을 어떻게 '융합'하여, 그것에 새로운 가치를 불어넣느냐가 바로 인간의 몫이 된 것이다. 융합은 갈수록 복잡해지고 있다. 그렇기에 융합은 '협업'을 함께 요구한다.

그 동안 인간의 영역이었던 지식과 도구의 사용이 인공지능 로봇으로 빠르게 대체되고 있다. 이 때문에 인간은 일자리를 걱정하는 처지가 되었다. 그런데 인간이 만든 도구가 인간을 위협한다는 것이 얼마나 아이러니한가. 이것은 '인간을 위한 도구'라는 사실을 간과한 탓이다. 현재의 기술은 모두 인간을 위한 것이다. 그렇기에 우리 인간들은 이것이 우리를 위협하는 적이 아니라, 우리가 활용해야 할 도구임을 먼저 인지해야 한다.

4차 산업혁명 시대의 비즈니스에서 가장 중요한 자산은 바로 '사람'이다. 이제는 스마트한 기술 도구로 '초연결'되어 있는 사람들로부터 어떻게 정보를 습득하고, 어떻게 가치를 더하고, 어떻게 다시 사람들에게 전파하느냐가 비즈니스 성공의 핵심요소가 되었다. 지식의 습득과 관리, 분석과 이용을 인간보다 월등히 빠른 속도로 정확하게 해 내는 인공지능이 일상에 도입되기 시작하면서, 그 변혁의 속도는 더더욱 가속화될 것이다. 인간과 달리 24시간 쉬지 않고 불평 없이 정확하게 일하는 인공지능 로봇은 산업의 구조 자체를 바꿔 놓을 것이 분명하다.

2018년 미국에서 요리사와 음식을 나르는 종업원들이 집회를 열었다. 로봇 때문에 일자리를 잃지 않도록 막아달라는 목소리다. 그런데 이 문제의 원인을 좀 더 명확하게 살펴볼 필요가 있다. 기계처럼 마지못해 일하고 있는 종업원과 고객을 세심하게 살피고 적절하게 대응하는 종업원 중에 누가 일자리를 잃을까? 기술이 인간의 일자리를 빼앗아 가는 것을 막기는 어렵다. 하지만, 분명 기계처럼 마지못해서가 아닌 인간답게 일하는 사람은 살아남을 것이다. 단순한 '지식'이 아니라 '지혜'를 더한다면 말이다.

익숙해진 현재에 안주해 사는 것은, 다가올 변화에 대비하지 않고 서서히 죽음을 기다리는 것과 다를 바 없는 어리석은 행위이다. 인공지능 로봇과 경쟁하는 인간이 될 것인가? 아니면, 인공지능 로봇을 이용하는 인간이 될 것인가?의 선택은 바로 여러분의 몫이다.

이 책이 '살고 있는 세상'과 '살아가야 할 세상'을 이해하고 대비하는 데 조금이라도 도움이 되기를 바란다. 무엇보다, 답을 찾기보다는 오히려 질문이 많아지기를, 스스로를 향한 질문의 반복으로 자신만의 답을 찾아가는 계기가 되기를 바란다.

종교인들은 경전을 읽으면서 수많은 깨달음을 얻는다. 같은 내용을 반복해서 읽으면서 또 다른 깨달음을 얻는다. 그 경전에 깨달음이 있다는 믿음으로 읽기가 시작되었기 때문이다. 어떠한 책에서도 깨달음을 얻을 수 있다. 그곳에 깨달음이 있다는 믿음과 의도를 가지고 읽는다면 말이다. 긍정적인 자극을 받기 위한 의도를 가지고 이 책을 읽어주기를 희망한다.

   아름다운 자연의 노을과 그 뒤에 오버랩되는 인공의 불빛을 바라보며...

원 석 연

목 차

1. 이미 일어난 스마트 시대의 미래
"개인과 기업의 미래를 향한 오늘의 질문!"
(개인화, 초연결, 증강인류 / 플랫폼, 융합, 협업)

2. 4차 산업혁명
"데이터가 자본이다! 인공지능 로봇은 경쟁이 아니라 이용의 대상!"
(ICT, WEB, SNS, Mobile, IOT, Big Data, Cloud Computing,
Block Chain, AI, Digital Twin)

3. SNS(Social Networking Service)
"개인화와 초연결!"
(SNS는 실시간 자기소개서, SNS의 중요성과 위험성)

4. 소셜경제(Social Economy)
"초연결이 만들어준 추천 경제!"
(지인을 통해 이루어지는 온라인 경제)

5. 스마트 비즈니스 플랫폼(Smart Business Platform)
"만나고, 머무는, 자가발전 비즈니스 생태계!"
(이제는 고객에게 자가발전이 가능한, 행복한 놀이터를 제공해야…)

6. 스마트 플랫폼과 게이트웨이
"종이비행기가 아니라 그것을 움직이는 바람을 보라!"
(단말기는 플랫폼 출입을 위한 게이트웨이)

7. 스마트 플랫폼 제국
"플랫폼 관점에서 바라본 애플, 구글, 아마존"
(세계를 이끄는 새로운 룰 메이커 '3대 스마트 플랫폼 기업'의 실체)

8. 클라우드 컴퓨팅(Cloud Computing)
"필요한 모든 것은 구름 위에!"
(컴퓨팅 자원과 데이터의 효율적인 관리를 위한 필연적인 만남)

9. 크라우드 소싱(Crowd Sourcing)
"군중의 힘은 위대하다!"
(함께 만드는 효율 경제, 십시일반, 상부상조)

10. 공유경제(Sharing Economy)
"소유가 아닌 공유의 시대!"
(효율과 자원 절약을 위한 공유 플랫폼의 탄생)

11. 융합(Convergence)
"무에서의 창조가 아니라 유에서의 발견!"
(플랫폼은 융합 놀이터, 사례 및 능력 고취 방법)

12. 융합으로 새로운 가치 불어넣기
"설마를 융합하라!"
(고정관념 깨기, 공학과 인문학, 지식과 경험을 통한 생각의 충돌)

13. 협업지능(Collaboration Intelligence)
"세상에 혼자 할 수 있는 일은 하나도 없다!"
(구성원 모두가 리더인 협업공동체, 협업리더십)

14. Why로 시작하는 삶과 업무
"What과 How는 인공지능 로봇이, 우리는 Why에 집중해야!"
(일관성 있는 Why로 자신만의 매니아 만들기)

1. 이미 일어난 스마트 시대의 미래

"개인과 기업의 미래를 향한 오늘의 질문!"

**개인화, 초연결, 증강인류
플랫폼, 융합, 협업**

하나의 유행이 구성원의 11% 이상으로 확산되면 우리는 그것을 트렌드(Trend)라고 부른다. 그리고 그것이 51%로 과반을 넘으면 컬처(Culture)가 된다. 현재는 트렌드지만 결국은 컬처가 될 것을 미리 알 수만 있다면 미래를 예측하고 대비할 수 있다. 이것이 바로 트렌드에서 컬처로 이어질 것에 주목해야 하는 이유다. 미래의 변혁을 주도할 대부분이 여기에 있기 때문이다.

'트렌드 읽기'는 '현재에도 존재하고 앞으로도 계속될 힘'을 찾는 행위이다. 존재하는 모든 것들은 서로 연결되어 있고, 그 연결을 이끄는 힘은 사람이다. 그러므로 사람들이 왜 모이고, 그들이 어디로 향하는지 관심을 가지고 주의깊게 살피면 트렌드를 읽을 수 있다.

하지만, 타인이 이끄는 대로 끌려다니는 단순한 추종자가 되지 않으려면, '현상이 아니라 그 속성을 이해'하고 '전체의 흐름을 읽을 수 있는 눈'을 지녀야 한다. 공중을 떠 다니는 종이 비행기를 보면서, 종이 비행기가 아니라 그것을 움직이는 바람을 볼 수 있어야 한다는 말이다.

이번 장에서는 현재의 기술 분야 트렌드 중에서 확실하게 컬처가 될 것을 '이미 일어난 스마트 시대의 미래'라고 정의하고, 그것을 움직이는 힘과 그것이 어디로 향하고 있는지를 살펴보고자 한다.

자! 그럼, 이미 우리들 현실에 들어와 있는 '이미 일어난 스마트 시대의 미래'가 어떠한 모습인지를 구경해 보자.

자신과 연결된 아바타를 통해 다른 세상과 소통하는 것을 주제로 한 영화 아바타(Avatar, 2009)와 써로게이트(Surrogates, 2009)는 자신의 실제 몸은 안전한 곳에 두고 복제된 아바타를 통해 다른 세상에서 실시간으로 활동한다는 내용이다. 뇌와 연결된 가상현실(Virtual Reality)을 통해서 실제와 다름 없이 현실에서 활동할 수 있음을 보여주고 있다. 영화 레디 플레이어 원(Ready Player One, 2018)은 현실과 혼재된 가상현실 안에서의 게임 이야기를 다룬 영화이다. 이러한 가상현실이 허구인 영화 속 공상과학이 아니라 이미 우리 현실에도 서서히 적용되고 있음을 알아야 한다. 가상현실(Virtual Reality) 기술은 선사시대나 해저 생물을 실제처럼 만나보는 등의 교육용으로 시작해서 수많은 분야에서 이미 활용되고 있기 때문이다.

증강현실(Augmented Reality) 기술을 이용하여, 사진을 스마트폰 카메라로 비추면 그 사진과 연결된 동영상 정보가 스마트폰 화면에 나타나게 할 수 있다. 상점에서 사용하고 있는 바코드나 QR코드를 초기단계의 증강현실로 이해해도 좋겠다. 증강현실은 현실의 이미지를 가상의 이미지와 결합해서, 눈 앞에 보이는 작은 정보에 인터넷상의 정보를 결합하여 더 많은 정보로 증강시켜 보여주는 기술을 말한다. 이 같은 증강현실 기술에 안면인식 기술을 융합하면, 처음 보는 사람의 얼굴을 스마트폰 카메라에 비추어 그와 관련된 전화번호와 이메일, 회사명 등 그가 사전에 허락한 신상정보가 그의 얼굴 주변에 나타나게 할 수 있다. 신분증 혹은 명함을 대체할 수 있는 것이다. 이것이 실생활에 적용되기 위해서는 얼굴 정보 등의 개인 정보 수집을 위한 법적인 문제가 먼저 해결되어야 하겠지만 단지 시간의 문제일뿐 언젠가는 현실화될 것이다.

동시통역은 어떨까? 이미 많은 사람들이 스마트폰의 통역 앱을 통해 외국인들과 대화하고 있고, 더 나아가 실시간 음성 인식을 통한 통역된 내용을 스마트폰 등의 화면에 문자로 표시해주는 기술도 이미 높은 완성도를 보이고 있다. 이제는 내시경 검사를 위해 얇은 관을 삽입하는 고통스러운 과정을 더 이상 겪지 않아도 된다. 캡슐 하나만 삼키면 실시간으로 신체 내부를 화면에 보여주고, 레이저를 이용해 불필요한 혹을 떼어내는 간단한 수술까지도 가능해졌기 때문이다. 나노기술(Nanotech)을 이용해서 미세한 크기의 컴퓨터가 우리 몸 속 혈관을 돌아다니며 실시간으로 상태를 모니터링하고 관리해 줄 날도 멀지 않았다. 스마트 시계, 스마트 안경, 스마트 콘택트

렌즈 등 몸에 지니는 '웨어러블(Wearable)'에서, 아예 몸에 이식해서 사용하는 '스킨(Skin)' 컴퓨터가 일상생활의 중요한 도구로 자리잡게 될 것이다.

2016년 미국의 어느 미술관에서 1600년대 네덜란드 화가 렘브란트 풍의 그림을 전시하는 행사가 있었다. 그런데 모두가 격찬한 이 그림이, 실제로는 사람이 그린 그림이 아니라는 사실은 충격적이었다. 마이크로소프트사가 제작한 인공지능(Artificial Intelligence) 소프트웨어가 렘브란트의 그림들을 모두 기계학습한 후, '렘브란트가 그린 모든 인물을 통합해서 가장 보편적인 인물을 하나 만들어보라'라는 명령에 따라, 3D 프린터를 이용해서 그린 'The Next Rembrandt'라는 프로젝트의 결과물이었기 때문이다.

지금까지 살펴본 몇 가지 사례가 모두 미래의 일들일까? 아니다, 분명 이미 일어나고 있는 일들이다. 앞으로 5년, 10년 후를 예측할 수 없을 정도로 우리는 지금 급변하는 세상과 마주하고 있고, 그로부터 중대한 변화를 요구받고 있다.

2013년과 2015년 사이의 중국 스마트폰 시장 점유율을 살펴보면, 2014년까지 1등을 달리던 삼성전자가 2015년에는 5위권 안에서 사라진다. 기술이 일반화되면서 스마트폰의 기능이 중국 제조사들과 비슷해졌기 때문이다. 폰 기능의 특별함이 갖는 경쟁력이 점차 사라져가고 있는 것이다. 그럼에도 애플은 여전히 중국 시장에서 상위권을 지키고 있다. 애플의 고객들은 단순히 단말기인 스마트폰만이 아니라 이미 익숙해져 있는 애플의 플랫폼 출입을 위한 게이트웨이로 아이폰을 선택하기 때문이다. 물론 애플 또한 자신의 플랫폼과 게이트웨이를 제대로 지켜내지 못한다면 삼성전자처럼 순위에서 밀려날 수도 있을 것이다. 하지만 이 모두가 이제는 하드웨어 중심의 단순 제조와 판매가 아니라, 소프트웨어와 플랫폼 기반의 서비스를 통해 행복한 경험을 지속적으로 제공하는 기업만이 살아 남는 시대가 되었음을 보여주는 사례이다.

이처럼 제조 분야는 '비즈니스 플랫폼'과 '공유경제' 등의 다양한 이유로 큰 변혁을 요구받고 있다. 더욱이 3D 프린팅 기술 덕분에 맞춤형 주문제작 또는 가내수공업 형태가 될 가능성도 높아졌다. 대량판매를 위한 대량생산이 아니라 필요한 것을 소비자가 직접 만들어 쓰는 구조가 될 수 있다는 말이다. 실제로 영화 아이언맨2의 2010년 제작 당시에도 주인공의 갑옷을 몸 상태와 주변 상황에 맞춰 현장에서 직접 3D 프린터로 제작해서 썼다고 한다. 앞으로의 제조는 물건을 생산하는 하드웨어 중심의 산업이 아니라 소비자의 직접제작을 돕는 제품설계도 등의 소프트웨어를 공급하는 형태로 변화될 수도 있을 것이다.

이러한 이유로 더 이상 일회성 판매를 위한 제조만으로는 생존을 보장할 수 없는 시대가 되었다. 앞으로의 제조는 지속적인 서비스 모델로 구축된 비즈니스 플랫폼 아래에서 그곳을 '출입'하고 '머무는' 동안 필요한 도구를 공급하는 형태로 바뀔 것이다. 다시 말해 제조는 서비스 업체 혹은 플랫폼 업체에 종속되며, 그들이 원하는 제품을 그들에게만 납품하는 구조가 될 것이다. 구매가 아닌 이용, 소유가 아닌 공유의 시대가 되었다. 즉 일회성 상품을 구매하는 소유가 아니라, 플랫폼 안에서 지속적으로 상호작용 서비스를 이용하고 공유하는 형태가 될 것이다. 이것이 바로 '이미 일어난 스마트 시대의 미래'이다. 앞서 살펴보았듯이, 이미 일어난 스마트 시대의 미래는 이미 우리 생활 속에 자리잡기 시작했다. 게다가 우리의 예상보다 훨씬 빠른 속도로 그 영역을 넓혀가고 있다.

이러한 '이미 일어난 스마트 시대의 미래'가 '개인'과 '기업'을 향해 던지는 화두를 3개의 키워드로 정의해보자.

개인을 향한 3대 키워드

첫번째, 혼자이고 싶지만 연결 없이는 살 수 없는 '초연결'.
두번째, 모두가 나 하나만을 향하는 '개인화'.
세번째, 힘도 지능도 증대되고 강화된 '증강인류'.

건강한 삶을 뜻하는 '웰빙'이라는 화두가 지배한 지난 20년 동안, 길거리 음식의 판매량이 줄기는커녕 더 늘어났다는 조사결과는 무엇을 의미할까? 웰빙과는 정반대의 결과인데 말이다. 그런데, '맛집'을 찾아가서 지불하는 비용은 더 늘어났다는 결과는 또 무슨 뜻일까? 혼자서는 간식이나 군것질로 일상적인 끼니를 때우면서도, 누구와 함께라면 먼 거리와 비싼 음식 값에도 아랑곳하지 않고 기꺼이 찾아가는 것이다. 바로 '혼자 먹는 것'과 '함께 먹는 것'에 쓰는 비용과 관심이 달라진 까닭이다.

우리는 스마트폰이 자기 몸에서 멀어지면 불안해한다. 화장실을 갈 때도, 잠을 잘 때도 곁에 두어야 마음이 편하다. 내가 모르는 사이에 누군가 혹은 집단의 연결로부터 나만 소외 당할지도 모른다는 걱정, 즉 '왕따 당하는 것'이 두려워서가 아닐까? 대학가의 주거 환경을 보면, 큰 방에서 여럿이 함께 생활하던 과거와 달리 이제는 좁디 좁은 작은 방이지만 혼자 생활하는 고시원같은 공간을 더 선호하게 되었다. 그렇게 몸은 좁은 방에 홀로 있으면서, 스마트폰으로라도 타인과 연결되어 있지 않으면 마음이 불안해진다.

지극히 개인적이고 싶지만 연결 없이는 불안한 삶, 즉 '초연결'과 '개인화'라는 이질적인 두 가지 감정을 동시에 요구받는 시대가 된 것이다. 더욱이 나와 연결된 풍부한 정보가 빅데이터가 되어, 나를 이해하고 나 하나만을 향하는 개인화(Personalization)가 중요한 화두가 되었다. 그리고, 다양하게 진화하는 연결 방법으로 '초연결'은 더더욱 심화되어 간다.

예를 들어, 나 홀로 식사를 하고 술을 마시는 '혼밥'과 '혼술'족을 대상으로 식당을 운영한다면? 그저 칸막이로 육체를 분리시키는 하드웨어적인 '개인화'만으로는 '초연결'의 욕구충족은 부족하다. 독립적인 칸막이로 육체적인 '개인화'를 만들어 주었다면, 이와 더불어 교육된 종업원의 시의적절하고 자연스러운 응대로 '초연결'의 욕구를 만족시켜야만 한다. 영화 '심야식당'과 같이 고객을 개별적으로 이해하고 적절하게 대응하는 소프웨어적인 접근이 동반되어야 한다는 말이다. 이처럼 '개인화'와 '초연결'의 두 가지 요소를 동시에 만족시키는 비즈니스를 설계해야 한다.

게다가 발달된 기술의 도움으로 우리 인간의 육체적인 능력은 실제보다 훨씬 강화될 것이고, 인공지능 등의 도움으로 지적인 능력 또한 실제보다 훨씬 증대될 것이기에, 현재의 인류는 '증강인류'로 진화해 갈 것이다. 이렇게 '초연결', '개인화', '증강인류'라는 세 가지 키워드는 개인의 삶과 생활 방식을 지배하는 핵심 요소가 되었다.

기업을 향한 3대 키워드

첫번째, 만나고 머무는 자가발전 생태계 '플랫폼'.
두번째, 무에서 유를 만드는 창조가 아니라 유에서 유의 '융합'.
세번째, 융합의 완성은 타인과의 '협업'.

거대한 변혁의 중심에 있는 정보통신기술(ICT), 웹(Web), 모바일(Mobile), 클라우드 컴퓨팅(Cloud Computing), 소셜 네트워킹 서비스(SNS), 가상현실과 증강현실(VR/AR), 빅데이터(Big Data), 블록체인(Block Chain), 인공지능(AI), 디지털 트윈(Digital Twin) 등의 주요 키워드가 향하고 있는 비즈니스 방식을 한마디로 정의하라면 바로 '스마트 플랫폼'이다. 여기서 '스마트'가 붙은 이유는 기술의 발달로 우리가 '증강인류'가 되는 것처럼, 비즈니스 또한 이러한 증강 요소들을 적극적으로 이용하는 스마트한 기술 적용이 필수 요소가 되었기 때문이다.

미디어 공유공간인 페이스북은 스스로 생산하는 콘텐츠가 없고, 숙박 업체인 에어비앤비는 소유한 부동산이 없고, 택시 기업인 우버는 소유한 자동차가 없다. 이들은 단지 필요한 만남을 연결해 주고, 그 만남을 통해 자신의 놀이터에서 머물게 하면서 돈을 번다. 그것도 그곳에 머무는 동안 고객들이 서로 소개하며 정보를 공유하는 자가발전 생태계 안에서 말이다.

그렇다면 이미 일어난 스마트 시대의 기업 구성은 어떻게 될까? 극소수의 '스마트 플랫폼 기업'과 플랫폼의 필수 도구들을 제공하는 '개발기업', 그리고 99% 이상의 대다수 기업들은 그 플랫폼 안에서 그들이 제공하는 도구들을 새롭게 융합하면서 차별화된 비즈니스 영역을 확보해 나가는 '융합기업'이 될 것이다.

레고블록 조립을 예로 들어보자. '플랫폼 기업'은 스스로 혹은 '개발기업'들이 만든 다양한 레고블록을 제공한다. '융합기업'들은 그 블록으로 누군가는 자동차를, 누군가는 배를, 누군가는 비행기를 만들며 비즈니스를 창출하는 것이 '비즈니스 플랫폼'의 구조라는 말이다.

'융합기업'이 융합을 만들어가는 과정에서 필요한 '노란색 삼각형 블록'이 보이지 않는다면, 직접 그 블록의 제작을 시작하기 전에 검색부터 먼저 해야 한다. 찾아보면 어딘가에 이미 존재하고 있을 확률이 매우 높기 때문이다. 이미 있는 것을 찾아 쓰지 않고 그 블록을 새로 만드는 것은 시간과 돈을 낭비하는 어리석은 행위가 될 수도 있다. 새로운 것이 나오면 먼저 살펴보고 시도해보는 '얼리 어답터(Early Adopter)'가 되어야 하는 이유가 바로 여기에 있다.

대다수의 기업은 '융합기업'이어야 하고 우리들 대다수는 그곳의 일원이 될 것이기에, '융합' 능력을 갖추는 것은 사회생활의 필수 조건이 되었다.

창업 과정을 한 번 살펴보자. 영어회화를 배우고자 하는 수요와 영어 원어민을 온라인으로 연결해 주는 영어회화 비즈니스를 창업한다면? 온라인 사이트를 만들어야 하니 성능 좋은 서버가 필요할 것이고, 음성과 영상을 실시간으로 주고 받을 수 있는 영상회의 시스템이 있어야 하고, 서비스의 대가를 지불받는 결제 시스템도 필요하다. 그리고, 이 서비스를 알리기 위한 홍보와 마케팅 비용도 있어야 한다. 이 모든 과정을 수행하기 위해서는 충분한 창업 자금과 인력 확보가 필수적이다. 그런데, 이 과정을 위에서 설명한 플랫폼 안에서의 '융합기업' 개념으로 접근해보면 어떻게 될까? 필요한 서버는 직접 구매하지 않고 사용한 만큼만 지불하는 클라우드 컴퓨팅 서비스인 '아마존 EC2'를 이용하면 된다. 서비스 준비 단계에서는 데이터 트래픽이 거의 발생하지 않으므로 몇 천 원 혹은 몇 만 원으로도 준비가 가능해진다. 영상회의 시스템은 스카이프(Skype)를, 결제 시스템은 페이팔(PayPal)을, 홍보는 페이스북, 트위터, 인스타그램과 같은 SNS를 이용한다면? 직접 장비를 구매하고 솔루션을 개발하는 것과는 비교할 수 없을 정도의 적은 시간과 비용으로도 창업이 가능하다. 이것이 바로 무엇이든 '융합'을 먼저 이해하고, 융합의 방식으로 시작해야 하는 이유다.

이제 창업은 창조가 아니라 융합이다. 없는 것을 있는 것으로 만드는 과정이 아니라, 있는 것을 융합해서 새로움을 불어 넣는 행위가 바로 창업이 되어야 한다. 그렇기에 창업은 아이디어만 뛰어난 사람이 아니라 융합 능력을 갖춘 사람이 해야 한다. "보이지 않는 것을 보려면, 먼저 보이는 것을 잘 볼 수 있어야 한다"는 누군가의 말처럼, 필요한 요소들을 먼저 찾아내고 그것을 나만의 색깔과 방식으로 융합하는 능력을 갖추어야 한다.

앞으로는 현재 자신이 하고 있는 비즈니스를 위협하는 '적(敵)'이 단순히 동일 업종의 경쟁자가 아니라, 그 비즈니스를 융합하는 다른 업종의 누구와도 적이 될 수 있음을 알아야 한다. 예전에는 동네 서점과 그 옆의 꽃가게 그리고 문구점은 모두가 서로 경쟁하지 않는 친구였다. 하지만, 서점이 문구를 팔고 꽃을 파는 융합을 먼저 시작하는 순간 그들은 적이 된다. 실제로 지금의 온라인 시점에서는 이미 책과 문구, 꽃, 시계 등 모든 것을 팔고 있지 않은가?

오케스트라 단원은 어떤 사람이 되어야 하는가? 가장 먼저, 자신의 전문 악기를 제대로 다룰 수 있는 사람이어야 한다. 그런데 더 중요한 것은 다른 사람들의 악기 소리를 듣고 나의 악기와 '융합'할 수 있는 능력도 함께 갖추고 있어야 협연이 가능하다. 나의 소리를 내세우기 보다는 타인의 소리에 맞춰 함께 '협업'하며 아름다운 합주를 이루어 낼 수 있는 사람 즉, 다른 연주자와의 협업 능력을 갖춘 '협업자'가 되어야 한다는 말이다.

'오르페우스 챔버 오케스트라(Orpheus Chamber Orchestra)'를 아

는가? 그들에게는 별도의 지휘자가 없다. 누군가의 지시나 지휘로 연주하는 것이 아니라, 서로의 소리에 귀 기울이며 서로가 조화롭게 전체의 목표를 향해 함께 협업하고 있다. 모두가 지휘자이자 협연자로 그 역할을 다하는 협업공동체의 일원인 것이다. 더 나아가 '재즈밴드'의 일원이 되어야 한다. 그들은 정해진 악보도 없이 즉흥적으로 자신의 소리를 내며 서로 융합한다. 하지만 연주의 방향은 하나이기에 서로간의 협업이 그 바탕에 깔려 있다. 이미 일어난 스마트 시대가 요구하는 인재상은 바로 이러한 '협업 능력'을 갖춘 사람이다.

'이미 일어난 스마트 시대'의 기업은 '스마트한 방법으로 만들어진 플랫폼에서 융합 능력을 갖춘 전문가들의 협업'이 될 것이다. 기업의 3대 키워드를 '플랫폼', '융합', '협업'이라고 제시하는 이유가 바로 여기에 있다.

교육은 '집어넣기'가 아니라 '꺼내기'

이렇게 변화된 시대에 우리의 교육 현실은 어떠한지를 잠시 살펴보려고 한다. 먼저, 우리가 교육을 받는 이유부터 살펴보자. 현재의 교육 목적은 지식 습득에 집중되어 있다. 그런데 지식이 많으면 올바른 판단을 할 수 있을까?

우리의 뇌는 반복적인 학습 훈련을 통해 단련된 해석장치로 감각을 인식한다. 실제가 아니라 해석된 결과를 인지하고 기억하는 구조로 되어 있다. 결국은 어떻게 교육받고 어떻게 뇌를 훈련했는가에 따라 사물을 인지하는 방법이 결정된다는 것이다. 실제로 우리가 겪고 있는 수많은 착시 현상 또한 교육 훈련의 결과이다.

지금까지 우리는 교육을 통해 생존 능력을 높여왔다. 이 때문에 교육이 인류의 지속적인 발전 또한 이끌어온 것은 사실이다. 하지만, 지금까지의 교육시스템은 정해진 일을 효율적으로 처리하기 위한 것에 중심을 두고 있었다. 공동체가 요구하는 주어진 기능을 적절하게 수행하는 능력을 갖추어야만 성공적인 삶이 보장되었기 때문이다. 이러한 반복된 교육으로 훈련받은 뇌의 해석장치는 있는 그대로 인식하는 것이 아니라, 주변의 형태에 따라 크기와 모양을 다르게 인식하도록 프로그래밍된 것이다. 물론 이것이 우리의 생존 능력을 높여주기 위한 뇌의 효율성과 관련되어 있는 것은 사실이다. 하지만, 이것이 오히려 창의성을 방해하고 있다면?

미국 미시건대학의 문화인류학과 호러스 마이너(Horace Miner) 교수가 1956년 나시레마(the Nacirema) 종족에 관한 논문을 발표했다. '남자들은 날카로운 도구로 얼굴을 괴롭히고, 여자들은 작은 오븐에 머리를 굽는다. 또한 이들은 이상할 정도로 구강에 집착하여, 입 안에 돼지털과 마법의 분말을 넣는 의식을 매일 행한다. 나시레마족은 신체의 자연적 상태에 대한 혐오에 사로잡혀 있어, 종족의 일원이 너무 뚱뚱하면 날씬해지게 하는 단식 의례를 행한다. 너무 마른 경우에는 살찌우기 위한 잔치를 연다. 여성의 유방은 특히 중대한 관심사다. 나시레마족은 여성의 가슴이 작으면 크게, 큰 가슴은 작게 만드는 기이한 신체 변형 기술을 사용한다.'

여러분은 이 종족이 누구라고 생각하는가? 아마존 정글에 사는 미지의 종족이라고 생각하는가? 나시레마(the Nacirema) 종족의 이름을 잘 살펴보면 그 안에 답이 있다. 거꾸로 읽으면 American이 된다.

우리는 애초부터 왼쪽에서 오른쪽으로 읽는 데 길들여져 있어서 반대 방향으로 읽어볼 생각은 아예 하지 않는다. 그래야만 효율적이고 빠른 판단을 할 수 있기 때문이다. 하지만, 이러한 반복 교육의 결과가 고정관념(Stereo Type)을 만들어 내고, 그 경계를 넘어서지 못하는 '갇힌 사고'를 만들어 낸 것 또한 사실이다. 그렇다고 지식 습득을 위한 교육을 그만두어야 한다는 말은 아니다. 아는 만큼 보이기 마련이므로, 다양한 분야의 지식을 습득함으로써 더 넓은 세상을 볼 수 있기 때문이다. "좁은 지식이 좁은 경계를 만든다." 경계를 넓히는 열린 사고를 만들기 위해서는, 좁고 깊은 지식에 앞서 다양하고 넓은 지식 습득이 선행되어야 한다는 말이다. 하지만, 이제는 지식 습득과 더불어 고정관념을 깰 수 있는 새로운 교육 시스템이 필요하다.

교육(Education)은 고대 라틴어 'educare'에서 유래된 말이다. 이 말의 원래 뜻은 '밖으로 꺼내다'이다. 제대로 된 교육의 목적은 자신의 생각을 밖으로 꺼내는 방법을 배우는 것인데, 지금까지 우리의 교육은 '꺼내기'가 아니라 '집어넣기'에만 집중되어 있었다. 이로 인해 좁게 고정된 해석 능력만 발전시켜 왔고, '다르게 생각하기' 즉 생각의 경계를 넘지 못하는 갇힌 사고인 '고정관념'만을 강하게 키워온 것이다.

지금까지 교육을 지배하고 있는 '답하기'가 아니라, 이제부터라도 '질문하기'가 교육의 중심이 되어야만 교육의 본질인 '밖으로 꺼내기'를 시작할 수 있을 것이다. '다양한 지식과 경험을 통한 자신만의 통찰과 스토리를 말로, 글로, 이미지로, 행동으로 당당하게 표출할 수 있는 능력을 갖춘 사람'이 바로 교육받은 사람, 제대로 배운 사람이다. 배운 사람이라면 정리된 생각을 밖으로 꺼내서 표현할 수 있어야 한다. 배우지 못한 무식한 사람이 되지 않으려면 지금부터라도 자신의 생각을 제대로 나타내 보이는 훈련을 시작해야 한다. 그렇게 생각을 꺼내는 과정에서 자신만의 통찰이 생기기 때문이다. 그렇게 자신만의 통찰과 스토리를 만들어가는 것이 교육의 진정한 본질임을 상기했으면 한다.

어떠한 대화자리에서든 상대방에게 자기의 의견을 발표할 수 있는 시간은 반드시 갖기 바란다. 자신의 생각을 표출하는 시간이 바로 교육의 가장 중요한 과정이다. 혹시 지금 책을 한 권 읽었는가? 그렇다면 그 책의 내용을 누군가에게 전달하는 시간을 반드시 가지기를 제안한다. 누군가의 강의를 하나 들었는가? 그렇다면 강의에 함께한 사람들과 그것을 주제로 대화를 시작해 보자. 그것을 표출하는 과정에서 얻어지는 것이 바로 통찰이며, 그것이 제대로 된 교육의 완성이기 때문이다.

기억에 오래 남기는 방법으로는 듣기보다 읽기가, 읽기보다는 발표하기가, 발표보다는 토론하기가, 토론보다는 가르치기가 훨씬 효과적이다. 기억은 집어 넣을 때가 아니라 밖으로 표출할 때 제대로 저장되고 온전히 자신의 것이 된다. 무언가 새로운 것을 집어 넣었다면 반드시 밖으로 꺼내는 과정을 가지기를 바란다. 이렇게 꺼내는 과정까지가 교육의 완성이다.

그 동안 우리의 교육은 'What? 무엇일까?'와 'How? 어떻게 할까?'에만 집중되어 있었다. 이제는 'Why? 왜일까?'를 위한 '질문하기'에 중점을 두어야만 4차 산업혁명 시대를 이겨나갈 수 있다. What과 How는 인공지능 로봇이 인간보다 월등히 잘하게 될 것이다. AI 로봇과의 '지식' 경쟁이 아니라 그것을 이용하는 '지혜'가 우리 인간의 역할이 되었음을 명심하자. 그러므로, '이미 일어난 스마트 시대'는 What과 How는 AI 로봇이, 우리는 Why에 집중할 것을 요구하고 있다.

100명의 교수들과 한 명의 학생이 퀴즈 대결을 한다면? 물론 공정한 경쟁을 위해 100명의 교수들은 스마트폰을 끄게 하고 학생만 쓰도록 허락한다면? 결과는 굳이 이야기하지 않아도 알 수 있다. 학생의 승리다. 이제 누구나 스마트폰만 들고 있으면 지식 검색 결과는 만점짜리다. 영화 '아이언맨'에서 주인공 토니는 자신의 갑옷조차 직접 만들지 않는다. AI 로봇인 '자비스'에게 질문하고, 자비스로부터 대답받은 것을 바탕으로 다시 새롭게 질문하는 과정을 통해 결정을 내리고, 자비스가 최종적인 일을 수행한다.

우리가 '질문하기'에 집중해야 하는 이유가 바로 여기에 있다. 게다가 자비스와 같은 AI 로봇이 제일 잘 하는 것이 바로 '답하기'이기 때문이다. 인간이 결코 이길 수 없는 AI 로봇과 경쟁하는 '답하기' 교육이 인간만이 할 수 있는 '질문하기' 교육으로, 무엇보다 자신의 생각을 밖으로 꺼내는 교육의 원래 목적으로 돌아가야만 하는 이유다.

할아버지는 종이 신문을 통해 뉴스를 읽고, 아이는 컴퓨터를 통해 뉴스를 본다. 아이는 아날로그 방식으로 정보를 얻는 할아버지가 자기의 경쟁 상대가 되지 않을 것이라고 믿을까? 그렇다면 할아버지가 컴퓨터를 다룰 수 있으면 어떻게 될까? 그래도 아이의 경쟁 대상이 되지 않을까? 결코 그렇지 않을 것이다. 이제 아이도 할아버지도 같은 AI로봇을 이용하기에, 얻을 수 있는 지식의 수준 또한 같다. 하지만 그것을 활용하는 지혜는? 이제부터 아이의 경쟁 상대는 같은 또래가 아니라 할아버지도 포함되어야 한다. 아니 경험 많고 지혜로운 할아버지를 결코 이길 수 없는 시대가 될지도 모른다. 이제는 '지식'이 아니라, '지혜'가 더 중요해졌기 때문이다. 육체적인 능력 또한 '증강인류'가 되면서 더 이상 문제가 되지 않을 것이다.

시력이 좋지 않다면, 어느 안과 의사에게 라섹(LASEK) 수술을 맡기겠는가? 경험 많은 노인 의사와 최신 장비를 갖춘 젊은 의사 중에서 한쪽만 택해야 한다면? 이러한 수술은 최신 장비가 더 중요하기에 그것을 갖춘 젊은 의사에게 맡기는 것이 더 현명하다고 생각하는가? 그런데 경험 많은 의사가 최신 장비 또한 갖추고 있다면? 이것이 바로 지혜를 갖춘 얼리 어답터(early adopter)의 경쟁력이 더욱 강해지는 이유다.

설상가상, 현재 우리 인간의 수명은 지난 세기와 비교하면 실로 엄청나게 늘어났다. 게다가, 해가 거듭될수록 수명은 더 늘어날 것임을 인지하고 대비해야 한다. 흔히들 말하는 100세 시대는 현재의 기술로 예측한 수명이다. 30년 50년 후에는 어떻게 될까? 현재의 예상속도보다 훨씬 빠르게 기술이 발전한다는 것을 전제하면, 인간이 죽지 않게 될 수도 있지 않을까? 감히 단언컨대 선대의 수명을 바탕에 둔 인생설계는 당장 그만두어야 한다. 지금의 예상수명인 100세 시대를 전제로 하더라도, 60세에 은퇴하면 40년을 백수로 살아야 한다.

그런데, 120세 시대가 된다면? 30년 단위의 인생을 4번은 반복해야 한다. 계속 새로운 지식과 경험을 쌓아가며 지혜를 갖추는 노력을 하지 않는다면, 남은 60년의 삶은 고통일 수 밖에 없을 것이다. 게다가 30년 후에 인간의 기대수명이 200년이 된다고 한다면? 앞으로 30년의 생존은 걱정하지 않는 나이라면 지금부터라도 200년 인생을 설계하는 것이 맞지 않을까?

미국에서 주방용품 영업을 하던 레이 크록(Ray Kroc)이 53세에 밀크셰이크(milk shake) 기계를 팔러 다니다가 맛있는 햄버거 가게를 하나 발견했다. 그래서 몇 번의 설득 끝에 얻게 된 프랜차이즈(Franchise) 판권, 그렇게 시작된 회사가 바로 오늘날의 맥도날드(McDonald's)다.

미국에서 퇴직연금 105달러로 연명하던 65세의 할아버지 커널 샌더스(Colonel Sanders)가 자신의 닭튀김 요리법을 가지고, 1009번의 도전 끝에 투자자를 만나 시작한 회사가 바로 KFC(Kentucky Fried Chicken)이다.

앞으로는 53세나 65세의 창업이 특별하게 여겨져서는 안 된다. 최소한 100년 이상을 살아야 하는 긴 인생이기에, 60대와 70대의 창업은 당연한 것이 되어야 할지도 모른다. 최근에 "난 50대에 은퇴하고 여생을 즐기며 살고 싶다!"라고 말하는 30대를 만난 적이 있다. 그의 인생이 120년이 넘을 수도 있는데, 도대체 20년 동안 얼마나 벌어 놓아야 70년 이상을 백수로 즐길 수 있다는 것인지? 단지 경제적인 문제가 아니더라도, 하는 일 없이 사는 백수생활이 10년 혹은 20년이 넘는다면 남은 삶은 고통일 수 밖에 없을거다. 이제 이렇게 무지하고 허망한 생각은 해서도 안되고 할 수도 없는 시대가 되었다.

지금까지 '이미 일어난 스마트 시대의 미래'는 어떠한 모습인지, 개인과 기업의 환경은 어떻게 변모하는지, 이러한 변화가 우리들에게 무엇을 요구하고 있는지를 알아보았다. 제2차 세계대전 당시, 전장에 다녀온 전투기들의 탄환 자국을 분석해서 어느 부분을 보강해야 할지를 결정하는 자료로 이용했다고 한다. 그런데, 탄환을 맞고 추락해서 복귀하지 못한 전투기가 제외된 분석 자료가 무슨 의미가 있을까? 이것을 생존자 편향의 오류(Survivorship Bias)라고 부른다.

새로운 변화에 대응하기 위해서는 기존 방식을 넘어서는 노력이 있어야 한다. 기존 방식을 답습하는 오류만큼은 범하지 않기 바란다. 그래야만 변화의 숨겨진 의미를 제대로 이해하고 대응할 수 있기 때문이다.

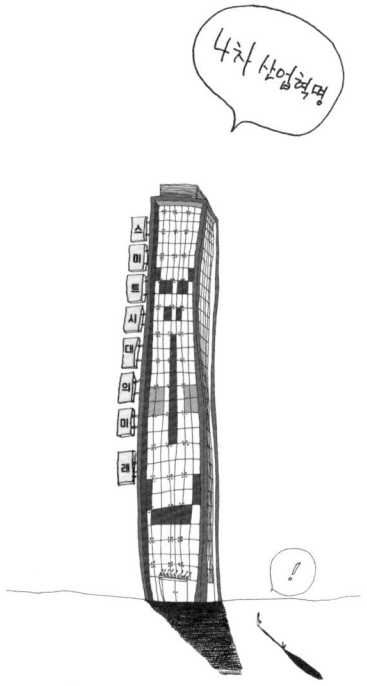

2. 4차 산업혁명

"데이터가 자본이다!
AI 로봇은 경쟁이 아니라 이용의 대상!"

ICT, WEB, SNS, Mobile, IOT, Big Data, Cloud Computing,
Block Chain, AI, Digital Twin

1994년으로 잠시 돌아가 보자. 그 당시 우리는 '온라인'이라는 새로운 기술과 마주하고 있었다. 지금은 일상 용이가 되었지만, 당시만 해도 컴퓨터가 전화선을 통해 서로 연결된다는 사실 하나만으로도 신기했던 시절이었다. 아날로그 전화망을 이용해서 디지털 데이터를 주고 받는 '다이얼업 모뎀(Dial-up Modem)'을 통해 멀리 떨어져 있는 다른 컴퓨터와 손쉽게 연결할 수 있게 되었고, 그것으로 인해 온라인 만남의 공간인 BBS(Bulletin Board System) 즉, '전자게시판'이라고 불리었던 사설 통신망이 탄생했다. 초기에는 고작 두 세 명만을 연결하는 작은 규모였지만, 당시에 앞서가던 컴퓨터 사용자들에게는 자부심 가득한 온라인 놀이터였다. 그 후로 하이텔, 천리안, 나우누리와 같은 대형 기업이 주도하는 PC 통신 서비스가 본격적으로 운영되면서, '온라인'이 점차 일반 용어로 자리잡기 시작했다. 지금은 몇 초면 다운로드할 수 있는 800MB 용량의 영화 한 편이 당시 2400bps 모뎀으로는 33일이나 걸렸지만, '온라인'이 미래를 바꾸어 놓을 중요한 키워드가 될 것임은 확실하게 느끼고 있었다.

'온라인'과 함께 당시에 등장한 또 하나의 새로운 기술이 '이동통신'이다. 80년대 후반 '삐삐'라는 애칭으로 인기를 누렸던 무선호출기 서비스가 시작되었다. 초기에는 숫자만으로 이루어진 암호와도 같은 소통 방식이었고, 공중전화 등 유선전화기로 달려가서 소통을 이어가야 하는 불편함에도 불구하고, 이동 중에도 실시간으로 연락을 주고 받을 수 있다는 사실 하나만으로도 열광했었다. 그리고 시작된 휴대용 전화 서비스는 기적과도 같은 것이었다. 전화통화를 집이나 공중전화 박스와 같은 지정된 장소가 아닌 어디에서나 그것도 움직이면서도 할 수 있다니? 휴대전화를 손에 든 것 자체가 부의 상징이었던 시절이었다.

당시 우리는 이로 인해 생겨날 엄청난 미래는 짐작조차 하지 못한 채, '온라인'과 '이동통신'이라는 두 가지 신기술에 흥분해 있었다. 그런데, 지금은 어떠한가? 당시에는 공상과학 영화에서나 만날 수 있었던 기기들을 아무런 불편 없이 다룰 수 있게 되었고, 이제는 스마트폰 없는 일상생활은 상상조차 할 수 없게 되었다.

기술의 발전으로 새로운 산업이 만들어지고, 생활 방식도 어느 정도 바뀔 것이라고 예상은 했지만, 최근 20년 사이의 변화는 그 예상을 완전히 뛰어 넘는 대변혁의 시간이었기에, '4차 산업'에 '혁명' 이라는 용어까지 등장하게 된 것이다. 이러한 변화는 만나는 방법, 생각하는 방법, 비즈니스 방법 등, 우리들의 삶을 송두리째 바꾸어 놓을 것이다. 무엇보다, 그 동안 우리의 생존을 도와준 낡은 기준이나 방식으로는 '이미 일어난 스마트 시대의 미래'를 대비할 수 없다는 경고에 주목해야 한다.

현재 실시간으로 쏟아지고 있는 데이터의 양은 실로 어마어마하다. 지난 1년간 쌓은 데이터의 양이 그 전까지 인류가 쌓아온 것보다 많다는 사실을 아는가? 가치 있는 충분한 양의 정보, 즉 빅데이터는 각 개인을 세밀하게 분석할 수 있는 '개인화'의 중요한 자산이 되었을 뿐만 아니라 이를 통해 미래 예측까지도 가능할 만큼 성장했다.

2010년 당시의 세계 휴대폰 시장 1, 2위 기업은 노키아(Nokia)와 모토롤라(Motorola)였다. 세계를 호령하던 이 두 기업이 지금은 존재감 조차도 사라진 상태가 되었으니 도대체 이들에게 무슨 일이 일어난 것일까? 그리고, 세계 최초로 디지털 카메라를 만든 기업은 아날로그 카메라용 필름으로 세계를 석권한 코닥(Kodak)이었다. 그런데 코닥은 디지털 카메라가 자사의 필름 판매에 위협이 될 것을 두려워한 나머지 디지털 카메라 판매에 매진하지 않았고, 결국 생존 자체마저 위협받는 상황이 되었다. 또한 가정용 게임기 시장을 장악했던 닌텐도(Nintendo)는 휴대전화가 자신의 경쟁상대가 될 것을 전혀 대비하지 못해 위기를 맞았다. 이 모두가 변화에 적절하게 대응하지 못한 결과이다. 2010년 이후 벌어진 불과 7~8년 사이의 변화는 세계 시장을 쥐고 흔들던 기업들의 생존마저 위협할 정도로 그 속도와 파괴력은 엄청났다.

2007년~2017년, 10년 사이의 글로벌 시가총액 5대 기업의 변화를 살펴보면, 놀랍게도 1위부터 5위까지 모두가 바뀐 것을 알 수 있다. 그것도 모두 미국 기업으로 넘어갔다. 그 동안 세계경제를 지배했던 에너지, 금융, 제조 기업들은 기술을 기반으로 한 '스마트 플랫폼' 기업들에게 자리를 내주고 모두가 순위 밖으로 밀려났다.

그 이유는 무엇일까? 결론부터 이야기하자면, 하드웨어가 소프트웨어에게 시장의 주도권을 빼앗겼기 때문이다. 음악 CD를 예로 들어보자. 과거에는 많은 곡들을 하나의 번들(Bundle, 묶음)형 음악 CD에 담아서 그것을 몇 장 판매하느냐로 결정되는 하드웨어 시장이었지만, 지금은 선택한 곡을 얼마나 다운로드하느냐의 소프트웨어 시장으로, 더 나아가 소유도 하지 않고 필요할 때만 이용하는 데이터 스트리밍(Streaming) 방식으로 소비 형태가 바뀌었다. 영화, 드라마, 신문, 도서 시장도 마찬가지 형태가 되었다. 소유하는 하드웨어에서, 플랫폼에서 공유하고 이용하는 소프트웨어 주도 시장으로 바뀐 것이다.

애플과 페이스북, 삼성전자를 비교해보자. 2010년만 해도 존재감도 미미했던 페이스북이 그 사이 삼성전자보다 시가총액이 큰 기업이 되었다. 게다가 애플은 모든 기업들을 제치고 명실상부한 세계 최고의 기업이 되었다. 삼성전자는 하드웨어 중심의 제조 기업이고, 페이스북은 사람들끼리의 연결을 도와주는 소프트웨어 기반의 플랫폼 기업이다. 소프트웨어 플랫폼에 쌓인 데이터의 가치가 하드웨어 제조 기업인 삼성전자를 추월한 것이다. 그렇다면 애플은 제조 기업인가? 플랫폼 기업인가? 둘 다이다. 소프트웨어로 콘텐츠를 이용하는 자신만의 플랫폼을 만들고, 그 플랫폼 출입에 필요한 하드웨어도 함께 제공하는 기업이다. 2018년 8월에 애플은 시가총액 1조 달러가 넘는 세계 최초의 기업이 되었다.

2018년에 손목시계 판매 세계 1위 기업은 어디였을까? 놀랍게도 기존 시계 제조 전문업체가 아닌 '애플'이었다. 단지 손목에 차고 다니는 시계가 아니라, 애플 플랫폼의 출입문 중 하나로 그 역할을 인정받으면서, 손목시계의 대명사인 롤렉스(Rolex)의 매출마저 넘어서게 된 것이다. 이처럼 하드웨어는 소프트웨어와 플랫폼을 위한 출입문 즉, 게이트웨이(Gateway)로 그 용도가 바뀌어 가고 있음을 인지해야 한다.

인터넷 검색 서비스로 시작한 구글은 모바일 OS(운영체제) 시장을 석권하면서 자신만의 강력한 플랫폼을 만들었고, 이를 통해 세계 모바일 시장을 지배하는 기업으로 자리매김하였다. 구글(Google)이 자사의 모바일 OS인 안드로이드(Android)를 더 이상 개방하지 않고 제한한다면? 현재 안드로이드 기반으로 스마트폰을 만드는 다수의 제조 기업들은 어떻게 될까?

인터넷 서점으로 시작한 아마존은 자신만의 유통 플랫폼을 구축해 세계 유통시장을 장악했다. 거대 인구의 중국 유통시장을 주도하고 있는 '알리바바'도 마찬가지다. 이들의 성장 중심에는 그들만의 강력한 '비즈니스 플랫폼'이 있다. 이와 관련해서는 별도로 자세히 살펴보겠지만, 지금 세상을 이끌고 있는 기업이 '스마트 플랫폼' 기업인 것은 분명하다.

지금 우리 눈 앞에 피할 수 없는 거대한 변혁의 쓰나미(Tsunami)가 밀려오고 있다. 이 상황에서 살아남기 위해서 우리는 무엇을 해야 할까? 엄청난 높이뛰기 능력으로 해일을 뛰어 넘을 수 있을까? 아니면, 뛰어난 수영 실력으로 파도를 뚫고 나갈 수 있을까? 우리의 육체적 능력으로는 도저히 극복할 수 없는 상황이므로 우리가 선택할 수 있는 방법은 단 하나다. 현재의 기술과 도구를 적극적으로 이용해서 그 상황을 극복하는 것이다. 그러기 위해서는, 먼저 눈 앞에 놓인 거대한 해일의 실체부터 정확하게 이해해야 한다.

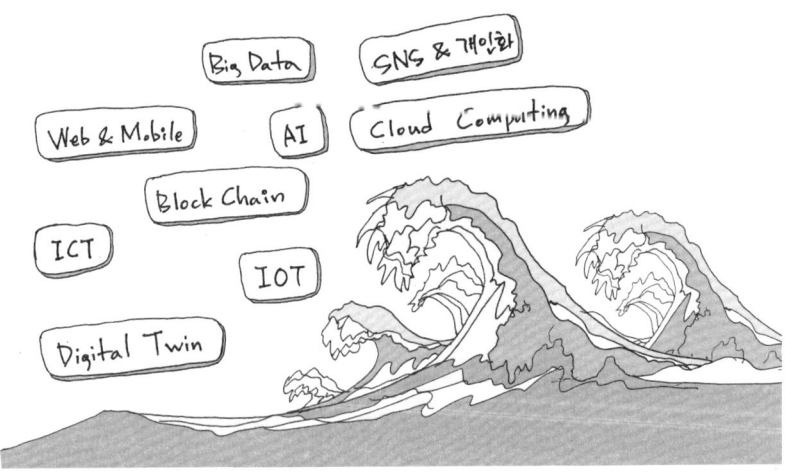

'이미 일어난 스마트 시대의 미래'라는 크나 큰 해일의 중심에는

정보통신기술(ICT), 웹(Web), 모바일(Mobile), 클라우드 컴퓨팅(Cloud Computing), 소셜 네트워킹 서비스(SNS), 가상현실과 증강현실(VR/AR), 빅데이터(Big Data), 블록체인(Block Chain), 인공지능(AI), 디지털 트윈(Digital Twin) 등이 있다. 먼저 이러한 핵심 키워드가 무엇을 의미하는지 정확하게 이해하는 것이 눈 앞의 해일을 극복하는 첫 단계이다. 이것을 단지 정보통신 관련 공학도들만 알아야 하는 전문지식으로 제쳐 놓아서는 안 된다. 전자계산기와 컴퓨터도 그저 전문가들의 도구로만 인식되던 시절이 있었다. 지금은 어떠한가? 더욱이 지금의 변화 속도는 당시와는 비교할 수 없을 정도로 빠르다는 것을 명심해야만 한다.

눈 앞에 다가온 거대한 해일, '이미 일어난 스마트 시대의 미래', 그 변혁의 중심에 있는 핵심 키워드들을 하나씩 살펴보자.

ICT ; Information Communication Technology

원래 IT라고만 불리었던 용어에 'C', 즉 통신(Communication)이 붙으면서 네트워크상에 연결된 모든 정보통신기술을 총칭하게 된 것이 'ICT'이다. 인터넷을 통한 기기들의 연결이 일반화되면서 이제는 ICT가 개인과 비즈니스 환경의 필수 요소가 되었다.

ICT의 중심에 있는 인터넷(Internet)은, 1969년 'Arpanet'이라는 이름으로 미국 국방성에서 전쟁과 같은 비상 상황에서도 연결이 가능하도록 개발한 네트워크 기술에서 시작되었다. 직선상의 네트워크가 끊어지더라도 곡선상의 우회 경로를 찾아 데이터를 전송할 수 있도록 개발한 데이터 전송 방식이 바로 TCP/IP(Transmission Control Protocol / Internet Protocol)이다. 이 방식을 사용하는 망을 '인터넷'이라고 불렀고, 이제는 모든 연결의 중심이 되었다. 현재는 인터넷이 ICT와 네트워크를 동시에 아우르는 일반 용어처럼 쓰이고 있다.

웹 ; Web

인터넷 사용자가 늘어나면서 온라인 상에서 사람들이 만날 수 있는 공간이 만들어졌다. 그곳이 지금은 간단히 웹(Web)이라고 부르게 된 WWW(World Wide Web)이다. 거미줄처럼 복잡하게 연결된 인터넷 상에 '온라인 기회의 땅'이 탄생한 것이다.

1989년 유럽의 CERN연구소에서 근무하던 팀 버너스 리(Tim Berners Lee)가 데이터를 키워드를 통해 서로 연결하는 링크(link) 개념을 새롭게 정립하면서 하이퍼링크(Hyperlink)가 만들어졌고, 인터넷에 하이퍼링크의 기능이 결합되면서 온라인 플랫폼 공간인 웹(Web)으로 발전했다. 하이퍼링크는 문장 안에 있는 단어를 클릭하면 그 단어와 링크되어 있는 다른 문장으로 점프하는 기술을 말한다. 이를 통해 데이터 연결이 보다 편리해지면서 웹은 진화를 거듭해 왔다. 소위 말하는 Web1.0, Web2.0 등의 뒤에 붙은 숫자는 그 진화과정을 설명하고 있다. Web1.0이 일방적으로 정보를 보여주는 데이터 배포를 위한 '단방향'의 역할이었다면, Web2.0은 정보를 서로 주고받는 '플랫폼'으로서의 웹, 즉 '양방향' 역할을 수행하도록 진화한 모습이다.

Web2.0이라는 용어는 미국의 IT 전문 출판미디어 오라일리(O'raily)사의 최고경영자(CEO, Chief Executive Officer)인 팀 오라일리(Tim O'raily)가 2005년 9월에 발표한 자료에서, 2002년 이후 일어나고 있는 웹의 변화와 트렌드를 '제2세대 웹'이라고 표현하면서 쓰이기 시작했다. 그는 웹의 초기 정신인 '공유'와 '참여', 그리고 '개방'으로 돌아가자고 주장했고, 이것이 오늘날의 '온라인 공유공간', 즉 '플랫폼으로서의 웹'으로 발전히는 데 중요한 역할을 한 것이다.

이러한 Web2.0 시대가 자리잡을 수 있도록 중요한 역할을 한 것이 바로 블로그(Blog)인데, 웹 상에 기록을 남긴다는 의미로 'weB'과 'log'가 결합된 용어이다. 즉, '나의 블로그가 있다'는 말은 웹에 나만의 기록을 남기는 공간이 있다는 말로 해석할 수 있다. 블로그가 Web1.0 시대의 홈페이지와 다른 점은 바로 양방향 소통이다. 글을 남기면 '댓글'로 화답하고, '구독' 기능을 이용해서 새로운 글이 올라오면 자동으로 구독자들에게 통보하는 형식으로 소통을 활성화시켜 주면서 Web2.0 시대를 이끈 것이다. 이러한 블로그가 그 동안 숨어 있었던 '잠재력을 지닌 강호의 고수'들을 세상 밖으로 이끌어 냈고, 그들에게 새로운 '기회의 장'을 마련해 준 것이다. 빨래 접기를 잘하는 가정 주부가 블로그에 자신만의 노하우를 공개하고,

그것을 통해 유명해지고, 강의를 하고, 책을 쓰고... 그렇게 세상에 새로운 가치를 만들어 가는 일이 바로 이 블로그를 중심으로 한 웹 2.0 덕분에 가능해진 것이다.

이러한 웹이라는 온라인 공간에서 각 개인들의 역량을 하나로 모을 수만 있다면 '집단지성'의 놀라운 가치로 발전시킬 수 있을 것이라는 생각이 '위키(wiki)'의 탄생으로 이어졌다. 위키는 하와이 말로 '빨리'라는 뜻이다. wiki를 'what I know is'라고 표현하기도 하는데, 내가 알고 있는 것을 다른 사람들과 빠르게 나누고 싶다는 '지식 공유' 욕구가, 단방향 정보 전달에서 양방향 커뮤니티로, 더 나아가 협업을 바탕으로 한 위키의 시대로 한 단계 더 발전된 것이다.

가장 대표적인 위키 사이트는 현재 세계에서 가장 큰 온라인 백과사전이 된 위키피디아(Wikipedia)이다. 지미 웨일즈(Jimmy Wales)가 2001년 1월 15일 서비스를 시작한 위키피디아는 사람들이 제대로 된 지식을 올리지 않을 것이라는 부정적인 시각으로 출발했다. 그런데, 쓸모 없는 글들로 가득할 것이라는 예상과는 달리 위키피디아는 놀랍게도 전문가들이 만드는 브리태니커(Britannica) 백과사전보다 훨씬 내용이 풍부하고, 그것도 실시간에 가깝게 업데이트되는 살아 있는 정보의 보고로 자리를 잡게 된 것이다. 물론 위키피디아가 업데이트되는 정보를 잘 관리하기도 했지만, 무엇보다 대부분의 사람들은 생각보다 훨씬 더 착하다는 것을 증명한 셈이다. 착한 온라인 협업을 통해 지금은 전세계 260개 언어로 서비스되고 있으니 말이다.

온라인 협업 사례를 하나 더 살펴보자. 캐나다 토론토에 있는 작은 금광 회사 '골드코프'는 채굴하는 광산이 바닥을 드러내고 있어서 새로운 금맥 발견이 절실했기에, 지질학자들을 고용하고 대규모 탐사를 시작했지만 별다른 성과를 거두지 못하고 있었다. 그 때 골드코프 최고경영자가 우연히 방문한 MIT(메사추세츠공과대학)의 강연에서 '리눅스(Linux)'가 집단지성의 힘으로 만들어진 공개 소프트웨어라는 것을 알게 되었고, 거기서 새로운 아이디어를 얻었다. "엄청나게 복잡한 컴퓨터용 OS인 리눅스가 전문가들이 모여서 만든 것이 아니라 전세계에 흩어져 있는 온갖 사람들이 함께 만든 결과물이라니, 이러한 온라인 협업을 나도 할 수 있지 않을까?"

그는 2000년 3월, 상금 50만 달러를 걸고, '골드코프 챌린지 콘테스트'라는 이름으로 금맥 발견 시합을 온라인에 공고했다. 금광 회사의 가장 중요한 자산이었던 그 동안의 탐사 과정으로 수집한 모든 정보를 웹에 개방하는 위험한 도전을 한 것이다. 그 결과 지질학자들조차 찾지 못했던 금맥을 온라인상의 도전자들이 발견했고, 당시 1억 달러였던 회사 실적을 90억 달러로 끌어 올리는 결과를 만들었다. 대규모 온라인 협업, 즉 위키가 만들어낸 대단한 성과였다. 이렇게 온라인 협업과 양방향 정보소통으로 만들어낸 Web2.0의 효율성이 증명되면서 숨은 인재와 기업들이 세상에 모습을 드러내기 시작했다.

온라인 협업 등을 통해 그 동안 주류에서 소외되어 있던 하위의 다수가 상위의 소수보다 더 중요한 경제 주체가 될 수 있음을 주장하는 경제 이론이 탄생했다. 미국의 인터넷 비즈니스 관련 잡지 와이어드(Wired)의 편집장인 크리스 앤더슨(Chris Anderson)이 2004년에 주장한 '롱테일(Long Tail) 법칙'이 그것이다.

'롱테일'은 말 그대로 긴 꼬리다. 그 동안 경제를 지배해 왔던 소수의 머리 부분이 아니라, 작지만 무한히 긴 꼬리에 숨어 있던 사람들이 온라인 공간인 웹을 통해 경제의 중요한 부분으로 부각될 것이라는 주장이다. 가늘다고만 생각했던 꼬리가 얼마나 긴지, 그 속에 무한대의 엄청난 시장이 존재한다는 이야기다. 앞서 설명한 '골드코프'의 사례에서처럼 머리 부분에 해당하는 일부 지질학자들보다 꼬리 부분에 숨어 있던 인재들이 오히려 더 큰 성과를 이룬 것을 하나의 경제 법칙으로 설명한 것이다.

지금까지도 경제를 지배하고 있는 '파레토 법칙(Pareto's Law)'과는 반대되는 개념으로 보면 된다. 파레토 법칙은 19세기말, 이탈리아의 경제학자인 파레토가 주장한 것으로, 80%의 부를 상위 20%가 소유한다는 '80 대 20 법칙'으로도 잘 알려져 있는 경제학 용어이다. 예를 들어, TV 음악 프로의 80%는 10~20대를 위해 편성된다. 그 이유는 20%에 불과한 10~20대가 음원 시장 매출의 80%를 장악하고 있기 때문이다. 어떻게 보면 효율을 위한 현실적인 행동이 바로 80 대 20 법칙, 즉 '파레토 법칙'이다. 지금까지의 경제는 이러한 파레토 법칙 아래 있었다.

80%의 구매력을 갖춘 20%에게 비즈니스를 집중하는 것은 어찌보면 당연하다. 그런데 80%의 고객이 매출의 80%를 차지하게

된다면? 생필품의 경우는 어떨까? 실제로 생필품은 80%가 80%를 구입한다. 80%에게 생필품을 전하거나 찾게 할 수만 있다면? Web 이라는 온라인 플랫폼이 이것을 가능하게 해 준 것이다. 그 동안 정보를 소유한 20%가 지배했던 세상에, Web2.0 즉, 플랫폼으로서의 웹이 등장하면서 나머지 80%도 동일한 정보를 소유할 수 있게 되었다는 것이, 바로 '롱테일 법칙'의 핵심이다.

이러한 80%의 롱테일을 공략하는 방법은 무엇일까? 그 동안 니치마켓(Niche Market) 또는 블루오션(Blue Ocean)이라는 부르는 '틈새시장' 공략은 20%의 머리 부분을 대상으로 한 것이었다. 이것을 나머지 80%에게까지 확대하는 것이 바로 '롱테일 전략' 이다. 자기의 제품이나 서비스를 자랑하고 홍보하기 위해, 판매자가 소비자를 찾아가는 '마케팅 전략'이 아니라, 자연스러운 대화를 통해 부담 없이 다가가는 방식으로, 소비자가 판매지를 찾아오게 하는 '커뮤니케이팅 전략'으로 바뀌어야 한다. 롱테일 공략 방법은 '커뮤니케이팅을 통한 관심 끌어내기'에 더욱 집중해야 한다는 것이다.

Web 3.0

지금까지 단방향 정보 전달 방식인 Web1.0과 양방향 정보 소통인 Web2.0에 대해서 살펴보았다. 그렇다면 'Web3.0'은 무엇일까? 한 마디로 '사람들끼리의 양방향 소통 사이에 컴퓨터가 또 하나의 소통

주체로 도움을 주게 된 것'을 말한다. 양방향 소통 과정에서 만들어진 데이터를 컴퓨터가 분석하고 그것을 통해 적절한 연결을 도와주는 것으로서, 시멘틱 웹(Semantic Web)이라고도 부른다. Web2.0이 사람들 사이의 대화였다면, Web3.0은 컴퓨터가 정보를 이해하고 사람들 사이의 소통을 도와주는 '삼방향' 소통 방식이다. 더 나아가 기계들끼리도 서로 정보를 주고 받을 수 있게 되면서 데이터 기반의 플랫폼으로 발전했고, '시멘틱 웹'의 실현으로 'Web3.0 삼방향 플랫폼'으로 진화했다.

지금까지 얘기한 Web1.0에서 3.0까지의 발전 과정을 자동차에 비유해서 정리해보자. 1.0자동차는 운전자가 차에 가서 직접 문을 열고 운전하는 '단방향' 방식이다. 2.0 자동차는 운전자가 차에 다가가면 양방향 통신으로 운전자를 인식하고 자동으로 문을 열어 준다. 그리고, '집에 가자'라는 운전자의 명령에 따라 내비게이션이 작동되고 집으로 가는 '양방향' 방식이다. 3.0 자동차는 운전자를 인식해서 문을 열어 주고 '집으로 가자'라는 명령에 "xx식당으로 모시겠습니다"라고 답하고 그곳으로 향한다. 이유는 그 동안 수집된 데이터로 '집에 가자'라는 명령을 내리는 음성의 톤과 시간과 날씨 등을 분석해 보니, 이런 상황에서 한 번도 집으로 향한 적이 없고 오히려 술 한 잔 기울일 수 있는 xx식당으로 향했음을 알고, 컴퓨터가 그것을 제안해 주는 '삼방향' 방식이 된 것이다.

쌓인 데이터가 많으면 많을수록 이러한 시멘틱 분석은 보다 정확해진다. 여기서 시멘틱(Semantic)이란 단어는 '의미'라는 뜻으로, 명령어 자체가 아니라 데이터 분석을 통해 그 의미와 뜻을 이해한다는 용어이다. 예를 들어, '시멘틱 검색'은 동일한 검색어라도 교수와 학생에게 그 결과가 다르게 나타난다. 즉 검색 명령어를 입력하는 대상이 누구인지를 컴퓨터가 정확하게 판별해서, 교수에게는 교수가 알아야 할 관련 정보를, 학생에게는 학사일정 등 학생이 알아야 할 정보를 먼저 보여준다. 이러한 시멘틱 데이터 분석으로 좀 더 정확하게 '나를 이해하고', '나를 향하고', '나에게 초점을 맞춘' 개인화(Personalization)가 더욱 정교해져 가고 있는 것이다.

이처럼 Web3.0은 기존 Web2.0 양방향에, 내가 남긴 데이터로 나를 이해하는 컴퓨터가 추가된 '삼방향 플랫폼'으로서, 2008년 11월 12일 뉴욕타임즈에, 하이퍼링크로 웹의 기초를 만든 '팀 버너스 리'가 "시멘틱 웹 기반의 웹3.0시대가 도래했다"는 글을 올리면서 알려지기 시작했다. 똑똑해진 컴퓨터가 데이터를 분석하여 나의 질문에 대한 의미를 이해하고 명확한 답까지 제시할 수 있게 진화했다는 것이다. 3.0시대의 컴퓨터는 이렇게 말한다. "I know what you mean! (나는 너의 말이 무슨 뜻인지 알아!)" 다시 말해, 데이터를 남기며 '참여하는 인간'과 '데이터를 통해 나를 이해하는 똑똑한 컴퓨터'의 소통이 바로 'Web3.0'이다.

앞서 설명한 롱테일 공략 방법인 '커뮤니케이팅 전략'은 이러한 시멘틱 분석 기술을 사용함으로써 보다 정교해진다. 내가 남긴 데이터를 통해 나를 이해하고, 나에게 필요한 물건과 서비스들이

나에게 가장 적합한 방식으로 접근해 온다면? 등산을 좋아하지도 않는 사람에게 등산 용품을 소개하는 일은 아예 없어지지 않을까?

시멘틱 자동차 내비게이션은 어떤가? 운전 습관을 기록하고 분석하여 보험료를 낮춰 주고, 자동차 교체 시기를 파악하고 운전 습관에 맞는 새로운 자동차를 소개하는 등, 나를 이해하고 나를 향하는 서비스는 무한히 늘어날 수 있다. 그런데, 나를 분석할 만한 데이터가 없다면? 물건이나 서비스를 판매하는 대상에서 내가 제외될지도 모른다.

지금 여러분은 x.0 시대를 살고 있는가? 그리고, x.0 시대를 준비하고 있는가? 아직도 1.0 시대를 살고 있지는 않은가? 학교에서 진행되는 대부분의 강의 형식이 아직도 단방향 1.0 방식이다. 최소한 양방향 2.0 시대로, 더 나아가 시멘틱 데이터의 도움을 받는 3.0 시대에 적합한 삶을 살아야 하지 않을까? 그리고, 이번 장의 뒷부분에서 설명할 4.0 시대, 소위 '4차 산업혁명' 시대가 이미 시작되었는데 말이다.

모바일 ; Mobile

앞서 얘기한 ICT와 Web에 모바일(Mobile)이 추가되면서 세상은 또 한 번 큰 변혁을 맞이한다. 여기서 모바일을 단순히 무선(Wireless), 즉 선이 없어진 네트워크로만 이해해서는 안 된다. 바로 '모빌리티 (Mobility)', 즉 이동성을 갖게 된 것으로 이해의 폭을 넓혀서 봐야 한다. 이러한 이동성은 스마트 기기를 이동 중에도 사용할 수 있게 되었다는 좁은 의미가 아니라, 이동 중에 생성되는 데이터의 수집과 활용에 보다 큰 의미가 있다. 우리는 이미 모빌리티로 모든 것이 연결된 초연결 세상에 살고 있다. 단순한 위치정보만이 아니라 언제 어디서 무엇을, 더 나아가 누구와 어떻게 해야 할 지를 도와주는 정교한 데이터 활용 기반이 마련된 것이다.

클라우드 컴퓨팅 ; Cloud Computing

ICT와 웹(Web)과 모바일(Mobile)이 발전적인 진화 과정을 거쳐 충분히 활용 가능한 안정적인 상태가 되면서, 본격적인 클라우드 컴퓨팅(Cloud Computing)이 시작되었다. 이로 인해 앞서 설명한 것처럼 이제는 더 이상 소유하고 구매하는 것이 아니라, 공유하고 이용하는 쪽으로 소비 형태가 바뀌고 있다.

클라우드 컴퓨팅을 이용하면, 특정된 개인만을 위한 PC도, 나만의 데이터 저장을 위한 스토리지도, 컴퓨터 사용에 필요한 프로그램도, 모두 구매해서 소유할 필요가 없다. 그저 인터넷이 연결되는 단말기에서 내가 누구인지 인식시키는 순간 그 단말기는 나의 것이 된다. 마주하고 직접 터치해야 하는 일부 하드웨어적인 것을 제외한 대부분의 소프트웨어적인 요소는 클라우드 컴퓨팅의 대상이 된다. 즉 구름 위에 올려놓고 필요할 때만 이용하면 되는 것이다.

이러한 이용과 공유의 개념은 컴퓨팅 분야뿐 아니라 다양한 영역에서도 사용될 수 있음을 추후 '크라우드 소싱(Crowd Sourcing)'과 함께 자세히 다루기로 하겠다.

"통신 속도가 빨라지면 옷 가게가 망한다?" 그 이유를 알아보기에 앞서 한국의 통신 서비스 발전 과정을 잠깐 살펴보자.

1991년 2G 시대에서 1998년 3G로, 2008년 4G로, 2018년 5G로, 대략 10년 단위로 발전을 거듭해 왔다. 하지만, 4G도 충분히 빠른데 왜 5G가 필요한 것일까? 4G상의 모바일 기기에서 실시간으로 영화를 보는 것조차 별로 불편하지 않은데 말이다. 단말기 제조 업체와 통신 서비스 업체가 단말기와 서비스를 추가로 판매하기 위해서? 4G까지는 그랬을지 모르지만 5G는 조금 다르게 보아야 한다.

국제전기통신연합(ITU : International Telecommunication Union)이 내린 5G의 정의는 '최대 다운로드 속도가 20Gbps, 최저 다운로드 속도는 100Mbps'인 통신 기술이다. 단지 빠른 전송 속도만이 아니라 이것이 제공하는 안정적인 네트워크 상태가 우리 일상에 어떤 영향을 주는지를 먼저 살펴봐야 한다.

5G에서는 반경 1km 안의 IOT 기기 100만 개를 동시에 연결할 수 있고, LTE의 50분의 1 수준인 짧은 반응속도(Latency)를 제공한다. 간단한 예로, 자율주행 자동차와 원격 수술 로봇 등은 클라우드상에 있는 정보와 실시간으로 연결되어 운영된다. 느린 데이터 전송 속도와 반응 속도 등으로 순간적인 전송 실패가 일어난다면,

생명까지도 위협받는 치명적인 결과가 생길 수도 있다. 이처럼, 클라우드상의 데이터를 실시간으로 이용하는 첨단 기기들을 위한 최적의 네트워크 환경을 5G 망이 제공하는 것이다.

이렇게 통신 네트워크의 안정성 문제 때문에 위험한 상황이 발생하는 곳도 아닌, 옷 가게는 왜 생존을 위협받게 되는 걸까? 우리가 옷 가게를 왜 가는지부터 먼저 생각해보자. 옷을 사러? 옷을 입어보기 위해? 후자에 더 가깝다. 직접 옷을 입어보고, 마음에 들고 내 몸에 꼭 맞는 옷을 선택하기 위해서다. 그런데 실질적으로는 온라인 쇼핑몰을 검색해서 좀 더 싼 곳으로 선택하고 있지 않은가? 그럼에도 기왕에 갔으니 그냥 사는 경우가 상당수 있기 때문에 오프라인 옷 가게는 아직도 생존하고 있다.

그런데, 옷을 입어 볼 필요가 없게 된다면? '3D 바디 스캐닝'을 통해 정확한 자신의 몸 치수를 파악하고, 그 몸에 맞는 옷을 화면 속 자신의 몸에 입혀볼 수 있다면? 좋아하는 디자인을 고르기만 하면 정확한 사이즈는 '3D 바디 스캐닝' 데이터가 알아서 해주는데 굳이 옷 가게를 찾을 필요가 있을까? 앞서 설명한 시멘틱 데이터 분석을 통해 나의 경제 상황과 신용카드 할인률 등을 정확하게 파악해서 최적의 구매 방법까지 제시해 준다면 더더욱 그렇게 될 것이다. 이렇게 자유로워진 데이터의 전송과 활용으로 옷 가게뿐 아니라 단순하게 물건을 파는 대부분의 소매 유통점들이 타격을 받게 될 것이라 예상된다.

SNS ; Social Networking Service

　　1991년 맥도날드(McDonald)가 설문 조사를 했다. '어떤 햄버거를 만들면 구매하겠는가?' 많은 응답자들이 웰빙 버거, 즉 살이 찌지 않는 다이어트 버거를 만들어 준다면 적극적으로 사 먹겠다고 했고, 그래서 맥도날드가 내놓은 버거가 바로 맥린(McLean)이다. 그런데, 같은 시기에 경쟁사인 하디스(Hardee's)는 하나에 1420kcal나 되는 몬스터 틱버거(Monster Thickburger)를 출시했다. 과연 누가 이겼을까? 당연히 하디스의 승리였다. 맥도날드가 실시한 설문 조사에는 고객들이 웰빙 버거를 원한 것으로 나왔지만, 이는 실제와는 다른 것이었다. '다이어트하는 사람이 패스트푸드를 먹겠는가?', '패스트푸드점에 갔다는 것은 맛있는 걸 먹겠다'는 의지인데 말이다. 결국 설문 조사로는 실제 욕구를 파악할 수 없었다는 것이다. 바로 여기에 SNS(Social Networking Service)가 왜 중요한 지에 대한 답이 있다.

　　SNS상에 남긴 글에는, 본성을 숨긴 과시 욕구가 아니라 사람들의 욕망 변화의 주요 요소인 '실제욕구'와 그것과 연결된 '누구'가 포함되어 있기 때문이다. '삼방향' 3.0 시대를 만들어준 시멘틱 분석에 필요한 데이터가 SNS에 의해 생성되고 보관되고 있기에, 살아있는 데이터 자본을 소유한 페이스북의 시장가치가 삼성전자를 앞지르게 된 것이다. 맥도날드가 설문 조사가 아닌 SNS상의 데이터를 분석해서 의사결정을 했다면, '맥린'과 같은 버거를 만들었겠는가?

사물인터넷 ; IOT ; Internet of Things

　모바일 택시 호출 서비스인 카카오택시(KakaoTaxi)는 스마트폰을 통한 간편한 호출과 자신의 지인에게 탑승자의 승하차 정보를 알려주는 '안심탑승'을 내세우면서 성공한 택시 호출 수단이다. 그런데, 이 서비스는 택시 기사에게도 호출한 탑승객에게도 수수료를 받지 않는다. 그럼 수익을 어떻게 낼까? 또한, 중국기업 샤오미(Xaomi)는 생활에 필요한 거의 모든 제품들을 엄청나게 싸게 팔고 있는데 과연 판매수익이 얼마나 될까? 단방향 1.0 시대와 양방향 2.0 시대의 상식으로는 카카오택시는 수수료를 받아서, 샤오미는 제품을 팔아서 이익을 남긴다고 이해해야 한다. 그런데, 이것이 시멘틱 데이터 수집을 위한 사업 모델이라면? 데이터를 근간으로 하는 삼방향 3.0의 시각으로 한 번 살펴보자.

　카카오택시는 탑승객의 집과 회사 위치, 그가 움직이는 동선과 시간 등을 수집하고, 그것을 통해 얻은 정보를 분석하여 자신의 쇼핑몰에서 구매를 유도하고, 구매한 물품을 귀가 시 택시 동선에 설치된 배달박스에서 고객이 직접 찾아가게 하면, 쇼핑몰이 지불해야 할 택배 비용을 절약할 수 있다. 게다가 다른 수집 경로로 확보한 데이터를 활용하여 '지금 집에 계란이 떨어졌는데 가는 길에 계란을 구매하지 않겠냐'라고 물어본다면?

　샤오미는 도저히 수익이 남지 않을 정도의 가격으로 휴대용 배터리뿐만 아니라, 신발, 자전거, 전기밥솥, 체중계 등 상상도

할 수 없을 정도의 온갖 물건들을 판매하고 있다. 그런데 이것을 일회성 상품 판매가 아니라 지속적인 데이터 수집 모델로 살펴보면 얘기가 달라진다. 신발을 통해 얼마나 걷는지, 자전거를 통해 얼마나 운동을 하는지, 체중계를 통해 몸무게 변화가 어떠한지, 전기밥솥을 통해 주로 몇 인분을 하는지, 된밥을 좋아하는지 진밥을 좋아하는지 등의 데이터를 수집한다면 그 가치는? 분석한 시멘틱 데이터로 '지금 체중이 늘었으니, 밥에 현미를 추가하고 이런 음식을 먹어야 하지 않겠느냐'고 제안한다면? 그리고 말 한 마디나 클릭 한 번으로 주문할 수 있게 해 준다면?

바로 이렇게 데이터 수집에 가치를 두고 행하는 모든 것을 IOT(Internet of Things) 즉, '사물인터넷'이라고 한다. '모든 것은 인터넷에 연결되어 있고, 그 각각은 데이터를 생성'하므로, IOT를 통한 데이터 수집, 저장, 분석의 가치는 실로 엄청나다. 카카오택시도 샤오미도 이러한 'IOT 비즈니스'로 이해할 수 있어야 한다. 제품을 팔 때가 아니라, 그 제품을 사용할 때 돈을 버는 3.0 시대의 사업 모델로 말이다.

2015년 다보스 포럼에서 구글의 에릭 슈미트(Eric Emerson Schmidt) 회장은 "인터넷은 사라질 것이다(Internet will be disappear)"라고 말했다. 이는 인터넷이 정말 없어진다는 것이 아니라, 인터넷이 생활 속에 깊이 흡수되어 마치 공기와 같은 존재가 된다는 의미이다. 인터넷은 의식하지 않아도 늘 일상과 함께 할 것이라는 얘기다. 또한, 2016년 중국 알리바바의 마윈(Ma Yun) 회장은 알리윈 개발자

컨퍼런스에서 "전자 상거래 개념은 없어질 것"이라고 말했다. 그리고 이와 더불어, 앞으로 30년 사이에 새로운 방식의 유통이 생기고, 생산이나 제조 형태 또한 새로워지고, 인터넷을 이용한 새로운 금융이 생기며, 인공지능과 같은 신기술이 만연하고, 데이터라는 새로운 자원의 변모가 있을 것이라며 5가지 미래 상거래를 예견했다.

내가 쇼핑을 하고 있는 것인지도 모르게 쇼핑하는 시대, 전자상거래가 아니라 생활 자체가 쇼핑이 되는 시대가 올 것이라는 말이다. 예를 들면, TV를 보고 있다가 출연한 배우의 손목시계가 마음에 든다면, 그저 '저 시계 참 괜찮은데'라고 말만하면, 바로 그때 나의 스마트폰에 해당 제품이 나타나고 바로 구매로 연결되는 시스템을 갖춘다면 굳이 찾아가야 할 쇼핑몰이 별도로 존재할 필요가 없어진다. 이 또한 IOT가 만드는 미래이다.

빅데이터 ; Big Data

SNS, IOT 등으로 쌓인 데이터가 충분히 의미 있는 양이 된 것을 빅데이터(Big Data)라고 부른다. 수집되는 형태가 수치뿐만 아니라 문자와 영상 등으로 다양해졌다. 그 생성주기도 짧아졌고 규모 또한 방대해져 데이터의 활용폭이 대단히 커졌다.

의류 회사인 유니클로(Uniqlo)와 자라(Zara)를 살펴보자. 이들은 빠른 제품 사이클과 저렴한 가격으로 소위 인스턴트 패션을 주도하고 있는 기업이다. 그런데 이들의 성장 동력이 생산공정 단순화와 재고관리 효율화를 통해 원가를 절감하는 관리적인 면만이 아니라는 점에 주목해야 한다.

'빅데이터 분석을 통한 정확한 소비자 취향 파악'이 그들의 경쟁력이라면? 예를 들어, 서울에 사는 20대 여성을 목표고객으로 설정하고 빅데이터 분석을 통해 그들이 현재 좋아할 만한 제품을 찾아내고, 거기에다 구매까지 이어질 숫자까지 정확하게 알아내서 그 수량만큼만 제작한다면? 그리고, 그들이 한 계절 혹은 두 계절 동안만 입으려 하는 소비심리까지 파악해서, 그 기간 동안만 유지될 품질의 저렴한 원단으로 만든다면? 이렇게 빅데이터는 데이터의 양이 많아졌다는 정량적인 면에서뿐만 아니라, 사람들의 생각과 욕구를 보다 정확하게 읽을 수 있는 매우 가치있는 자산이다.

빅데이터가 만들어준 세상을 조금 더 살펴보자. 빅데이터 분석을 통해 남쪽지방부터 서서히 북쪽으로 향하는 독감 확산 속도와 범위를 파악해서 독감 예방접종 추천 메일을 자동으로 보내주고, 가장 편리하게 갈 수 있는 주변 병원의 예약까지 도와준다면? 시청 앞에 위치한 A기업에서 그곳 영업팀 과장과 11시 약속이라는 정보를 일정관리 프로그램에 입력만 했는데, 시청 주변 채식 전문 식당을 추천해주고 예약 가능 여부도 알려준다면? 빅데이터 분석 결과 A기업 과장이 채식주의자이고 11시 미팅이니 당연히 점심식사로 이어질 확률이 높음을 파악했기에 가능한 일이다. 검색 창에 '귀걸이'라고만 입력했는데 갈 만한 상점 정보만이 아니라 동반하기에 적합한 친구와 그와 갈 만한 식당까지 소개해준다면?

물론 이 경우도 빅데이터 분석으로 예전에 귀걸이 쇼핑에 동행한 친구와 함께 가면 좋을 주변 식당까지 추천해주는 것이다.

더 나아가 가까운 미래에는 그저 양만 많은 데이터가 아니라 모든 것이 데이터가 되는 '올데이터(All Data)' 시대가 도래할 것이다. 그리고, 이것을 '5차 산업혁명'이라고 부르게 될지도 모른다.

이제는 물적 자본(Physical Capital)과 인적 자본(Human Capital)을 넘어 데이터 자본(Big Data Capital)이 경제를 이끄는 가장 중요한 요소가 되었다. 이제는 기업들의 가치를 판단할 때, 단지 매출이나 이익의 규모만이 아니라 데이터 자본의 규모도 함께 고려해야 한다. 애플, 구글, 아마존, 페이스북 등의 가치가 높은 이유가 바로 여기에 있다.

블록체인 ; Block Chain

2008년 1월 29일, 167년 전통의 미국 대표 금융회사인 리먼 브라더스(Lehman Brothers)가 2007 회계년도 재무제표를 발표했다. 590억 달러의 수익과 42억 달러의 순이익이 발생했으며, 이 수치는 4년 전에 비해 두 배 가량 증가한 것이라고 발표했다. 이들이 제출한 장부만 보면 재무구조가 매우 탄탄한 기업이었다. 그런데, 그로부터 9개월 후 이 기업은 파산했다. 이는 무엇을 말하는가? 우리는 실제 화폐가 아닌 숫자로만 거래하고 그 숫자는 장부에 기록한다. 그런데 그 장부를 누군가 악의적으로 조작한다면? 이것이 바로 지금부터 설명할 블록체인 기술의 탄생 배경이다.

블록체인 기술은 합의되지 않은 조작이 있어서는 안 되는 중요한 거래 정보나 데이터를 기존의 방식처럼 한 곳의 중앙에서 하나의 주체가 관리하는 방식이 아니라, 거래와 관련된 각각의 객체가 데이터를 분산해서 보유한다면 악의적인 조작이나 해킹 등으로부터 보다 안전해지고 관리 방법 또한 효율적일 것이라는 생각에서 시작되었다. '탈중앙화'와 '보안'이라는 두 개의 화두를 동시에 해결하고자 한 것이다. 블록(Block)에 일정 시간 동안 확정된 거래 내역을 담아서 관련된 모든 사용자에게 전송하는 방식으로 정보를 관리한다면, 중앙의 한 곳에서만 관리할 경우 다양한 이유로 발생할 수 있는 변형 혹은 손실의 위험을 제거할 수 있게 된다는 것이다. 이러한 이유로 블록체인을 '공공거래장부' 또는 '분산거래장부' 라고도 부른다. 말 그대로 거래장부를 공개하고 분산해서 관리한다는 이야기다. 이렇게 하면, 은행과 같은 특정 단체에게 거래가 발생할 때마다 수수료를 지불하고 승인을 받아야 하는 구조에서 탈피해서, 전세계 누구와도 중간유통 절차 없이 직접적인 거래를 할 수 있고 수수료 또한 최소화할 수 있게 된다는 것이다.

이것을 증명하기 위해 블록체인 기술을 이용해서 만들어진 전자화폐가 바로 비트코인(Bitcoin)이다. 2008년 10월 31일 저녁, 사토시 나카모토(Satoshi Nakamoto)라는 닉네임을 사용하는 누군가 (익명의 개인 혹은 단체)가 암호화 기술 커뮤니티에 '비트코인 : P2P 전자화폐 시스템'이라는 논문을 하나 올렸다. '전적으로 거래 당사자

사이에서만 오가는 전자화폐'라고 소개하면서, "P2P 네트워크를 이용해서 이중 지불을 막는다"라고 했다. 이중 지불은 돈을 두 번 쓴다는 말이다. 이 논문을 발표하고 약 두 달 후인 2009년 1월 3일, 그가 직접 블록체인 기반의 '비트코인'이라는 가상화폐를 개발했다. 이것이 바로 비트코인의 시작이다.

컴퓨터상에서 데이터로만 존재하는 가상화폐는 복제하기가 쉬워서 계속된 수량 증가가 있을 수 있으므로, 화폐로서의 가치를 보증하기 위한 방지책으로 발행되는 코인의 숫자를 애초에 2천100만 개로 제한했다. 프로그램이 자동으로 암호해독 문제를 내고, 그것을 컴퓨터의 처리 능력을 이용해서 먼저 해독하는 자가 비트코인의 소유권을 갖게 되는 방식이다. 그래서 이렇게 소유권을 획득하는 과정을 금을 캐는 것에 빗대어 '채굴'이라고 일컫는다. 누군가가 채굴에 성공하면 이어서 자동으로 새로운 암호해독 문제가 생성되는 방식으로 수가 늘어가는데, 앞서 설명한 것처럼 그 수는 한정되어 있다. 이러한 채굴 과정에는 많은 컴퓨터 자원이 투입되어야 하고 시간이 지날수록 코인의 수 또한 얼마 남지 않으므로, 채굴 비용 자체도 갈수록 올라가게 되는 구조이다.

그리고, 비트코인은 거래내역 등의 해당 정보를 10분에 한 번씩 업데이트하고 이를 모든 사용자가 공유하는 관리 방식을 취한다. 이렇게 10분마다 만들어지는 거래장부를 '블록(Block)'이라고 이해하면 된다. 이 모든 과정은 중앙의 서버가 아닌 사용자 각자의 컴퓨터 자원이 십시일반으로 도움을 주는 구조로 운영된다. 각

블록(Block)의 생성과 관리를 돕는 사용자가 '체인(Chain)'처럼 서로 연결되어 하나의 신뢰 시스템을 이루는 것이 바로 블록체인(Block Chain)인 것이다.

어찌되었건 비트코인은 소유자의 익명성이 그 수요를 부채질했고 제한된 숫자 때문에 희소성을 띠면서 그 가치가 엄청나게 높아졌다. 2018년 1월에는 1비트코인의 가격이 한화로 2천660만 원까지 상승했으니 말이다. 관리와 책임의 주체가 없고 그 누구도 그 가치를 보증할 수 없는 상황임에도 불구하고, 그 후로도 계속 등락을 거듭하고 있다.

비트코인의 성공에 힘입어 갖가지 형태와 이름을 가진 가상화폐가 쏟아져 나왔다. 비트코인을 대체한다는 의미로 수많은 알트코인(ALTcoin, Alternative Coin), 즉 '대체코인'이 탄생했고 거래되고 있다. 공신력을 갖춘 가상화폐를 만들기 위한 '블록체인 기술 표준화를 위한 R3 CEV 컨소시엄'도 만들어졌고, 각국의 다양한 대형 금융기관들이 여기에 회원사로 참여하고 있다.

비트코인 등으로 그 유용성을 증명한 블록체인 기술이지만, 활용 범위가 단지 가상화폐로만 국한되지는 않는다. 블록체인으로 파일을 공유하는 메이드 세이프(Maidsafe)와 중앙 서버 없이 메시지를 주고받는 비트 메시지(Bitmessage), 현재 국제인터넷 주소관리 기구(ICANN)가 독자적으로 관리하고 있는 도메인 주소를 탈 중앙화하기 위해 만들어진 네임코인(NameCoin) 등이 그 사례다.

채소나 가축을 관리하는 농장에서도 IOT 기술을 이용하여 데이터를 수집하고 전송하는 등 생산성을 높이고 있다. 이 데이터로 생산물의 루트를 추적 관리할 수 있게 되면서 생산물의 신뢰성을 보장할 수 있는데, 누군가 농장의 서버에 침투해서 그 데이터를 해킹하고 조작한다면? 블록체인 기술을 이용하면 이러한 위험에서 벗어날 수 있다.

이렇게, 블록체인은 분산 컴퓨팅 시스템을 이용하여 '탈중앙화'와 '보안'을 해결하는 중요한 기술로서 그 활용도가 무한할 것임은 분명해 보인다. 무엇보다, 앞서 얘기한 ICT, Web, Mobile, Cloud Computing, IOT, Big Data, Digital Twin 등이 의지하는 것이 바로 데이터이고, 이 중요한 데이터를 관리하기 위해 주목받고 있는 기술이 바로 블록체인(Block Chain)인 것이다.

인공지능 ; AI(Artificial Intelligence)

소프트웨어 기술이 발전을 거듭하면서, 인간의 전유물이었던 지각 능력, 언어 능력, 학습 능력, 추론 능력 등을 컴퓨터 프로그램으로 실현할 수 있게 되었고, 앞서 설명한 빅데이터가 기계 학습을 도와주는 자료로 투입되면서 이제는 인간의 능력을 뛰어넘는 수준에 이르게 되었다. 이것을 AI(Artificial Intelligence) 즉, '인공지능'이라 부른다.

2016년 미국 대선 당시, 미국의 방송사들이 출구조사를 통해 내놓은 결과가 실제와는 많이 다르게 나타났다. 그때 단 한 곳 만이 정확한 대선 결과를 예측했다. 바로 인공지능 프로그램이 SNS 등에 사람들이 남긴 데이터를 분석해 얻은 결과였다. 빅데이터와 인공지능의 결합이 얼마나 뛰어난 분석 능력을 지녔는 지를 증명한 사례다.

2016년 3월, 구글(Google)의 딥마인드(DeepMind Technologies Limited)가 개발한 인공지능 바둑 프로그램인 알파고(AlphaGo)와 한국 최고의 프로 바둑기사인 이세돌 9단이 딥 마인드 챌린지 매치(Deepmind Challenge Match)라는 이름으로 다섯 번에 걸친 바둑 대결을 했다. 그때까지 우리는 '바둑'만큼은 인간의 영역이라고 확신하고 있었기에, 모두가 '인간'의 승리를 예상했다. 하지만, 최종 결과는 4승 1패로 알파고의 압도적인 승리였다. 제4국 180수에서 알파고가 "AlphaGo resigns"이라는 팝업창을 컴퓨터 모니터에 띄우면서 패배를 선언했을 때가, 바둑에서 인간이 AI를 상대로 승리한 마지막 순간으로 남을 것이다. 인공지능 바둑 프로그램끼리의 대결이라면 모를까, 이세돌 이후 그 누구도 바둑으로는 인공지능을 이길 수 없기 때문이다.

인공지능의 발전 속도는 인간의 그것과는 완전히 다르다. 예를 들어, 10에서 50, 다시 100으로 발전하는 어느 정도 예측이 되는 속도가 아니라, 10에서 1만, 다시 1억으로 예측조차 할 수 없는 기하급수적인 발전을 거듭한다. 이제 우리가 인정해야 할 것은, 이미 한 번이라도 인간을 앞지른 분야에서는 인공지능을 다시는 이길 수 없을 것이라는 점이다.

이해를 돕기 위해, 현재의 인공지능이 있게 한 저변 기술에 대해 간략하게 살펴보자. 컴퓨터가 마치 사람처럼 생각하고 학습할 수 있도록 하는 기술인 머신 러닝(Machine Learning) 즉, '기계 학습'은 컴퓨터가 경험적 데이터를 기반으로 스스로 학습하고 예측을 수행하고 성능을 향상시키게 해준다. 다시 말하자면, 이미 정해진 규칙에 따라 명령을 수행하는 것이 아니라, 입력된 데이터를 바탕으로 예측이나 결정을 이끌어 내기 위해 스스로 특정한 처리 모델을 구축하는 방식이다. 참고로, 알파고 때문에 일반에 많이 알려지기 시작한 딥 러닝(Deep Learning)은 '머신 러닝'의 하위 개념으로 이해하면 된다. 사물이나 데이터를 군집화하거나 분류하는 데 사용되는 기술로서, 그 핵심은 분류를 통한 예측에 있다.

자! 여러분은 어떤 의사에게 의료진단을 받겠는가? 경험 많은 인간의사와 의료진단용 인공지능 중에서 하나를 선택해야 한다면? 인공지능은 사람과 달리 실수가 없을 뿐더러 현재 세상에 나와 있는 모든 최신 의료기술과 처방 등의 정보를 가지고 있고, 그것을 조합하여 진단한다는 것을 상기한다면 누구에게 나의 의료진단을 맡길 것인가의 답은 분명해진다. 그렇다면 앞으로 의료진단만을 전문으로 하는 인간의사의 앞날은?

제약 분야에서도 이미 인공지능의 활약은 대단하다. 2017년 '인실리코메디슨'사에서 더 이상 늙지 않고 젊어진다는 즉, 노화역전을 도와 준다는 알약 '늙지 않는 세포(Ageless Cell)'를 출시했다. 인공지능을 이용해 수많은 경우의 수를 빠르고 정확하게 계산하여, 그 동안 10년 넘게 걸리던 것을 단 수 주 만에 만들어낸 것이다. 이렇게 노화 예방 물질로 개발된 신약의 시판 가격이 한 알에 1달러, 한 달치가 고작30달러다. 연구비가 적게드니 값도 싸진 것이다. 이제는 "이런 알약 좀 만들어줘"라는 명령만 넣으면 인공지능이 알약의 분자구조를 분석해 그 약을 만들어 주는 시대가 되었다.

인공지능(AI, Artificial Intelligence)은 'Narrow AI'와 'General AI'로 분류된다. Narrow AI는 말 그대로 '좁은 의미의 인공지능' 즉, 한 가지만 집중적으로 잘하는 인공지능이다. 앞에서 언급한 알파고처럼 바둑만 잘하는 인공지능을 말한다. 알파고는 바둑은 잘 두지만 자율주행은 하지 못한다. 자율주행 AI, 의료진단 AI 등 현재 실용화되고 있는 대부분의 인공지능이 여기에 해당한다.

General AI는 '일반적인 의미의 인공지능', 즉 바둑, 자율주행, 의료진단 등 '인간이 할 수 있는 다양한 영역을 동시에 잘하는 인공지능'이다. Narrow AI는 한 분야에 국한되어 인간을 도와주는 것이지만, General AI가 실용화 된다면 인간의 역할은 어떻게 될까?

인공지능의 발전 속도가 상상을 초월하게 빠르다는 것을 감안하면, 머지 않은 미래에 General AI가 나타날 것이다. 하지만, 'General AI 제한법'을 만들어서라도 인간의 생존은 위협받지 않게 될 것이라고 믿는다. 실제로, 2017년 1월에 AI연구를 지원하는 비영리 단체 '퓨쳐오브라이프(futureoflife.org)'가 미국 캘리포니아주 아실로마에서 개최한 '아실로마 컨퍼런스(Asilomar Conference)'에서 인공지능 개발의 목적, 윤리와 가치, 이슈 등에 대해 개발자들이 지켜야 하는 23개 항으로 이루어진 '아실로마 AI 원칙(Asilomar AI Principles)'이 발표되었다. 인공지능은 사람으로부터 지시받지 않는 지능이 아니고, 사람에게 혜택을 주는 것이어야 하며, 반드시 사람의 통제하에 있어야 한다는 등의 내용을 담은 준칙이다. 이렇게 인간을 보호하기 위한 노력은 계속될 것이므로, 지금은 Narrow AI만을 생각하고 그것을 어떻게 활용할 지에 집중하는 편이 나을 것이다.

어드밴스트 체스(Advanced Chess)는 컴퓨터의 도움을 받아 진행되는 체스 게임이다. 곁에 있는 컴퓨터는 체스판의 말들이 움직일 수 있는 경우의 수를 모두 보여주고, 인간은 그 중 하나를 선택하는 방법으로 진행된다. 인간의 실수를 최소화할 수 있도록 컴퓨터가 도와주는 것이다. 이처럼 인공지능은 인간의 능력을 높여주는 가장 중요한 '증강인류'의 협업 도구가 될 것이다.

디지털 트윈 ; Digital Twin

미국의 제너럴 일렉트릭(GE)이 만든 개념인데, 현실에 있는 대상을 가상세계에 디지털 데이터로 구현한 것을 말한다. 이렇게 만들어진 디지털 트윈을 통해 현실에서 발생할 수 있는 모든 것을 시뮬레이션(Simulation)하면서 문제점을 파악하거나 상황을 미리 예측하기 위해 활용되는 기술이다. 이 기술은 댐이나 다리 건설처럼 일단 시작하면 돌이킬 수 없을 규모의 공사나 항공, 국방과 같은 생명에 치명적인 문제를 야기할 수 있는 분야에서 시작되었지만, 제조, 서비스, 헬스케어 등의 다양한 분야로 그 적용 영역이 확대되고 있다. 무엇보다 인간 스스로를 여기에 적용하게 된다면, 나의 디지털 트윈이 내가 잠자는 동안 다음날 내가 해야 할 일과 일정을 미리 시뮬레이션 해보고, 내가 하루 일과를 시작하기 전에 최적의 방안을 제시해줄 수도 있을 것이다.

이러한 의미에서 '디지털 트윈'이라는 용어보다는 데이터로 만들어진 가상세계의 복제물이라는 뜻으로 '데이터 아바타(Data Avatar)'라는 용어가 더 적절해 보인다. 이 '데이터 아바타'도 인공지능과 함께 '증강인류'의 한 부분으로 포함될 것이다.

지금까지 정보 유통의 혁명을 가져온 'ICT', 온라인 기회의 땅이 된 'Web', 이동성을 마련해준 'Mobile', 모든 서비스를 구름 위에 올려 놓고 소유가 아닌 이용의 시대를 열어준 'Cloud Computing', 온라인 플랫폼에서 인간의 '초연결 욕구'를 해결해주는 'SNS', 언제 어디서나 데이터를 수집하고 활용할 수 있게 해주는 'IOT', 이러한 연결을 통해 얻은 충분한 데이터로 예측을 도와주는 'Big Data', 분산된 데이터관리 방식으로 탈중앙화를 가속시키는 'Block Chain', 빠르고 정확한 분석과 실행으로 인간을 도와주는 인공지능(AI), 마지막으로 아날로그 현실 세상을 데이터로 복제해서 만들어진 디지털 세상에서 활용되는 '디지털 트윈(Digital Twin)'에 대해서 살펴보았다.

그 동안 설명한 모든 키워드를 하나의 그림으로 요약해서 서로의 연관관계와 전체의 흐름을 이해해보자.

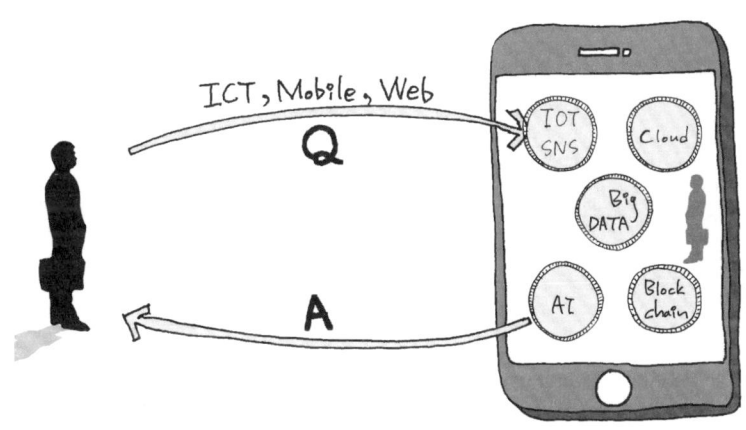

오프라인의 '현실인류'와 온라인의 '증강인류'로 그 영역을 구분하고, 이 둘을 연결하는 방식으로 지금까지 설명한 4차 산업혁명을 주도하는 핵심 키워드들을 이해해보자. 오프라인(그림의 폰 외부)에 있는 인간이 온라인(그림의 폰 내부)과 만나는 모든 접점에서 데이터가 발생한다. 예를 들면 SNS 플랫폼에서 서로 소통하는 과정과 다양한 IOT를 통해서 데이터가 수집된다. 이 모든 데이터는 온라인에 있는 '클라우드 컴퓨팅'을 통해 관리 및 공유되고, 그렇게 충분한 양의 의미있는 데이터가 쌓인 '빅데이터'는 '블록체인' 기술을 통해 중앙집중 방식과 보안 문제를 해결하고, 똑똑해진 '인공지능'을 통해 분석과 예측을 제공받는다. 데이터를 통해 실제와 똑같이 복제되어 만들어진 세상인 '디지털 트윈'에서 시뮬레이션을 통해 예측의 도움을 받는 것이다. 위의 모든 기술들이 서로 연관되어 오프라인의 '현실인류'가 질문하면, 온라인의 '증강인류'가 대답하는 것이 바로 '4차 산업혁명'이 만들어낸, 이미 일어난 스마트 시대의 미래이다.

핵심 키워드들이 바꿔놓은 세상, 그리고 바꿔 갈 세상을 우리는 소위 '산업4.0(Industry 4.0)' 또는 '4차 산업혁명' 시대라고 부르게 되었다. 이제 우리 인류는 지금까지 영위해 온 삶의 방식을 넘어서야 한다. 이것이 바로 '4차 산업혁명'이라는 대변혁이 우리들에게 요구하고 있는 것이다.

더욱이, 지난 20년간의 변화는 앞선 100년의 변화보다 더 큰 것이었고, 앞으로의 10년은 그보다 10배는 더 큰 변혁일 것이기에 '4차 산업혁명'을 그저 예전과 같은 새로운 기술이 가져올 변화 정도로 가벼이 여겨서는 결코 안 된다.

이러한 대변혁이 우리 주변을 어떻게 변화시키고 있는지 잠시 살펴보면서 이번 장을 마무리하자.

우리 주변에서 가장 많은 변화를 주고 있는 '유통 분야'부터 먼저 살펴보자. 결론부터 이야기하자면, 현재 단순 중개역할만 하는 유통구조는 쇠퇴하고, 소비자와 생산자가 직접 만나는 구조로 바뀔 것이다. 물론 그 사이에 택배와 같은 '물류'는 여전히 존재하겠지만, 지금의 소매점과 같이 구매를 위해 소비자가 직접 찾아가는 형태는 서서히 사라질 것이 분명해 보인다. 앞서 설명한 3.0 방식으로 '개인화'에 중심을 두고 시멘틱 데이터를 통해 나를 분석하고 거기에 맞는 서비스를 제공하는 것이 아니라면, 그저 1.0 방식의 싼 가격만으로는 소비자와의 만남을 생성하고 유지하기가 결코 쉽지 않을 것이기 때문이다. 게다가 앞으로는 온라인쇼핑몰조차 통하지 않고 생산자가 직접 소비자를 시의적절하게 찾아가게 될 것이기에 더더욱 그러하다.

앞으로는 싼 가격이 아니라 시멘틱 데이터를 이용해서 고객 개개인에게 초점을 맞추고 그들에게 최적화된 상품과 서비스를 제공해야만 살아남을 수 있을 것이다. 예를 들어, 고객의 건강 정보를 미리 파악해서, 알아서 염분 조절을 해주는 등 고객 개개인을 위한 메뉴를 제공하는 식당이나, 한 번에 한 고객만을 응대하는 원데이블 식당도 앞서 언급한 '개인화' 식당이라고 정의할 수 있다. 단지 음식만이 아니라 개인에게 꼭 맞는 또 다른 행복을 제공해주는 방식으로 말이다.

지금 동네에서 오랫동안 영업하면서 단골고객 개개인의 상황을 알고 있는 구멍가게나 반찬가게를 아날로그 방식의 '개인화' 가게라고 부를 수 있지 않을까? 그 가게 주인은 디지털 첨단 방법은 아니지만, "철이 엄마, 이번에 남편이 혈압약 먹기 시작했다며? 여기 짜지 않게 만든 시금치무침이 좋을 것 같아"와 같이 아날로그 방식이지만 고객 개개인에 맞춘 시멘틱 서비스를 제공하고 있다면 말이다.

'4차 산업혁명 시대'에도 한 곳에서 단골고객을 대상으로 오랫동안 장사한 '동네가게'가 대기업이 일반인을 대상으로 획일적으로 운영하는 프랜차이즈(Franchise)보다 높은 경쟁력을 가지고 있다는 것을 간과해서는 안된다. 여기에 첨단 기술을 도입한다면 더더욱 그렇게 되리라고 예측해본다.

'치킨가게'를 4차 산업혁명 시대에 맞게 한 번 재구성해보자. 안면인식 카메라를 현관에 설치하여 가게 앞에 도착한 고객을 식별하고, 그에게 적합한 응대 준비를 미리 한다면? 그 동안 누적된 그 고객의 정보를 통해 좋아하는 맥주와 안주 등을 미리 알아서 내어주고, 방문 횟수에 따른 마일리지도 자동으로 기록하고 보관하는 식으로 말이다.

회사 내부의 정보 유통 구조도 바뀔 것이다. 최고경영자의 지시를 중간관리자가 이해하고 그것을 다시 구성원들에게 전달하는 방식이 아니라, 제조사가 직접 소비자를 만나듯이, CEO가 직접 직원과 소통하는 방식으로 말이다. 회사와 관련된 자신의 의견과 생각을 동업자의 입장으로 최고경영자와 나눌 수 있는 중간관리자가 아니라면 그 존재 자체가 위협받게 될 것이다. 기업4.0 시대에는 경영자와 종업원의 관계가 아니라, 동업자들의 협업공동체가 되어야 하는 이유가 바로 여기에 있다.

그 동안 인류의 변혁을 이끌며 산업과 관련된 모든 혁명의 바탕이 되었던 '지식'의 가치는 어떻게 변하게 될까? 한 분야만 파고드는 '전공지식'과 다양한 분야를 아우르는 '백과사전' 지식 중에서 어느 것이 더 중요해질까?

지금까지는 '전공지식'이 훨씬 중요했다. 하지만, 이제는 달라져야 한다. 결론부터 이야기하자면, 반드시 둘 다를 갖추어야 한다. 전공지식이 있어야 하고, 백과사전적인 지식도 갖추어야만 '융합 능력'을 발휘할 수 있고, 협업공동체에서의 동업자 자격도 갖출 수 있기 때문이다.

지금까지는 생존을 위해 '전공지식'과 같은 한 가지에만 집중했던 'I'자형 인재가 인정받았지만, 이제는 전공과 더불어 폭넓게 다른 지식도 함께 알아야 하는 'T'자형 인재가 되어야 한다. 4차 산업혁명이 개인과 기업에 요구하는 능력이 바로 '융합'과 '협업'이기 때문이다.

4.0 시대는 사람들끼리만이 아니라 AI 로봇과도 잘 지내는 사회성이 필요하다. 그리고, '답하기'기 보다는 '질문하기'에 뛰어난 사람이 되어야 한다. AI 로봇이 제일 잘하는, "무엇을 할까? 어떻게 할까?"의 What과 How가 아니라, "우리는 왜 할까?"의 Why로 시작하는 접근 방식을 취해야 한다.

산업의 형태는 앞으로도 계속 5.0, 6.0, 7.0 시대 등으로 진화해 갈 것이다. 앞으로는 무엇이 되고 싶다는 막연한 꿈만으로는 아무것도 이룰 수 없을지 모른다. 왜 되고 싶은지에 대한 명확한 이해와 자기설득이 우선되어야 What이 바뀌더라도 그 과정만큼은 행복해질 것이기 때문이다. 이것이 What과 How는 AI로봇을 이용하고 우리는 Why로 시작해야 하는 이유다.

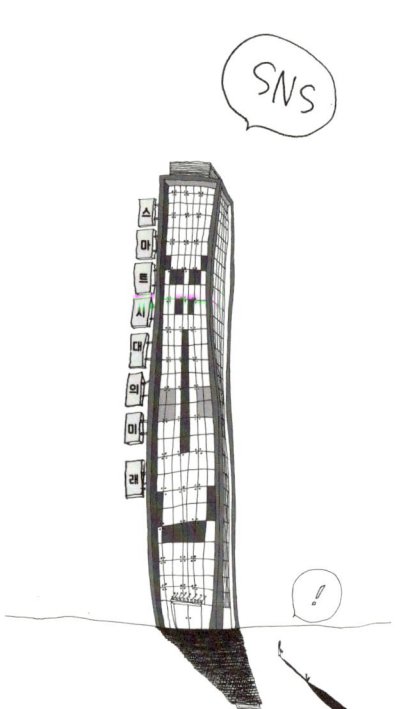

3. SNS (Social Networking Service)

"개인화와 초연결!"

SNS는 실시간 자기소개서
SNS의 중요성과 위험성

이번 장에서는 '이미 일어난 스마트 시대의 미래'가 개인을 향하는 3대 키워드 중 하나인 '초연결'을 실현시켜주는, 일방적으로 정보를 전달하는 단방향 1.0 방식이 아니라 정보를 서로 주고 받는 양방향 'Web2.0'이 만들어준 온라인 소통 플랫폼 SNS(Social Networking Service)에 관해 살펴보려고 한다.

TV 예능 프로그램인 '1박2일'에서 잠자리 벌칙을 정하는 게임 중에 나오는 '나만 아니면 돼'라는 유행어를 굳이 언급하지 않더라도 '개인주의' 성향은 더욱 심화되어 가고 있다. 타인과의 접촉은 싫어하지만 연결 도구인 스마트폰은 결코 몸에서 떨어지게 하지 않으려 한다. 물리적으로는 좁은 방에서 혼자 있고 싶지만 정신적으로는 타인과의 연결에서 소외될까 불안하기 때문이다. 이처럼 우리는 지극히 개인적이면서도 연결이 없으면 불안한, 두 가지 상반된 감성이 공존하는 시대에 살고 있다.

지금 여러분의 스마트폰 홈 화면을 한 번 살펴보라. 주요 위치에 자리잡고 있는 대부분의 앱(App)이 SNS와 관련된 것은 아닌가? 이처럼 타인과의 연결에서 소외되지 않으려는 욕구가 지금의 각광받는 SNS를 탄생시켰다.

회사 안에서 누가 영향력이 제일 높을까? 관리팀장? 인사팀장? 기술팀장? 영업팀장? 최고경영자? 구성원간의 실제 영향력 네트워크 조사 결과, 관리팀원 하나에 가장 많은 연결점이 모이는 것을 발견했다. 그 팀원은 누구일까? 바로 대표이사의 비서다. 그에게 연결된 네트워크가 가장 많고 그로 인한 영향력 또한 가장 큰 것으로 나타났다. 대통령의 비서실장이 누가 되느냐에 따라 한 나라의 경영에도 큰 영향을 미치는 것처럼, 연결의 중심에 있다는 것은 영향력 또한 크다는 것을 의미한다.

1994년, 브라질 아마존의 생태계와 그 유역에 거주하는 원주민들을 중금속 오염으로부터 보호하기 위해 시작된 카루소 프로젝트(Caruso Project)는, 통신시설이 전혀 없는 곳에서 아날로그 방식으로 정보를 전파하는 효과적인 방법을 활용한 것으로 유명하다.

자연 상태의 우거진 밀림지역에 사는 사람들이 공장지대에서나 발생하는 중금속에 오염된다는 사실을 발견했다. 그 원인은 강 상류

쪽의 공장에서 나온 오염물질에 중독된 물고기가 먹이사슬을 거쳐 하류쪽 큰 물고기까지 오염시켰고, 이것을 주로 잡아 먹는 아마존 원주민들이 중금속에 오염된 것이다.

강 밑바닥에 주로 서식하는 큰 물고기를 먹지 않게 하는 것이 가장 효과적인 오염 예방 방법이었는데, 전화도 라디오도 전혀 없는 밀림 전역에 이러한 정보를 일일이 전달하는 방법으로 생각해낸 것이 바로 빅마우스(Big Mouth)를 이용하는 것이었다. 즉, 마을에서 가장 말 많은 사람을 찾아 그에게 정보를 전달하고 그의 수다를 이용해서 마을 전체로 전파시켜 보자는 것이었는데, 결과는 성공적이었다. 더욱이 빅마우스는 단지 말만 많은 사람이 아니라, 여론 주도자, 오피니언 리더(Opinion Leader)로서 수많은 사람들의 의견이나 태도 결정에 큰 영향을 미치는 지도자 역할도 하고 있다는 것을 증명한 사례이다.

빅마우스가 영향력을 가지려면 말과 글을 신뢰(Confidence)할 수 있어야 하고, 관심을 끌만한 이야기(Story)가 그 안에 있어야 하며, 공동체에 도움이 되는 협업(Collaboration)의 가치가 있어야 한다. 누구나 자기 이야기를 다른 사람들이 경청해 주기를 바란다. 신뢰할 수 있는 이야기를 전달하면서 협업을 이끌어내고, 그렇게 한두 사람에게든 다수의 사람에게든 타인에 대한 영향력을 높이고 싶다는 욕구는 누구나 가지고 있다. 이렇게 '빅마우스'로 활동할 수 있는 온라인 공간이 탄생했으니, 그곳이 바로 SNS다.

온라인상에서 이루어지는 소통 방법이 어떠한 진화 과정을 거쳐 오늘날의 SNS로 발전해왔는지를 잠시 살펴보자. 초기 Web1.0 시대의 홈페이지는 단순히 정보를 보여주는 '단방향'이었다. 그리고, Web2.0 시대의 블로그(Blog)는 정보가 '양방향'으로 공유되게 만들어 주었다. 여기에, 익명으로 제공되던 정보가 실명성을 확보하게 되면서 신뢰도가 높아졌다. 그리고, 모바일(Mobile)이 결합되면서 이동성까지 갖추고 실시간(Real Time)으로 정보의 공유가 가능한 오늘날의 SNS(Social Networking Services)로 발전한 것이다.

1990년, 한국에서 30~40대 여성을 타겟으로 창간한 여성 잡지인 '마리안느'는, 창간에 앞서 주부들을 대상으로 3차례에 걸쳐 설문조사를 했다. "가십거리만 가득한 여성 잡지가 아닌, 즉 스캔들, 루머 기사가 없는 잡지가 나온다면 구독하겠는가?"라는 설문조사에 대다수가 당연히 구독할 것이라고 답했다. 그런데, 그렇게 시작된 잡지가 불과 17호만에 독자들로부터 외면받았고, 결국 폐간되었다.

도대체 설문조사와는 정반대의 결과가 나온 이유는 무엇이었을까? 설문조사 응답과는 달리, 실제로 여성들이 여성 전문 잡지를 보는 이유는 스캔들, 루머와 같은 가십거리 기사들 때문이다. 반면, 10~20대 여성들을 대상으로 탄생한 패션 잡지 보그걸(Vogue Girl)은 오히려 어려 보이고 싶고, 중저가를 선호한다는 10대들의 실제 속마음에 집중했다. 구매력이 높은 30~40대의 취향을 의도적으로 배제했지만 독자층의 절반을 30~40대가 차지했고, 그들을 위한 광고 매출 또한 상승하는 결과를 나았다. 만약 이들도 설문조사를 했다면, '어려 보이고 싶다가 아니라 나이 값 해야지'로, '중저가를 선호한다가 아니라 싸구려 패션이다'라는 결과가 나오지 않았을까?

위의 사례는 과시만 가득한 설문조사의 결과로는 진정한 소비자의 욕구를 읽을 수 없다는 것을 보여주었다. 사람들은 결코 스스로 치부를 밖으로 드러내지 않는다는 가장 기본적인 전제를 무시했기 때문이다. 그런데도 이러한 설문조사를 진행했던 이유는, 당시에는 그것이 고객의 생각을 알아볼 수 있는 최선의 방법이었기 때문이다. 설문 결과에 나타난 소비자의 말을 곧이곧대로 믿어서는 안 된다면, 어떻게 그들의 속마음을 알아낼 수 있을까? 바로 여기에 SNS의 중요성이 있다. SNS상에 쓰여진 글들은 과시로 작성되는 설문조사와는 달리, 개인의 '실제욕구'와 연결된 '누구와'의 정보까지도 모두 포함되어 있기 때문이다. 만약 '마리안느'가 설문조사가 아니라 SNS 데이터를 분석했다면?

대중교통이 아니라 좀 더 편한 택시를 '카풀'로 싸게 이용하기를 원하는 사람들을 위해, 현재위치와 목적지 그리고 동반 탑승인원을 입력하면, 같은 시기 같은 장소에서 동일한 욕구를 가진 누군가와 연결해주는 모바일 앱(App)이 탄생했다. 이와 같이, 사람들의 '실제욕구'와 그 욕구와 연관된 '누구와'를 동시에 만족시켜준다면, 지금보다 훨씬 진보한 형태의 다양한 비즈니스를 만들어 낼 수 있다. 그렇기에 이러한 데이터가 가득한 SNS의 가치는 엄청난 것이다. 이것이 바로, 데이터를 가지고 있는 '페이스북'의 가치가 높게 평가받는 이유다.

사람들과의 소통 도구는 새로운 기술이 잇달아 등장하면서 다양한 형태로 변모해왔다. 편지에서 전화로, 이메일(E-Mail)로, 호출기로, 휴대전화로, 문자메시지로, 블로그로, 미니홈피로, 온라인 채팅으로, 그리고 지금의 SNS로 발전해왔다. 데이트 상대에게 연락처를 물어보는 방식도 집 주소에서, 집 전화번호로, 호출기 번호로, 이메일 주소로, 휴대전화 번호로, 이제는 SNS 아이디로 바뀌었다.

그런데 SNS는 단순한 연락처가 아니라 직접적인 접촉 없이도 상대방의 정보를 파악할 수 있는 중요한 수단이라는 점에 주목해야 한다. SNS상에 연결된 친구들을 살펴보면서 상대의 성향을 짐작할 수 있는 등, 좀 더 세부적인 정보를 파악할 수 있기 때문이다. 소통 도구가 현재의 SNS로 진화하면서 개인적인 만남뿐 아니라 기업들이 고객을 만나는 방식까지도 변화하게 된 것이다.

미국 하버드대학의 뇌과학 연구팀이 발표한 자료에 따르면, 사람들이 자기 자신에 대한 이야기를 할 때 뇌의 반응은, 음식이나 돈과 스포츠 경기의 승리로 인해 쾌감을 느낄 때와 같은 것이며, 이때 쾌감 호르몬인 도파민이 분비된다고 한다. 이러한 여러 요인들이 결합되면서 SNS는 성장을 거듭했고, 이제는 생활의 일부로 자리잡게 되었다.

SNS 성공 사례

2008년 3월, 나인인치네일스(NIN, Nine Inch Nails)라는 미국의 록 밴드가 'Ghosts IV' 앨범을 발표했다. 온라인 동영상 플랫폼인 유튜브(YouTube)를 통해 디지털 음원을 먼저 공개하고 나중에 CD로 발매했다. 이때 저작권자에게 따로 허락을 구하지 않고도 창작물을 사용할 수 있게 한 일종의 오픈 라이센스인 CCL(Creative Commons License)과 공연장에서의 사진촬영도 허용하는 등 기존의 음원 공개와는 다른 파격적인 방식을 택했다. 이러한 혁신적인 발표 방식 덕분에, 팬들은 유튜브를 통해 무료로 감상할 수 있는 노래뿐만 아니라, 공연장에서 자유롭게 촬영한 사진 등을 SNS에 공유했다. 그런데, 이러한 무료 청취가 가능한 파격적인 음원 공개 방식 때문에 CD 판매 실적이 저조할 것이라고 염려했지만, 오히려 발매 첫 주에 80만 장이 팔려나가는 성공적인 결과를 만들었다. 바로 여기에 SNS의 힘이 숨어 있다. 온라인 무료 청취를 통해 더 많은 팬들이 이들의 음악을 만날 수 있었고, 팬들 스스로 SNS를 통해 이것을 적극적으로 홍보했다. 그 결과 성공적인 CD 판매로까지 이어진 것이다.

한국에서도 비슷한 사례가 있다. 2008년 8월, 당시 주로 서울 홍익대학교 주변에서 기성 문화 시장을 거부하고 독립적으로 활동하던 인디밴드중 하나인 '장기하와 얼굴들'이다. 위의 사례와 같은 CCL 방식으로 발표한 '싸구려 커피'라는 싱글 앨범이 SNS를 타고 유명해지면서, CD 매출과 방송출연까지 이어지게 만든 것이다.

2012년 7월에 발표된 가수 싸이(Psy)의 댄스 곡 '강남스타일'은 SNS를 통해 전세계로 급속히 전파되었고, 발표한 지 2개월만인 그해 9월말부터 7주 연속으로 미국 빌보드 차트 2위에 올랐다. 2018년 초에는 유튜브 조회수가 30억 회를 넘기면서 SNS가 만들어 낸 최고의 성공 사례가 되었다.

SNS의 힘을 잘 이용한 정치인도 있다. 버락 오바마(Barack Obama)와 존 매케인(John McCain)이 격돌했던 2008년 미국 대선 당일, 트위터(Twitter) 팔로워(Follower) 숫자를 비교해 보더라도, 두 사람의 SNS 활용도에는 큰 차이가 있었다. SNS를 잘 활용하여 소액결제 선거자금 모금 등 80%의 롱테일을 공략한 오바마의 승리였다. 당시 오바마 대선캠프는 온라인 조직화 전문가(Online Organizing Guru)로 활동하고 있던 페이스북의 창업자 중 하나인 크리스 휴즈(Chris Hughes)까지 영입하며 SNS 전담팀까지 만들어서 선거에 적극적으로 활용했다.

1인 1표로 진행되는 민주주의 선거 방식은 20%를 공략하는 '파레토 법칙' 보다는 80%를 공략하는 '롱테일 법칙'의 영향을 더 많이 받는다. 이제 SNS 활동이 정치인들에게는 선거에서 당락을 좌우할 정도의 필수적인 소통 방법이 되었다.

싸이월드 ; Cyworld ; "내 방에 놀러 와!"

일정규모 이상의 성공을 거둔 세계 최초의 SNS가 바로 한국의 싸이월드(Cyworld)라는 사실을 아는가? 1999년 9월에 출범한 싸이월드는 '일촌', '미니홈피', '도토리' 등의 새로운 용어와 문화를 만들며, 한때는 가입자수가 2500만 명에 이를 정도로 각광받던 SNS였다. 2003년 'SK커뮤니케이션즈'에 합병되었고, 그후 해외 진출과 'SK커뮤니케이션즈'로부터 다시 분리되는 등 성장과 쇠락을 거듭했다.

싸이월드가 고객으로부터 외면받은 이유는 무엇일까? 자신의 미니홈피를 꾸미기 위해 지불해야 했던 가상화폐인 도토리 구입비가 부담되어서? 이것이 큰 역할을 했다는 추정은 충분히 설득력이 있다. 플랫폼이 직접 돈을 요구하는 구조는 고객들에게는 갑질로 인식될 수 있기 때문이다.

마이스페이스 ; MySpace ; "팬들과 함께해요!"

2004년 1월, 전직 인디밴드 멤버였던 톰 앤더슨(Tom Anderson)과 크리스토퍼 드울프(Christopher DeWolfe)가 밴드와 팬을 연결시켜 주려는 의도에서 창업한 SNS가 마이스페이스(Myspace)다. 사이트 내에서 팬들이 자기 홈페이지를 따로 만들어서 다른 사람들과 소통할 수 있게 해 미국판 싸이월드라고도 불렸지만, 마이스페이스는 싸이월드와는 달리 자신의 홈페이지를 꾸미기 위해 돈을 지불하지 않아도 되었다.

그리고, 단순한 인맥 관리용 SNS를 넘어서 음악 관련 예술가들과 소통하고, 음악적 재능을 지닌 숨은 인재를 발굴하는 TV 서비스와도 연계되어 운영되었다. 창업 다음 해인 2005년 7월에 5억 8천만 달러라는 거액에 루퍼트 머독(Rupert Murdoch)이 이끄는 '뉴스코퍼레이션'에 의해 인수될 만큼 짧은 시간에 급성장한 SNS다.

페이스북 ; Facebook ; "나 요즘 이렇게 지내요!"

2018년에 22억 가입자가 활동하는 세계 최대 규모의 SNS가 된 페이스북(Facebook)은 하버드대학교(Harvard University)의 신입생이었던 마크 저크버그(Mark Zuckerberg)가 자신의 기숙사에서 온라인 사이트를 개설하고, 같은 학교 학생들을 대상으로 서비스를 시작한 대학생 창업 기업이었다. 처음에는 하버드 학생들만 이용할 수 있도록 했지만, 주변 대학의 거센 요구로 먼저 아이비리그 재학들에게만 가입 제한을 풀었다. 이렇게 초기의 가입 대상을 아이비리그 재학생들로 제한했기에 이 시기의 미국 고등학생들은 페이스북 아이디를 갖는 것이 꿈이었다고 한다. 이것이 의도되었건 그렇지 않았건 페이스북의 위상을 올리는 중요한 계기가 되었음은 분명해 보인다. 그 후 일반인도 이용할 수 있게 되면서 폭발적으로 가입자가 증가했고 오늘날 명실상부한 최고의 SNS가 된 것이다.

하지만, 그 시작은 의외로 단순했다. 2003년 10월, 저커버그가 페이스매시(Facemash)라는 이름으로 교내 학생들의 사진을 웹사이트에 올려놓고 인기투표를 진행한 단순한 기능이었다. 그 후, 자신의 프로필을 만들고 다른 사용자를 친구로 추가하면 타임라인에 글을 쓰거나 친구와 메시지를 교환할 수 있게 했고, 친구가 글을 남기면 자동으로 알려주는 기능 등이 추가되었다. 2010년 3월, 손쉽게 상대에게 관심을 표시하는 방법인 '좋아요(Like)' 버튼을 도입하면서 성장을 지속해 왔다.

페이스북이 성공할 수 있었던 요인은, 이전의 SNS와는 달리 다양한 기능을 통해 대상간의 상호작용을 신뢰도 있게 촉진시키며, 사용자의 실제적인 정체성과 활동 내용 공개를 자연스럽게 유도한 것이다. 이로 인해 사적인 것과 공적인 것의 구분이 없는 정보 공유 공간으로 발전했다. 익명성에 숨어서 잡담이나 거짓을 남기는 것이 아니라, 실명성이 확보된 신뢰할 수 있는 정보의 선순환 구조를 만든 것이다.

페이스북은 개방을 통해 고속 성장을 이루었다. 자신의 플랫폼과 그 안에 남겨진 사용자들의 데이터를 열어놓는 오픈 플랫폼(Open Platform) 정책을 쓴 것이다. 외부에서 페이스북 안의 프로필 정보를 이용할 수 있는 서비스인 페이스북 커넥트(Facebook Connect)는 새로운 사이트에 가입할 때 페이스북 연동만으로도 별도의 개인정보 입력 절차 없이 가입할 수 있게 해주는 기능이다. 또한, 이렇게 페이스북을 통해 다양한 사이트를 이용할 때, 남겨진 모든 정보를 한 눈에 볼 수 있게 해주는 오픈 그래프 API(Open Graph API) 기능을 추가했는데, 친구들이 다른 웹사이트에 들렀는지 어떤 내용을 보고 갔는지 등의 로그인 상태에서 이루어지는 사용자들의 모든 행동을 수집하고 보여준다.

이렇게 개방된 페이스북 플랫폼에서 활동하며 성공한 외부 기업들의 사례는 무수히 많다. 페이스북 내에서 즐기는 게임인 팜빌(FarmVille) 등을 공급해서 엄청난 성공을 거둔 '징가(Zynga)'가 그 대표적인 예이다. 자동차 회사인 '메르세데스 벤츠'는 2014년 SL클래스 모델에 페이스북 서비스를 융합하여 운전중에 SNS를 이용할 수 있는 기능을 탑재하기도 했다.

페이스북은 자신의 플랫폼 안에서 사용자들이 남긴 데이터 만으로도 엄청난 '빅데이터' 기업이 되었다. 빅데이터를 가지고 할 수 있는 일은 실로 무궁무진하다. 한 나라의 차기 대통령이 누가 될 것인지, 그 나라에 무엇을 팔면 될 것인지 등을 예측할 수 있는 무서운 힘을 가지게 된 것이다.

페이스북은 비즈니스 '플랫폼'의 필수 3요소인 '만나고, 머무는, 자가발전 생태계'를 성공적으로 구현한 SNS 플랫폼이다. 그곳에 가면 나를 알아주는 친구를 만날 수 있고, 머무는 동안 사용할 수 있는 수많은 공유 정보가 있고, 더 많은 친구를 사용자가 스스로 끌어오는 자가발전 구조를 모두 갖추고 있는 것이다.

트위터 ; Twitter ; "실시간 뉴스를!"

2010년 미국에서 조사된 가장 효과적인 정보 전달 방법에서 '정보를 단문으로 작성하여 실시간으로 다수에게 전달'할 수 있는 트위터(Twitter)가 1위를 차지했다.

이렇게 단기간에 정보 전달의 대표 도구가 된 트위터는 비즈 스톤(Biz Stone), 잭 도시(Jack Dorsey), 에반 윌리암스(Evan Williams) 등이 블로그의 인터페이스에 미니홈피의 친구맺기 방법과 메신저 기능을 통합하여 2006년 7월에 시작했다. 한 번에 사용할 수 있는 글자수가 140자로 제한된 휴대 전화의 단문 메시지를 이용한 것이 확산의 원동력이 되었다. 링크 주소를 포함한 짧은 문장으로, 단순화된 정보를 빠르게 전파하는 절묘한 방법을 제공한 덕분이었다.

서비스 개시 10년 만에 사용자수 3억 명을 돌파한 트위터의 확산 이유는, 사람들은 누구나 자신의 이야기나 알게 된 정보를 남에게 들려주고 싶은 욕구가 있고, 긴 문장의 논리적 설득보다는 짧은 문장의 감성적 설득이 더 쉽고, 비록 답글이나 조언을 바라는 것은 아니지만 누군가가 들어줬으면 좋겠다는 공감 욕구를 만족시켜주었기 때문이다.

트위터(Twitter)는 새가 '지저귀다' 또는 '지껄이다'라는 뜻이다. 말 그대로 내가 지정한 누군가의 지저귐을 듣고, 나의 지저귐은 나를 지정한 누군가에게 전달되는 방식이다. 정보를 받고 싶은 상대를 팔로잉(Following)하면 그가 남기는 정보를 구독할 수 있게 된다. 그리고, 누군가가 나의 정보를 받고 싶어 나를 팔로잉하는 사람을 팔로워(Follower)라고 부른다. 팔로워하는 사람의 숫자가 많을 수록 정보의 확산 파급력이 강한 '빅마우스'로서의 힘을 더 많이 갖게 되는 구조다. 팔로잉하는 사람의 정보를 리트윗(RT, Retweet)이라는 방식으로 재배포하면, 팔로워가 그 정보를 전달받는 방식으로 빠르게 정보 유통이 이루어지는 것이다.

2009년 6월에 부정대선 문제로 일어난 이란 사태와, 2009년 7월에 중국 위구르 지방의 독립 요구로 일어난 유혈 사태 당시, 정부의 강력한 언론 통제에도 전세계에 실시간으로 사태가 전파될 수 있었던 것도 바로 트위터 때문이었다. 이렇게 누구에게나 열려 있고 빠르게 정보를 전파할 수 있는 정보 전달 도구인 트위터는 또 하나의 개인 언론 미디어로서도 그 역할의 폭을 넓혀가고 있다. 미국의 트럼프 대통령이 자기의 의견을 언론을 통하지 않고 직접 대중에게 전달하는 도구로 트위터를 이용하면서, '트위터 정치'라는 새로운 용어가 만들어지기까지 했으니 말이다.

여러 가지 이유로 빠른 정보의 수집과 전파의 도구로 자리잡게 된 트위터도 페이스북과 마찬가지로 개방 정책을 통해 성장해왔다. 외부 사이트에서 트위터 계정의 간단한 프로필 정보를 보고 그와 글을 주고 받을 수 있는 @Anywhere도 그 중 하나다. 예를 들어, 신문사 인터넷 사이트를 방문해서 기사를 확인하고 그 기사를 쓴 기자의 아이콘을 클릭하면, 해당 기자의 트위터 프로필을 볼 수 있고, 그를 팔로잉하거나 그에게 글을 보낼 수 있다. 그리고, 무료로 운영되는 개인 계정과는 달리 상업적 목적으로 운영되는 유료 기업 계정을 통해 마케팅 수단으로 사용할 수도 있다. 트위터 안에 쌓인 빅데이터를 이용해 실시간 소셜 검색(Social Search) 서비스도 제공한다.

트위터는 정보 전달이 목적인 도구다. 유명 연예인을 팔로잉하면서 그들의 소식을 실시간으로 보거나, 관심 있는 언론 매체나 파워 블로그 또는 오피니언 리더를 팔로잉하면서 실시간 최신정보를 얻기 위한 미디어 도구라는 것이다. 연예인과 정치인, 각 분야 전문가, 언론인들이 자기의 생각이나 정보를 전달하는 개인 언론매체인 것이다.

그런데, 나를 따르는 팔로워가 한 명도 없는데 글을 남기는 것이 무슨 의미가 있을까? 아무도 보지 않는 미디어? 혼자만 보는 일기 쓰기? 그렇다. 트위터에 글을 남긴다는 것은 하나의 작은 언론으로서의 역할을 하는 것임을 알아야 한다. 개인 언론인 트위터에 잡담이나 사적인 글을 남기는 것은 그것을 신문에 기사로 올리는 것과 같다. 트위터는 개인적인 관계 유지를 위한 도구이기 보다는, 정보 전달을 위한 SNS 형식의 언론매체임을 알고 사용해야 한다.

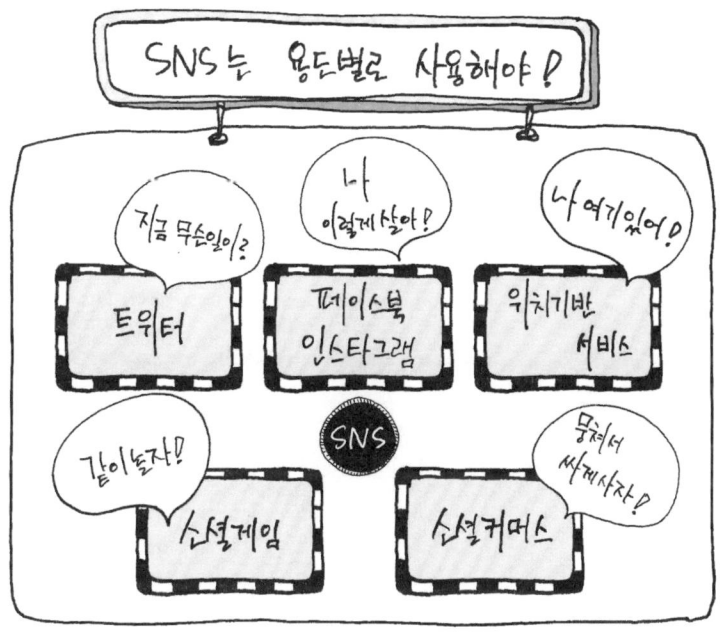

그림에서 설명한 바와 같이 SNS는 반드시 그 용도에 맞게 적절하게 구별하여 사용해야 한다. 페이스북은 인맥관리, 트위터는 정보관리를 위한 연결 도구이다.

진화하고 있는 SNS

모바일 기기의 보급과 확산으로 사람들 사이의 연결과 정보 전달 방법도 다양한 형태로 발전해 왔다. SNS 또한 변신을 거듭하고 있는데, PC에서 모바일로, 문자에서 이미지로, 다시 동영상으로, 좀 더 단순하고 직관적인 방법으로 진화하고 있다. 전문성을 지닌 사진을 공유하기 위해 만들어진 플리커(Flickr)와 일상의 신변잡기를 사진이나 짧은 동영상으로 공유하는 인스타그램(Instagram) 등의 등장이 그 예이다.

인스타그램 ; Instagram ; "이미지로 소통해요!"

사진과 동영상을 매개로 사람들을 연결해주는 SNS인 '인스타그램'은 순간을 뜻하는 인스턴트(instant)와 정보를 뜻하는 텔레그램(telegram)의 합성어로서, '세상의 순간들을 포착하고 공유한다(Capturing and sharing the world's moments)'라는 슬로건을 내걸고 2010년에 시작되었다. 출시 하루 만에 2만5천 명, 한달 만에 100만 명, 1년 만에 1천만 명으로 급성장했고, 4천만 명의 사용자를 확보한 2012년 4월에, 10억 달러의 가치를 인정받고 페이스북에 인수되었다. 2018년에 10억 명을 돌파하면서 이미지 기반 SNS의 대표주자로 자리매김하였다.

인스타그램은 사진에 문자를 더해서 정보를 전달하는 방식으로 운영된다. 음식과 관련된 사진을 올릴 때, '먹다'와 '인스타그램'을 합성한 '#먹스타그램'과 같은 신조어를 만들어서 함께 기록할 수 있다. '#' 뒤에 기록되는 키워드가 관련 검색어로 쓰인다. 이 책을 인스타그램에 올리는 것을 예로 들면, 표지사진과 '#이미일어난스마트시대의미래 #4차산업혁명 #플랫폼 #융합 #협업 #원석연'등의 관련 키워드를 함께 작성하면 된다. 앞서 작성한 키워드를 입력하면 손쉽게 관련 내용을 찾을 수 있도록 꼬리표를 달아주는 역할을 하는 것이다.

그리고, 인스타그램은 최대 9장의 사진을 한 장으로 편집해 주는 '레이아웃(Layout)' 앱과 같이 사진 편집에 필요한 다양한 기능을 별도로 제공한다. 동영상에도 많은 공을 들이고 있는데, '하이퍼랩스(Hyper Lapse)'와 같은 동영상 편집에 필요한 기능들도 별도의 앱으로 제공하고 있다. 참고로, 긴 영상을 짧은 시간에 빠른 속도로 보여주는 특수영상 기법인 '타임랩스(Time Lapse)'가 고정된 카메라에서 촬영하는 것이라면, 일정 시간과 공간을 두고 움직이며 촬영하는 것을 '하이퍼랩스(Hyper Lapse)'라고 한다.

유튜브 ; YouTube ; "동영상으로 소통해요!"

SNS는 문자에서 이미지로, 그리고, 생동감을 더하는 동영상으로 진화해왔다. 그 대표주자가 바로 유튜브(YouTube)이다. 유튜브는 당신을 뜻하는 'You'와 브라운관 또는 텔레비전을 뜻하는 'Tube'의 합성어인데, 온라인 결제 서비스 업체인 페이팔(PayPal) 출신의 채드 헐리(Chad Hurley), 스티브 첸(Steve Chen), 자웨드 카림(Jawed Karim)이 친구들에게 파티 비디오를 배포하기 위해 '모두가 쉽게 비디오 영상을 공유할 수 있는 기술'을 생각해낸 것이 그 출발이다. 2005년 2월에 창업하고, 그 해 11월에 정식 서비스를 시작했다. 이듬해인 2006년 10월에 구글에 인수되었고 오늘날 전세계에서 가장 영향력 있는 동영상 플랫폼이 되었다. 이제는 유튜브를 통해 음악을 듣고, 공부를 하고, 더 나아가 일반적인 검색조차 영상으로 확인한다고 하니, 동영상의 활용도는 계속 높아지고 있다.

관계기반에서 관심기반으로 진화하는 SNS

페이스북과 같은 '관계기반 SNS'는 개인정보를 토대로 한 연결이다. 하지만 일부 개인정보가 공개되는 불편을 감수해야 한다. 이러한 이유로, 흥미나 관심을 기반으로 한 '관심기반 SNS'로 영역을 확장하기 시작했다. SNS 친구가 당신이 소비하는 콘텐츠를 설명해 주는 큐레이터(Curator)가 되어준다면? 이러한 요구로 '콘텐츠 큐레이션(Content Curation)' 또는 '소셜 큐레이션(Social Curation)' 역할이 SNS에 추가된 것이다.

이러한 큐레이션 기능이 추가된 관심기반 SNS는 쏟아져 나오는 수많은 정보에 일일이 대응하기 힘든 이들에게 좋은 해결책으로 부상했다. SNS로 연결된 친구 네트워크를 활용하여, "자신의 관심 분야에 설명까지 들을 수 있는 곳이 있다면 얼마나 좋을까"와 "나의 관심 분야를 타인에게 큐레이션하고 싶다"는 욕구를 동시에 충족시켜준 것이다. 그 대표적인 예가 '핀터레스트(Pinterest)'와 '옐프(Yelp)'이다. 옐프는 지역을 기반으로 해당 지역의 관련 정보를 공유하는 SNS다. 각 도시의 식당과 백화점, 병원 등의 평판을 수집하여 공유하고 추천해주는 서비스를 제공한다.

한국에도 '식신(Siksinhot.com)'이라는, 지역의 맛집 정보를 공유하는 SNS가 있는데, 일반적인 식당 정보 제공을 넘어 기업체의 구내 식당이나 주변 식당에서 사용할 수 있는 디지털 식권인 '전자식권'을 운영하는 등, 온라인과 오프라인을 연결해주는 O2O(Online to Offline) 서비스로써 그 영역을 확대하고 있다.

사진을 공유, 검색, 스크랩하는 이미지 중심의 SNS인 '핀터레스트'는, 벽에 사진을 붙일 때 쓰는 핀(Pin)과 관심을 뜻하는 인터레스트(Interest)의 합성어로 만들어졌고, 2010년 3월에 서비스를 시작했다. 그리고, 출시 2년 만에 미국 방문자 순위에서 페이스북과 트위터에 이어 3위를 차지할 만큼 급성장했다. 핀터레스트는 스스로를 '비주얼 소셜 큐레이션 서비스(Visual Social Curation Service)'라고 칭하면서, 미술관의 큐레이터처럼 관심있는 특정 주제의 콘텐츠를 선별하고 스크랩해준다. 예를 들어, 요리와 관련된 이미지를 모으고 싶다면 요리에 해당하는 보드를 생성하고, 이곳에 다른 사람들이 올려놓은 요리 사진들을 '핀잇(Pin It)'하는 방식으로 자신만의 스크랩북을 만들 수 있고 지속적인 추천도 받을 수 있다.

이처럼 핀터레스트는 사용자 활동의 중심이 콘텐츠 생산이 아니라 수집에 있기 때문에, 아예 글을 쓰는 기능조차 없고 모든 것이 이미지 중심으로 운영되고 있다. 핀터레스트는 사고 싶은 것, 보고 싶은 것, 갖고 싶은 것, 가고 싶은 곳 등의 관심을 기반으로, 사람들의 욕망을 큐레이션하는 서비스인 것이다. 이렇게 최신 유행에 민감한 핀터레스트의 사용자들을 대상으로, 기업들은 해당 이미지와 연계하여 구매로 연결하는 등의 마케팅 활동을 할 수 있다.

이 외에도 SNS의 소셜그래프 데이터와 연계하여 동적 매거진을 형성하는 플립보드(Flipboard), 큐레이션을 통해 패션 정보를 제공하고 이를 바로 구매로 연결하는 더팬시(The Fancy), 사용자의 관심 분야에 맞춰 웹서핑을 대행해주는 스텀블어폰(StumbleUpon), 주요 뉴스와 예능, 영화, 맛집 등을 큐레이션해주는 피키캐스트(Pikicast), 자신이 본 영화를 평가하면 이를 통해 좋아할 만한 영화를 추천해주는 왓챠(Watcha) 등 많은 큐레이션 서비스가 있다.

우리끼리만 소통하는 '폐쇄형 SNS'

그리고 또 하나의 틈새 영역을 파고든 것이 바로 '폐쇄형 SNS'이다. 사용자 개인의 정보가 모두에게 공개되는 개방형 SNS와는 달리, 정해진 그룹 안에서만 활동하고 싶은 사람들을 위한 공간 즉, 지인이나 연인, 가족 등 '우리끼리'만 사용할 수 있는 공간으로 만들어졌다. 대표적인 예가 페이스북 플랫폼 개발자 데이브 모린(Dave Morin)

과 냅스터 창업자 숀 패닝(Shawn Fanning) 등이 모여 2010년 11월에 서비스를 시작한 '패스(Path)'이다. 시작 당시 '패스'는 연결할 수 있는 친구를 50명으로 제한했다. 자신의 정보를 편하게 공개할 수 있는 숫자를 제한함으로써, 마음껏 글을 남길 수 있어서 오히려 매력적이었다. 절친끼리만 공개되는 '절친 노트' 혹은 '절친 일기장'이라고 이해해도 좋을 듯하다. 후에 성장의 한계를 느끼고 150명으로 제한 인원을 확대했고, 나중에는 그러한 제한마저 없애면서, 개방형 SNS와 경쟁하는 정책으로 변경했다. 채팅 내용이 7일 후에는 서버에서 삭제되는 패스 톡(Path Talk)이라는 자체 메신저도 발표했다. 동남아 국가로 시장을 확대했고, 특히 인도네시아에서 엄청난 인기가 있었던 2015년, 한국의 나음카카오에 인수되었다.

'밴드(Band)'는 2012년 8월 한국의 최대 포털 사이트인 네이버(Naver)가 만든 폐쇄형 SNS이다. 다음해인 2013년 초에 네이버가 자회사 '캠프모바일(Camp Mobile)'을 설립하여 그 개발과 운영을 넘겼다. 처음에는 대학생들의 각종 소모임용으로 기획되었지만, 동호회나 동창 모임, 가족용 비공개 모임을 위한 도구로 확산되었다. 모임을 위한 일정관리, 투표, 사진 앨범, 채팅 기능 등이 있다. 2015년 4월에 밴드의 속성을 공개와 비공개로 선택할 수 있도록 하면서 광고 등의 상업용 밴드까지 생겨났다. 단 두 사람의 커플만을 위한 폐쇄형 SNS인 '비트윈(Between.us)'도 있다.

SNS는 온갖 형태로 계속 진화중이다. SNS 상에 남긴 콘텐츠를 읽은 횟수에 따라 자신이 발행한 가상화폐로 보상해주는 방식의 '스팀잇(Steemit)'이라는 SNS 형태의 정보거래 사이트까지 등장했다.

SNS 트렌드를 다시 한 번 정리하면, 고정된 PC에서 이동성을 갖춘 모바일로, 문자 위주의 소통에서 직관적 이미지인 사진으로, 더 나아가 움직이는 이미지인 동영상으로, 인맥 관리를 위한 '관계기반'에서 개인의 취향을 위한 맞춤형 '관심기반'으로, 관심 분야를 설명해주는 '큐레이션'으로, 조심해야 하는 '개방형'에서 편하게 이야기해도 되는 '폐쇄형'으로 그 변화가 이어지고 있다.

초연결 시대의 '연결' 관리

우리는 지금 '초연결 시대'에 살고 있다. 연결 자체를 인정해야 하고, 그 연결 방법이 계속 진화하고 있음을 인정해야 하며, 이러한 연결에는 적절한 관리가 필요함도 인정해야 한다.

연결 관리는 사회생활의 핵심 요소다. 모든 사회활동을 '연결'의 관섬으로 살펴보면, 조직관리는 구성원들간의 연결 관리, 업무 능력은 연결 관리 능력, 경영성과는 연결의 양과 질이라고 정의할 수 있다. 이것이 바로 개인과 기업이 연결 관리에 집중해야 하는 이유다.

연결 관리를 잘못하면 '한 방에 훅' 간다. 예를 들어, 2000년대 이후에 출생한 한국의 10대들은 병역의무를 피하기 위해 꼼수를 부린 이유로 한국 입국이 금지된 가수 유승준을 방송에서 직접 만난 적이 없다. 그럼에도 그의 이야기가 나오면 불쾌감을 감추지 못한다. 한 번도 본 적이 없는 사람인데 말이다. 이것이 바로 온라인 세상과 SNS의 힘이다. 그를 검색하면 관련된 온갖 이야기가 나오고 그것을 통해 그를 판단한다. 이렇게 온라인과 SNS상에 남긴 사람들의 이야기는 고스란히 데이터로 저장되고, 그 데이터는 결코 사라지지 않기 때문이다. 한 번의 실수라도 그것이 온라인에 데이터로 남게 된다면?

SNS의 급속한 발전은 자신의 노력 여하에 따라 SNS에서 스타로 뜰 수 있는 축복인 동시에 저주일 수도 있음을 간과해서는 안 된다. 연결 관리를 잘하면 엄청난 부를 축적할 수도, 유례 없이 높은 수준의 지식이나 과학적 발견을 할 수도, 지구의 자연과 자원을 보호할 수도, 모든 사람들을 위한 새로운 기회를 창출할 수도 있다. 하지만, 잘못 사용하면 자극적이고 감성적인 메시지가 실시간으로 빠르게 전파되는 등 엄청난 혼란을 야기할 수도 있고, 무엇보다 변화를 따라가지 못한 개인과 기업들에게는 위험으로 작용할 수도 있기 때문이다.

이제 SNS는 온라인과 오프라인에서 사람들을 결속시켜주는 중요한 도구가 되었다. 게다가 이것을 통한 정보의 증폭과 전파 과정이 과거와는 비교할 수 없을 정도로 빠르고 강해졌다.

SNS상의 어느 한 빅마우스가 "A라는 사람이 나쁘다"라고 이야기하면, 그것의 진위여부와 상관 없이 무작정 동조하는 사람들이 있다. 이러한 '온라인 집단주의' 성향은 나이가 어릴수록 더 강하고, 온라인 범죄집단의 탄생과 확산으로도 이어질 수 있다는 것을 간과해서는 안 된다. SNS가 반드시 교육 받아야 하는 교과과정의 필수과목이 되어야 하는 이유가 바로 여기에 있다.

　SNS와 '위치정보' 서비스 등을 사용하는 것 자체만으로도 이미 자발적으로 자신의 프라이버시 침해를 용인하고 있음도 알아야 한다. 무엇보다, 개개인의 정보가 온라인에 공개되고 그 정보에 타인이 쉽게 접근할 수 있게 되면서, 온라인을 통한 개인정보 수집 즉, 신상털기도 신중하게 살펴봐야 할 문제다.

　대중에게 잘 알려진 연예인의 경우, SNS로 생긴 과도한 대중 투명성(Mass Transparency)과 신상털기 때문에 통제가 불가능할 정도의 문제가 발생하기도 한다. 그 대표적인 사례가 바로 2010년에 일어난 '타진요(타블로에게 진실을 요구합니다)' 사건이다. 타진요 사이트에서 활동하는 멤버들은 한국의 가수 타블로가 미국의 유명 대학을 졸업했다는 사실이 거짓이라며 학력위조를 주장하면서 진실을 밝히라고 주장했다. 결과적으로 법정공방을 거쳐 2012년 법원은 타블로의 학력이 진실임을 판결하였고, 주도적으로 활동한 사람들에게 유죄 선고를 내리면서 사건은 일단락되었다.

　여기서 문제는 이러한 온라인상의 집단주의 활동이 한 번의 실수나 해프닝(happening)으로 그치지 않는다는 것이다. 활동했던 멤버를 다시 '신상털기'로 찾아낼 수 있기에, 평생의 오점으로 남게 된다. 여러분이 회사의 CEO라면 온라인 집단범죄의 가해자였던 사람을 어린 시절에 저질렀던 한 번의 실수라고 너그럽게 인정하고 채용할 수 있을까? 입사 후 CEO의 학력위조 운운하며 또 다른 집단행위를 하지 않을까 하는 염려는 없겠는가? 자신이 남긴 온라인 상의 모든 기록은 영원히 사라지지 않는다는 점을 명심해야 한다. 그저 심심풀이나 즐거운 놀이라고 생각하고 가볍게 대하는 순간, 그것이 자신의 지울 수 없는 이력이 된다는 것을 잊지 말아야 한다.

SNS에서는 누구나 공격 대상이 될 수 있다. 그러므로, 근거가 약한 다툼과 루머(Rumor)에는 어떠한 반응도 하지 않는 게 좋다. 반응하는 순간 공격의 타겟(Target)이 될 수 있으므로 무반응으로 대응하는 것이 가장 바람직한 방법일 것이다.

누구나 여러 관계 속에 놓여 있음도 상기해야 한다. 선생님은 SNS상에서 친구에게 편한 농담 한 마디 한 것이지만, 그것을 그의 제자도 볼 수 있다는 것을 잊지 말라는 말이다.

모든 것이 데이터로 기록되는 온라인상에서는 스트레스 조차 조심스럽게 풀어야 한다. SNS상에서는 모두가 이미지 관리가 필요한 공인임을 명심하자.

SNS로 인해, 기업들의 채용방식도 변하고 있다. SNS에서 공유되는 정보량이 증가하면서 피고용인과 고용주간의 적절한 짝짓기가 가능해졌다. 앞으로는 이력서와 자기소개서를 통한 방식이 아니라, SNS상의 데이터를 분석한 '소셜추천'에 더 많이 의존하게 될 것이다. 그러므로, SNS상에서의 평판 관리가 자신의 중요한 채용 스펙(Qualification)으로 작용됨을 알아야 한다. SNS에서 자기 회사를 비방하면 해고 사유가 된다. 게다가 퇴사 후에도 SNS를 통해 지속적인 관계 유지를 하며, 되도록 긍정적인 글을 남기는 것이 평판 관리에도 도움이 된다.

실제로 SNS상의 데이터를 분석해서 적합한 채용 대상을 선별해 주는 수많은 SNR(Social Network Recruiting) 업체가 생겨나고 있다. 또한 많은 기업의 인사담당자가 SNS로 취업희망자의 성향을 조사하고 있으며, 취업희망자의 SNS 프로필이나 글 때문에 채용전형 대상에서 제외한 경험이 있다고 말하고 있다. 이렇게 채용전형에서 제외된 이유는 성적 도발성, 부적절한 사진이나 정보, 음주 또는 약물 사용에 관한 정보, 이전 근무처나 동료에 대한 욕설, 이전 근무처의 기밀정보 유출 등이다. "SNS 함부로 쓰다간 취업 길이 막힌다"는 것이 괜한 말이 아니다. 그리고, SNS 함부로 사용하다간 이혼도 당한다. 배우자의 비정상적인 행동이나 성격차이를 증명하는 증거를 SNS에서 찾아낸 글이나 사진을 이혼사유로 제출해 주는 법률서비스 업체도 있다.

다시 한 번 강조하지만, SNS에 남기는 글 하나하나에 각별한 주의를 기울여야 한다. 기업의 인재 채용과 해고를 인공지능이 빅데이터 분석을 통해 결정하게 될 날도 멀지 않았기 때문이다.

한국의 어느 대학에서 디자인을 전공하는 학생이 틈날 때마다 그린 작은 아이콘을 유명 디자인 웹사이트에 올렸는데, 이를 본 미국의 유명 디자이너가 이것을 SNS에 공유하면서 주목받기 시작했다. 그리고 얼마 후, 미국 실리콘밸리의 여러 회사들이 그에게 러브콜을 보냈다. 심지어 애플은 미국 샌프란시스코행 왕복 티켓을 보내주겠다며 면접을 제의했고, 결국 그는 애플의 쿠퍼티노 본사의 지도 디자인팀에서 일하게 되었다. 해외 유학도 어학연수 경험도 없었던 평범한 한국의 대학생에게 실제 일어난 일이다.

"SNS가 하고 싶은 사람들만 하는 놀이라고 생각하기에 나는 굳이 사용하지 않는다"는 사람들이 아직도 있는가? 세계에서 인구가 가장 많은 나라는 어디일까? 중국 또는 인도? 그런데, 페이스북에는 이보다 많은 22억 명 이상의 인구가 살고 있다. 게다가 그곳에는 글을 모르는 문맹도 없다. 중국과 인도는 궁금하면서 페이스북은 그렇지 않은가? 더 이상 SNS를 하나의 놀이로 생각해서는 안 된다. 이제 SNS에서 하는 모든 활동이 곧 자신의 이력서와 자기소개서가 된다는 것을 명심하기 바란다.

서두에서 얘기한 것처럼, 내가 구매를 위해 쇼핑몰을 찾아가야 하는 시대가 아니라 나에게 적합한 물건을 추천해주고 그것을 승인하는 구조로 소비 형태가 바뀌고 있다. 그런데, 나를 설명해 줄 데이터가 없다면? 채용을 위한 '소셜추천' 데이터가 없다면? SNS의 삶이 아무 것도 하지 않는 것보다는 나음을 인정하고, 제대로 이용하는 방법을 배워야 한다.

'글쓰기 능력'을 향상시키고 '기록하는 습관'을 만들자. 기록을 통해 자신의 관심, 단점과 장점, 변화되는 모습을 파악할 수 있도록 매일 매일의 흔적을 남기는 공개된 일기장으로 SNS를 활용해도 좋다. 하지만, 공개되는 글이므로 반드시 품격 있는 자기표현을 해야 한다는 점은 명심하자. 이제는 이력서와 자기소개서가 사라지는 세상이다. SNS가 매 순간 스스로를 업데이트하는 '공개 이력서'임을 정확하게 인지하고 이용하자.

혹시 여러분은 기업에 제출하는 이력서에 자기 이름을 실명이 아닌 재미있는 별명으로 적는가? '공개 이력서'가 될 수 있는 SNS의 아이디는 실명을, 프로필(Profile) 사진과 내용도 실제의 것이 좋다 그렇게 자신의 이름과 얼굴을 걸고 부끄럽지 않은 행동만 하자. 이를 통해, 타인에게 긍정적으로 자신을 인식시키고, 평판을 쌓아가며 신뢰를 만들어가는 도구로 이용하자.

초연결 시대가 요구하는 '필수 윤리' : 틀림과 다름의 구별

'산토끼의 반대말은?' 집토끼, 죽은 토끼, 알카리 토끼, 판 토끼, 죽은 거북이, 모두가 답이 될 수 있다. 그런데 나는 집토끼라고 했는데 누군가 판 토끼라고 주장한다는 이유로 진실을 왜곡하는 사람이라며 상대를 향해 분노를 쏟아낸다면?

혹시 여러분이 이렇게 행동한 적은 없는가? 개인의 의견을 진리라고 주장하며 상대에게 받아들이라고 강요하고 있지는 않은가?

다수의 의견을 받아들여 그것을 약속으로 정한 것이 바로 규칙과 법이다. 이것은 공동체 생활을 위한 필수적인 예의이므로 반드시 지켜져야 한다. 그리고 이 또한 다수의 의견에 따라 바뀔 수도 있으므로 지켜야 할 약속이지 진리는 아니다. 자신의 신념과 주장을 진리라고 오해하는 독선은 하지 말아야 한다. 무엇보다 영구히 데이터로 남는 온라인과 SNS에서는 더욱 그러하다.

온라인에 올라온 누군가의 글은 그것을 쓴 사람의 개인적인 의견으로만 받아들여야 한다. 그것이 자기 의견과 같다면 단지 같은 의견이지 진리라고 생각해서는 안된다. 어떠한 경우에도 나와 다른 의견을 진리의 왜곡이니 독선이니 하면서 몰아붙이지 말아야 한다.

'틀림'과 '다름'은 반드시 구별할 수 있어야 한다. 자신의 신념을 당당하게 내보일 수는 있지만, 상대의 '다름'을 '틀림'으로 받아들이지 않는 것, 이것이 바로 초연결 시대가 요구하는 필수 윤리이다.

신용평가 기관에 의뢰하면 대상의 금융 상태에 따라 '신용점수'를 알려주고, 그 점수에 따라 '신용우량자' 또는 '신용불량자' 등으로 평가해 준다. 이를 통해 금융기관으로부터 우대 또는 거부도 당할 수 있다.

신용점수가 낮은 신용불량자의 경우는 사회생활에 많은 제약을 받게 되므로, 자신의 신용점수는 신중하게 관리해야 한다. 그런데, 여러분은 '관계점수' 또는 '평판점수'를 신중하게 관리하고 있는가? 실제로 평가하면 몇 점인지 궁금하지 않은가? 차라리 '신용불량자'는 그 당시 경제 사정이 좋지 않았다고 이해할 수도 있지만, '평판불량자'는 어떠한가?

그렇다면 '평판점수'는 무엇으로 측정할까? 바로 여러분이 온라인과 SNS를 통해 남긴 데이터이다. 단언컨대, 초연결 시대의 개인과 기업에게 가장 중요한 가치는 '관계점수' 또는 '평판점수'가 될 것이다. 빅데이터 분석이 이것을 가능하게 해 줄 것이기에, 금융 상태에 따른 신용점수뿐만 아니라, 연결의 양과 질에 따른 '관계점수'와 '평판점수'에도 신중한 관리가 필요함을 명심하자.

세상에 비밀은 없다. 그리고, 잘못 남긴 글 하나 때문에 한 방에 훅 갈 수도 있다. 그렇기에 SNS 사용을 위한 몇 가지 주의사항을 제안한다.

1. 최소 1~2주에 한번은 정기적으로 글을 남길 것.
   (잊을 만하면 나타나는 글로는 공개이력서의 가치가 없다)

2. 거짓 없이 솔직한 자신의 색깔과 존재감을 보여 줄 것.
   (데이터 분석을 통해 거의 정확하게 진위여부가 가려진다)

3. 부정적인 글은 남기지 말 것. 가능한 긍정적인 글을 남길 것.
   (혹시 부정적인 글을 남겼다면, 긍정적인 글로 긍정의 %를 높일 수 있다)

4. 정치적 성향에 강하게 반응하지 말 것.
   (여러분은 해당 정당이 아니라 일반 기업의 이력서에 정치색을 쓰는가?)

5. SNS 친구 신청과 수락은 신중하게 할 것.
   (무심코 추가한 친구가 마약 중독자? 그렇다면 여러분도 그럴 확률이 있다는 걸로 분석?)

6. 댓글도 신중하게 쓸 것.
   (친구의 댓글에 "넌 거짓말만 하니"라고 남기면, 그 친구의 친구인 당신도?)

7. 술을 마시면 하지 말 것.
   (남긴 글을 술이 깨고 난 후 아차 싶어서 삭제해도 이미 때는 늦다)

8. 항상 위치정보가 남겨짐을 명심할 것.
   (술집에서 회사에서 야근 중이라고 글을 남기면? 거짓으로 바로 판명 된다)

4. 소셜경제 (Social Economy)

"초연결이 만들어준 추천 경제!"

지인을 통해 이루어지는 온라인 경제

　　초연결의 욕구가 온라인 소통 플랫폼인 SNS를 만들었고, 그 SNS로 인해 비즈니스 방식에도 변화가 생겨나기 시작했다. 소통방식이 변함에 따라, 구매와 판매, 마케팅 방식도 바뀌고 있다. 이렇게 온라인 소통 플랫폼을 통해 만들어진 새로운 경제를 소셜경제(Social Economy)라고 부른다.

　　그 중에 온라인 거래, 즉 '전자상거래'를 말하는 'E-Commerce'와 'SNS'가 결합된 구조를 '소셜커머스(Social Commerce)'라고 한다. 그 탄생 배경을 잠시 살펴보자. SNS가 단순히 글을 올리고 댓글을 다는 '인터넷 게시판'이나 '블로그'와 같은 단순 정보공유 모델에서,

발행과 구독이 동시에 이루어지는 '페이스북'이나 '트위터'와 같은 실시간 양방향 모델로 진화함으로써, 사람이 상품과 서비스를 찾아다니는 것이 아니라, 상품과 서비스가 사람을 찾아올 수 있는 환경을 갖추게 되었다. 이로 인해, 대다수의 소비자는 광고나 신문기사보다는 다른 사람들의 평가와 '입소문'을 더 신뢰하고 의존하게 되었다. 그리고, 사람들은 기본적으로 공동체에서 무언가를 얻으면 그만큼을 다시 돌려주고 싶어 한다. 이렇게 탄생한 것이 바로 '소셜커머스'다.

초기의 소셜커머스는 공동구매를 원하는 사람들 모집에 SNS를 적극적으로 이용하는 형태로 시작되었다. 그 대표적인 예가 2008년 11월 미국에서 설립된 그루폰(Groupon)이다. 실제 오프라인 매장의 상품을 일정수량 이상의 공동구매를 통해서 파격할인을 받게 해 주겠다는 것인데, 이를 위해서 소비자가 직접 SNS 친구들에게 그 소식을 전하고 사람들을 끌어 모으는 방식이었다. 그루폰의 성공으로 유사한 사이트가 내서 등장했다. 한국의 '티켓몬스터', '위메이크프라이스', '쿠팡' 등도 이렇게 시작되었다.

소셜커머스가 주목받은 이유는, 소비자가 직접 홍보하는 방식으로 사이트의 트래픽을 증가시킬 수 있고, 이 때문에 판매자 입장에서는 마케팅 비용을 최소화할 수 있으며, 무엇보다 이렇게 친구의 추천으로 방문한 소비자의 구매 가능성은 직접 홍보하는 것보다 높다는 데 있다.

진화를 거듭한 소셜커머스는 초기의 공동구매 사이트로만 국한

되지 않고, 소비자의 경험을 SNS와 실시간으로 공유하는 포괄적이고 광범위한 개념으로 확대되었다. 푸드트럭(Food Truck)이 SNS를 통해 자신의 이동 경로를 알리는 것이나, SNS에 제품을 홍보하고, SNS에 직접 상점을 개설하는 등, SNS와 관계된 상업행위 모두를 소셜커머스라고 할 수 있다.

O2O ; Online to Offline

오프라인 매장과 온라인쇼핑몰 방문시의 구매율은 어떻게 다를까? 오프라인 매장에 방문했을 경우의 구매율이 온라인보다는 10배 정도 높다는 조사자료도 있다. 따라서 온라인 고객을 오프라인으로 유도할 수만 있다면, 음식점과 같이 오프라인 매장을 반드시 방문해야 하는 상품이나 서비스의 구매율을 높여줄 수 있을 것이다.

이것이 길거리에서 전단지를 배포하는 것보다 훨씬 싸고 효과적이라는 생각으로 시작한 것이 바로 온라인 기술을 통해 오프라인 시장과 연결하는 O2O(Online to Offline) 서비스다.

초기에는 주로 음식점, 숙박업소, 피부 마사지 등의 오프라인 매장을 방문하면 할인 혜택을 주는 식으로 디지털 전단지를 배포하는 방식이었지만, 나중에는 직접 오프라인 매장의 상품을 가정으로 배달해주는 서비스가 추가되었다.

그 대표적인 예가 '배달의 민족'과 같은 음식배달 서비스이다. 오프라인 음식점들의 전단지를 한곳에 모아서 온라인에 뿌리고, 이것을 통해 구매와 배달을 대행해주는 것이다.

O2O 비즈니스는 세탁, 청소, 장보기, 요리 등과 같이 고객이 직접 해야 하는 일을 대행해 주거나, 인테리어, 자동차 수리 등과 같이 전문가의 도움이 필요한 영역까지도 그 범위를 확대해 나가고 있다. 자동차 세차를 대행해주는 사업 모델이 그 예이다. 모바일로 신청을 받고, 고객이 원하는 시간과 장소에서 차를 가져와서 세차 후 다시 그 장소에 가져다 주는 방식이다.

동네 빵집이 동네 주민들과 교감을 위해 SNS를 적극적으로 활용하고, 그들의 의견을 수렴하여 특별한 빵을 만들어주거나 물러버린 감을 가져오면 빵으로 교환해 주기도 하고, 헌혈증을 가져오면 빵을 주고 그것을 기부하는 등, 동네의 사랑방처럼 장사한다면, 이 또한 O2O 비즈니스다.

소셜검색 ; Social Search

앞서 설명한 바와 같이 SNS의 데이터는 사람들의 실제 욕구뿐 아니라 그와 관계된 다양한 정보까지도 포함되어 있다. 이 정보를 활용하면 일반 검색 사이트에서 만나는 단순한 데이터의 나열이 아니라, 현재 내 친구들의 생각과 경험이 함께 담겨 있는 보다 정확하고 의미 있는 정보를 만날 수 있다. 이것이 바로 소셜검색(Social Search)이 지닌 힘이다. "내 친구들은 서울에 있는 이탈리안 레스토랑 중 어디를 가봤고, 어디를 좋아하는가?"라는 질문을 '소셜검색'에 제시하면, 내 친구들의 데이터를 분석하고 정리해서 보여준다. 게다가 '소셜검색'에서 사용되는 데이터를 분석하면 고객의 욕구를 읽을 수 있고, 적절한 대상 고객을 찾아낼 수 있고, 고객이 상품을 찾아오게 할 수도 있다. 이것이 바로, 구글의 가장 강력한 경쟁자가 바로 페이스북과 같은 대형 SNS인 이유다.

소셜 인플루언스 마케팅 ; Social Influence Marketing

사람들은 기업의 홍보물이 아니라 친구들의 이야기를 더 신뢰한다. 하물며 모르는 사람들의 상품평이라도 확인해야만 구매를 결심한다. 기업들이 단순히 제품과 서비스의 우수성을 홍보하기보다는, 많은 사람들의 입에 오르내리게 하는 '온라인 입소문 마케팅' 즉, SIM(Social Influence Marketing)에 더 집중해야 하는 이유다. 이제는 SNS에 어떻게 적응하느냐가 기업의 생존여부를 결정할 만큼 그 중요성은 커져가고 있다.

영화를 보고 난 후 SNS에 감상평을 올리면, 다음날 영화 흥행에 즉시 반영되는 등 초고속, 저비용 마케팅이 가능한 것이 바로 SIM이다. 기존의 마케팅 수단을 모두 대체할 수는 없겠지만, SIM의 영향력은 계속 커지고 있다.

'춤추는 매트(Dancing Matt)'의 사례를 살펴보자. 매트 하딩(Matt Harding)은 세계 유명 관광지에서 어설픈 춤을 추는 동영상을 SNS에 공유하면서 '춤추는 세계 여행가'로 유명해진 사람이다. 껌을 만들어 파는 회사인 스트라이드(Stride)는 매트에게 여행경비를 후원해주는 대신, 춤추는 동영상에 자신의 상품과 관련된 내용을 표시해주는 거래를 제안했다. 그것을 받아들인 매트는 전세계를 여행하면서 계속해서 동영상을 올렸고, 그 결과 스트라이드 브랜드는 입소문을 타고 퍼지면서 실제 매출 상승으로 이어지는 성공을 거두었다. 이미 대중에 의해 만들어진 유명 모델에, 기업의 마케팅 역량을 추가시킨 대표적인 SIM의 성공 사례이다.

놀이공원인 코카콜라 빌리지(Coca-Cola Village)에 입장하려면 손목에 팔찌를 하나 차야 한다. 그 팔찌는 입장권을 대신할 뿐 아니라, 공원 곳곳에 설치된 페이스북 로고에 팔찌를 접촉시키면 그곳에 장착된 카메라가 촬영해주고 자동으로 자신의 페이스북에 올려주는 기능을 제공한다. 즐겁게 사진을 찍으면서 자발적으로 주변에 홍보까지 해주는 것이다. 이 또한 적극적으로 SIM를 활용한 사례다.

리바이스가 재미있는 이벤트를 진행했다. 정해진 시간에 도심의 너러 상소에 배치된 모델을 찾아내면 모델이 입고 있는 청바지를 가질 수 있는 이벤트였다. 모델들은 자신의 위치를 트위터를 통해 알려주면서 추적을 유도했다. SIM을 활용한 이 행사가 리바이스 청바지를 홍보하는 역할을 톡톡히 해냈음은 물론이다. 이처럼 SIM은 단지 상품 판매를 위한 것이 아니라 자신의 브랜드에 즐거움의 가치를 더하는 '행복한 경험'을 고객들에게 전달하는 수단으로도 활용되고 있다.

하지만 SIM을 활용함에 있어서, SNS가 오프라인에서처럼 얼굴을 마주한 끈끈한 관계가 아니라는 사실을 바탕에 두고 있어야 한다. 서로 느슨하게 이어져 있는 소통 도구라는 점을 반드시 알고 접근해야 한다는 것이다. 그러므로 SIM을 통해 기업이 기대해야 하는 것은 '홍보 효과'가 아니라 '커뮤니케이션 효과'여야 한다.

기업과 고객 사이에 SNS가 있다. 그곳을 어떻게 통과하느냐에 따라 사업의 승패가 걸려 있다고 해도 과언이 아니다. 이제는 마케팅 측면에서도 SNS에서 고객과 기업의 연결고리를 찾아야 한다. 소품종 대량생산 시대에는 불특정 다수를 향한 광고와 홍보가 효과를 볼 수 있었지만, 다품종 소량생산 시대에는 특정 소수를 향한 자연스러운 소통으로 접근해야 한다. 이 소통의 도구가 바로 SNS이기 때문이다.

한국의 부산에서 3명으로 시작한 작은 영어회화 학원이 있다. 그런데, 시작한지 6개월 만에 강사는 20명으로 매출은 15배나 늘었다. 그 흔한 전단지 배포 등의 홍보조차 하지 않았는데 말이다. 한국인이 먼저 가르치고, 그 내용으로 원어민과 영어회화를 실습하는 방식으로 진행되는 자신들만의 강의를 계속해서 유튜브에 올렸고, 그것을 본 고객들이 찾아오게 만든 것이다. 홍보활동을 할 시간에 차라리 고객들로부터 받은 피드백을 통해 강의의 완성도를 높여나가는 일에 몰두했다. SIM에 집중했고 그것을 믿었기에 성공적인 결과를 만들 수 있었던 것이다.

알맹이는 없이 선전만 요란한 대규모 마케팅에만 의존하는 기업, 타인에게 비난만을 일삼는 원칙 없는 개인, SNS에 아무런 행동도 하지 않고 심사숙고만 하고 있는 기업 등은 '소셜경제' 시대의 패자가 될 확률이 높다. 반면, 좋은 제품으로 솔직하게 고객과 소통하는 '착한 기업', 원칙에 의거하여 타인을 배려하는 '착한 개인', SNS를 잘 활용하여 SIM으로 고객을 만나는 앞선 기업, 무엇보다 '소셜검색'을 통해 바람직한 의사결정이 가능해진 소비자가 '소셜경제'의 승자가 될 것이다.

'소셜경제'에 있어서 SNS는 고객의 욕구를 이해하는 필수 도구이자 자연스럽고 빠르게 만날 수 있는 소통 수단이다. 초연결 시대는 타인을 배려하며 올바르게 행동하는 '착한 개인'과, 소비자를 먼저 생각하고 소비자에 의해 움직이는 '착한 기업'을 원한다.

개인화와 초연결의 중심에 있는 SNS는 단순한 놀이 도구가 아니라 공개해도 문제 없는 착한 생활이 요구되는, 관리가 필수인 사회 활동임을 명심하자.

5. 스마트 비즈니스 플랫폼
(Smart Business Platform)

"만나고, 머무는, 자가발전 비즈니스 생태계!"

이제는 고객에게 자가발전이 가능한,
행복한 놀이터를 제공해야...

앞서 '이미 일어난 스마트 시대의 미래'라는 거대한 해일의 중심에 있는 ICT, Web, Mobile, Cloud Computing, SNS, IOT, Big Data, Block Chain, AI, Digital Twin에 대해서 살펴보았다. 그리고, 이러한 기술들이 가져다 준 '산업4.0' 혹은 '4차 산업혁명'에 관해서도 알아보았다. 이러한 변화는 여러 분야에서 변혁을 요구하고 있다. 자신만의 특화된 상품이나 서비스로 고객을 창출하고 그들에게 가치를 제공해야 하는 비즈니스 분야는 이러한 요구에 더더욱 슬기롭게 대처해야만 한다. 이번 장에서는 이러한 변화가 만들어 준 새로운 비즈니스 환경인 스마트 비즈니스 플랫폼(Smart Business Platform)에 대해서 집중적으로 살펴보자.

우선 '비즈니스 플랫폼' 관점에서의 진화 과정을 단계별로 정리해보자.

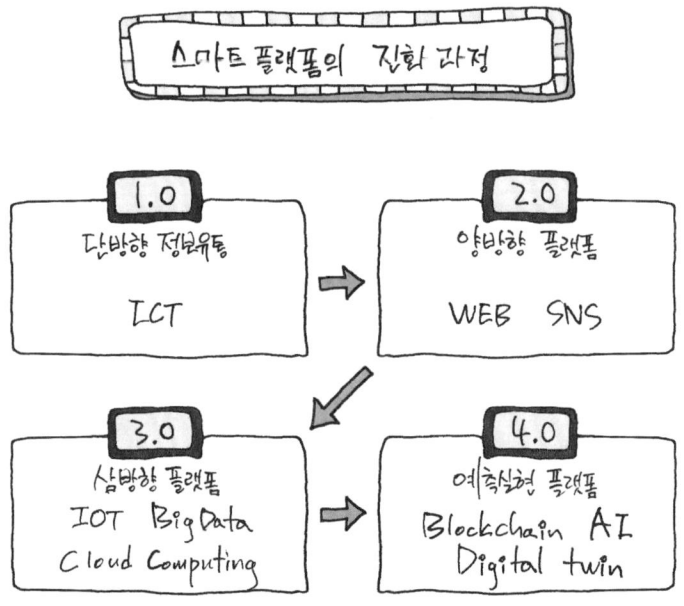

비즈니스 1.0은 ICT를 이용하여 정보를 배포하는 '단방향' 데이터 전달, 2.0은 Web과 SNS에서 서로 소통하며 데이터를 주고 받는 '양방향' 플랫폼, 3.0은 IOT, Big Data, Cloud Computing으로 쌓은 빅데이터를 활용해서 개개인의 뜻과 의미를 이해해주는 컴퓨터가 소통에 추가된 '삼방향' 시멘틱 플랫폼, '비즈니스 4.0'은 VR/AR, Block Chain, AI, Digital Twin 등으로 데이터를 현실에 적용하고 예측하는 '예측실현' 플랫폼으로 발전 과정을 정의할 수 있다. 이렇게 숫자로 나누어서 변모해가는 시대의 흐름을 구분해보았지만, 여전히 서로 혼재되는 부분이 다수 존재하는 것도 사실이기에

각각을 극명하게 나누어 받아들일 필요는 없다.

위에서 설명한 바와 같이 비즈니스에서 양방향이 시작된 2.0 시대 이후를 '플랫폼 시대'라고 부르게 되었다.

유통 구조에 있어서도, 기업이 다른 기업으로부터 상품을 받아 소비자에게 전달하는 전통적인 유통 사업자에서, 두 개의 기업으로부터 상품을 받아 이를 융합한 후 소비자에게 전달하는 '융합(Convergence) 유통 사업자'로, 기업과 소비자 사이에서 중개 역할만 수행하면서 수수료를 취하는 '마켓플레이스(Marketplace) 유통 사업자'로, 소비자와 판매 기업을 동시에 한 자리에 모아놓고 서로간의 거래를 도와주는 형태인 '플랫폼(Platform) 유통 사업자'로 그 형태가 진화해왔다.

이렇게 진화한 비즈니스 플랫폼 구조에 다양한 기술이 융합되면서, 오늘날의 '스마트 플랫폼' 시대가 도래한 것이다. 대표적인 스마트 플랫폼 기업인 아마존과 애플, 그리고 구글 등은 스스로가 플랫폼의 규칙을 만드는 룰메이커(Rule Maker) 역할까지 수행하면서 막강한 힘과 영향력을 지니게 되었다. 이러한 거대 플랫폼 기업뿐 아니라 앞으로는 동네골목의 작은 가게마저도 플랫폼 관점에서 비즈니스에 접근해야 한다. 고객이 이같은 환경에 익숙해져 가고 있고, 그렇지 않은 기업은 고객이 외면할 것이기 때문이다. 이제는 스마트 플랫폼에 관한 이해 없이는 비즈니스 자체를 논할 수 없는 시대가 되었음을 인정하고 그 변화와 대응 방법을 생각해보자.

자! 플랫폼(Platform)이라는 단어의 의미부터 살펴보자. '평평하다'는 뜻의 'Plat'과 '모양을 갖추다'라는 뜻의 'Form'의 합성어이다. 모양을 갖춘 평평한 곳을 의미한다. 기차역에서 사람들이 타고 내리는 장소를 플랫폼이라고도 부르는 이유도 사람들이 모일 수 있는 평평한 공간(Space)이기 때문이다. 사람들이 만나고 모일 수 있는 공간을 만들고 그들에게 비즈니스적으로 무언가를 하는 것을 '플랫폼 비즈니스'라고 부르게 된 이유 또한 여기에 있다. 이러한 플랫폼 비즈니스의 초기 모델이 바로 마을마다 있는 '장터'이다. 이러한 장터 운영에 하나의 사업자가 효율성을 더하면서 대형마트나 백화점 등의 형태로 발전해 왔다. 그리고, 사업자가 일방적으로 상품을 정하고 판매하는 방식이 아니라, 모여있는 사람들 스스로가 원하는 물건을 거래할 수 있도록 진화를 거듭해 오고 있는 것이다.

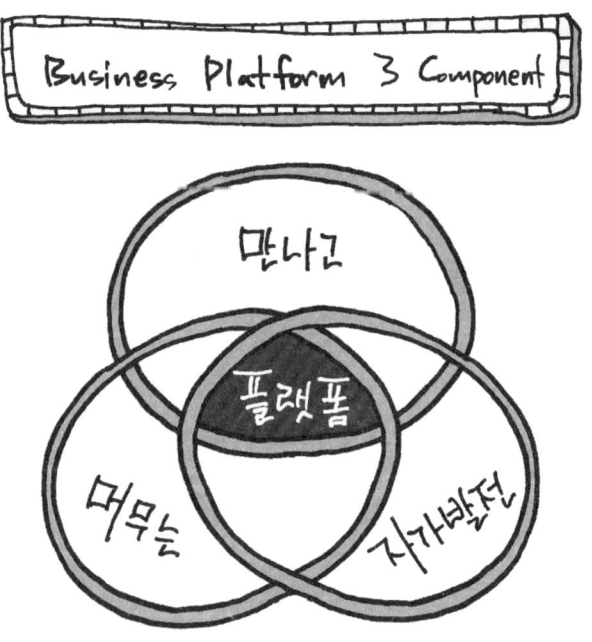

비즈니스 플랫폼의 기본 3요소 ; 만나고, 머무는, 자가발전

비즈니스 플랫폼을 만들고 유지하기 위해서는 '만나고(Meet), 머무는(Stay)', '자가발전(Self Growth)'의 '플랫폼의 기본 3요소'를 반드시 갖추어야 한다. 해당 플랫폼을 만나야 하는 매력적인 이유와 그곳을 재방문하고 머물러야 하는 이유, 그리고 이렇게 만나고 머물게 된 고객 혹은 입주업체 스스로가 또 다른 고객과 입주업체를 모으며 반복 성장하는 자가발전 구조를 갖추어야 한다는 뜻이다.

지금부터 비즈니스 플랫폼의 기본 3요소를 하나씩 살펴보자.

만나고 ; Meet

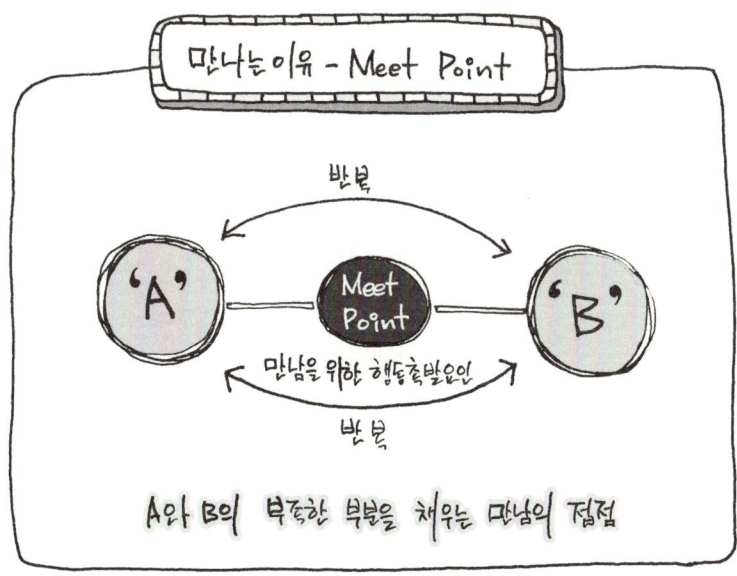

만남이 형성되기 위해서는 '만나는 이유' 즉, 행동 촉발 요인이 있어야 한다. A와 B 사이에 만나는 이유를 두자. 이렇게 반복적으로 서로 연결되게 하는 힘이 바로 미트 포인트(Meet Point)이다. 둘 사이에 부속한 부분을 채워주는 만남의 행농 촉발 요인인 '미트 포인트'를 발견하는 것이 플랫폼 비즈니스의 시작이다.

'홍보와 채용이 필요한 기업'과 '돈을 아끼고 싶은 대학생들'을 반복적으로 만나게 하는 미트 포인트는 무엇일까? 여기에 '공짜 커피'를 두면 그것이 바로 비즈니스 플랫폼의 미트 포인트가 된다.

기업들은 커피를 무료로 제공하고, 학생들은 공짜 커피를 마시면서 그들의 홍보를 들어주고 취업도 할 수 있는 방식으로 말이다. 실제로 이러한 방식으로 운영되는 '시루카페(Shirucafe)'라는 공간이 일본에 있다.

'요리를 좋아하는 주부'와 '엄마가 해주는 집밥을 먹고 싶어하는 사람'을 위한 미트 포인트로 탄생한 것이 '집밥(Zipbab.net)'이다. 혼자 밥을 먹어야 하는 혼밥속늘에게는 매력적일 수 있다.

이렇게 식사를 매개로 모임을 만드는 것을 소셜 다이닝(Social Dining)이라고 한다. 단지 음식만 먹는 것이 아니라, 모인 사람들끼리 사회적 활동 즉, 공부도 하고 취미도 공유하는 플랫폼으로 발전시키는 것이다.

'집에서도 고급 식당의 음식을 먹고 싶은 사람'과 '배달을 하지 않는 고급 식당'을 미트 포인트로 연결한다면? 이것이 바로 2011년 명문대 졸업 후 외국계 컨설팅 회사에서 일하던 당시 28세의 청년이 한국에서 창업한 '푸드플라이(FoodFly)'이다. 이미 사회적으로 촉망받던 청년이 배달 사업을 시작한다는 것에 대부분 의아해했지만, 창업 1년 만에 직원 30명, 월 매출 1억7천만 원으로 성장했다. '레스토랑에 날개를 달아드린다'라는 슬로건을 걸고 시작한 이곳은, 배달을 하지 않는 고급 레스토랑을 설득해서 음식점들을 확보하고, 인터넷 사이트를 통해 주문을 받은 다음, 해당 식당에 대신 방문해 주문받은 음식을 사서 고객이 원하는 장소로 배달해 주는 방식인데, 미트 포인트를 잘 찾아내 성공한 사례다.

'다른 도시의 식당 음식을 먹고 싶은 사람'과 '해당 도시의 맛집'을 연결하는 미트 포인트는? 음식 배달은 근거리에서만 가능하다는 통념에서 벗어나, 아예 타 도시의 맛집 음식을 배달해주는 곳도 생겼다. 음식의 신선도 유지를 위한 배송전략이 잘 지켜져야 하는 비즈니스 모델이지만 새로운 연결을 통한 틈새 시장은 분명히 존재한다.

'잡지 광고'와 '그 광고 상품을 구매하고 싶은 독자'를 위한 미트 포인트는? 잡지사가 직접 소매점을 열고, 자신이 발행하는 잡지에 실린 제품을 전시하고 판매한다면? 이렇게 잡지가 그저 종이 인쇄물이라는 고정관념을 깨고, 잡지에 실린 제품을 직접 판매하는 소매점을 개설한 곳이 있다. 바로 글로벌 이슈와 라이프 스타일을 전문으로 다루는 잡지인 '모노클(Monocle)'이다.

'내가 디자인한 신발을 신고 싶다'와 '이것을 유명 브랜드 회사가 제작해 준다면?'이라는 욕구를 연결하는 미트 포인트는? 유명 브랜드 회사가 소비자의 디자인을 제안받은 후, 실제 제품으로까지 만들어준다면?

　1999년 나이키(Nike)는 소비자가 자신이 디자인한 그림을 휴대전화로 전송하면, 분석 후 어울리는 색상을 자동으로 조합해서 신발을 디자인하고, 그것을 휴대전화로 재전송하고, 고객이 승인하면 바로 만들어주는 서비스를 시작했다. 이때, 소비자는 원하는 재질과 색상의 선택도 가능하며 전문 디자이너의 도움도 받을 수 있게 했다. 이와 같이, 제조업의 경우에도 새로운 미트 포인트를 찾아내면 비즈니스 플랫폼을 시작할 수 있다.

　'나만의 자동차를 갖고 싶은 사람'과 '각 지역의 특화된 자동차 기술자'를 연결해주는 미트 포인트는? 이 문제를 해결하기 위해 창업한 회사가 바로 로컬 모터스(Local Motors)이다.

　직원 12명이 연간 수백 대의 자동차를 만든다. 디자인을 모집하고 선택된 디자인에 적합한 부품을 결정하고 이것을 조립 업체와 연계하여 제작하는 방식이다. 고객이 직접 조립에 참여할 수도 있다.

　이렇게 만들어진 나만의 자동차는 제3자에게 팔 수도 있다. 전세계 전문가들의 협업 플랫폼으로서, 복잡한 자동차까지도 제작할 수 있도록 만든 미트 포인트의 성공 사례다.

　앞의 사례들처럼 '미트 포인트'는 플랫폼을 만나야 할 이유와 반복된 만남을 이끌어 내는 중요한 시작점이다. 이렇게 만나는 이유를 만들어주는 '미트 포인트'를 찾아내고 적절하게 구현하는 것이 바로 비즈니스 플랫폼의 시작인 것이다.

머무는 ; Stay

카페(Cafe)나 커피 전문점(Coffee Bar)을 방문하는 이유가 테이크아웃(Take Out)이 아니라 그곳에서 커피를 마시기 위함이라면, 여러분은 어떤 곳을 선택할 것인가? 그리고 그 이유는 무엇인가? 조용하거나 음악이 좋거나 분위기가 좋거나 등의 다양한 이유가 있겠지만, 궁극적으로는 지금 내게 필요한 행복 충족이 중요한 선택 요인일 것이다. 이처럼, 커피 전문점을 '만나는 이유'는 커피였지만 '머무는 이유'는 커피만이 아니다.

플랫폼에서 머무는 이유를 한 마디로 정의한다면 지속적으로 '행복한 경험'을 제공받는 데 있다. 이를 위한 끊임 없는 콘텐츠 생성이 플랫폼 유지의 핵심 과제다. '플랫폼'을 '놀이공원'에 비유해 보자. 방문객의 지루함을 없애주는 요소는 풍부한 '놀이기구'와 다양한 이벤트다. 방문할 때마다 새로운 것이 추가된다면 더더욱 매력적이다. 놀이기구를 계속 추가하기는 어려우므로 방문객에게 만화 캐릭터 퍼레이드를 보여주거나 무더운 시간에 시원한 무료 음료를 제공하는 것과 같이 의외의 기쁨을 주는 갖가지 서비스를 지속하는 것이다. 구글, 애플, 아마존처럼 성공한 플랫폼 기업들이 새로운 콘텐츠를 선보이려고 엄청난 투자를 마다하지 않는 것도 같은 이유에서다.

개업한 지 단 몇 달 만에 문전성시를 이룬 만두 가게가 있다. 여러분은 그 이유를 어디서 찾겠는가? 대부분은 맛집의 '만나는 이유'인 만두 맛(Flavor)에 먼저 주목할 것이다. 맛은 중요한 미트 포인트이다. 그런데 입구 한쪽에 찜통 모양의 스팀 분사기를 하나 설치하고 영업시간 내내 거리를 향해 쏘고 있다면? 그곳을 찾은 고객은 만두도 먹고, 사진도 찍고, SNS에도 올리고… 그렇게 '행복한 경험'을 만나고 머물게 되는 것이다. 게다가 고객 스스로가 SNS에 홍보까지 해주는 자가발전 요소까지 갖춘 성공적인 플랫폼 비즈니스가 된다.

손님들의 테이블 주위로 수족관을 설치하고 낚시를 할 수 있게 꾸민 횟집(Raw Fish Restaurant)이 있다면? 이곳을 '만나는 이유'는 생선회이지만, '머무는 이유'는 낚시를 즐기고 그렇게 직접 잡은 싱싱한 물고기로 만든 요리까지 먹을 수 있는 '행복한 경험'이다.

코카콜라가 재미있는 이벤트를 진행했다. 거리에 커다란 콜라 자판기를 설치하고 그곳을 지나는 누군가가 자판기 버튼을 누르면 그 안에서 손을 내밀어 꽃을 주거나 어울릴 만한 다양한 선물을 전달하는 이벤트였다. 이러한 이벤트가 의도하는 효과는 무엇일까? 바로 '행복한 경험'을 통해 코카콜라와 행복을 동일시하도록 만드는 것이다. 이러한 행사도 플랫폼에서 '머무는 이유'를 만들어주는 중요한 행위 중 하나다.

떡볶이, 튀김, 어묵 등을 파는 분식점(Snack Bar)의 발전 과정을 살펴보면서 '머무는 이유'를 정리해 보자. 길거리에서 손수레에 올려놓고 팔다가, 작은 가게로, 다시 대형 점포로 규모가 커져간다. 분식점을 '만나는 이유'는 다양한 스낵의 맛과 싼 값인데, 이러한 변화 과정에서도 취급하는 음식의 종류나 맛과 가격은 그다지 변하지 않았다. 그것 보다는 조리환경이 깨끗해 지고, 서비스가 빨라지고, 밝게 큰소리로 고객에게 환영인사를 하는 등, '행복한 경험'을 추가하며 '머무는 이유'를 변화시키면서 차별화를 이루어 간다. 이처럼 성공적인 비즈니스 플랫폼을 구축하려면 '만나는 이유'만이 아니라 '머무는 이유'에도 주목해야 한다. 어떻게 '행복한 경험'을 지속적으로 제공하느냐가 플랫폼을 반복적으로 만나고 머물게 하는 핵심요소이기 때문이다.

자가발전 ; Self Growth

성공적인 플랫폼이 되려면, 만나고, 머무는 동안의 경험을 고객 스스로가 타인에게 '전파하고 추천'하는 '자가발전' 구조가 되어야 한다. 하지만, 자기발전 구조는 성장의 조건이 될 수도 있지만, 몰락의 조건이 될 수도 있다. 그것이 신기하고 행복했다면 고객들의 자발적인 입소문을 통해 플랫폼의 빠른 성장으로, 그렇지 않다면 오히려 빠른 몰락으로 진행될 수도 있다.

만나고 머무는 것은 플랫폼 운영 주체가 하기 나름이겠지만, 고객이 주도하는 '자가발전'은 고객의 손에 달려 있다. 플랫폼 비즈니스의 성장은 '만나고', '머무는' 이유와 함께, 얼마나 믿을 수 있는 문화를 만들고 그것을 지속하느냐에 더 많은 영향을 받는다는 점에서 자가발전 구조를 만들고 유지하는 것이 비즈니스 플랫폼의 가장 중요한 요소라 할 수 있다.

매력적인 미트 포인트를 마련해 만나는(Meet) 이유를 극대화하고,

머무는(Stay) 동안 행복한 경험을 지속적으로 제공하여 떠나지 않게 하고, 고객이 주도적으로 전파하고 추천하는 자가발전(Self Growth) 구조를 갖추어야만 성공적인 비즈니스 플랫폼이 될 수 있다.

플랫폼은 일회성이 아니라 지속적인 모델이어야...

비즈니스 플랫폼의 성공적인 사업 구조를 만들기 위해서는 일회성 판매가 아니라 정기적으로 판매를 이어가는 '지속판매 모델'을 살펴볼 필요가 있다.

컴퓨터 프린터 제조 회사는 프린터를 팔아서만 돈을 버나? 아니다, 해당 프린터를 쓰기 위해 지속적으로 재구매해야 하는 잉크 카트리지 판매를 통해서 더 많은 돈을 번다. 기업의 입장에서는 단 한 번의 판매로 끝나는 것보다 지속적으로 판매가 이어지는 구조를 만드는 것이 훨씬 효율적이다. 이렇게 시작된 '지속판매 비즈니스 모델'에는 또 어떤 것들이 있을까?

원두커피를 내려주는 '커피메이커'도 마찬가지다. 네슬레(Nestle)에서 만든 커피 브랜드인 네스프레소(Nespresso)는 커피메이커보다는 커피캡슐로 더 많은 돈을 번다. 커피메이커를 100만 대 파는 동안 약 200억 개의 커피캡슐을 팔았다고 하니 '지속판매 비즈니스 모델'의 가치를 충분히 보여준 사례다.

소모재가 떨어질 때만 재구매를 유도하는 방식이 아니라 아예 정기적으로 구매하게 하는 방법도 있다. 매월 잡지를 구독하듯 일정

비용을 내면 정기적으로 다양한 제품과 서비스를 제공하는 '정기구독 비즈니스 모델'이 바로 그것이다. '정기구독'과 '상거래'의 합성어인 '서브스크립션 커머스(Subscription Commerce)'라고도 불린다.

일정 기간 후 정기적으로 교체나 재구매가 필요한 것들을 여기에 적용할 수 있다. 요리 재료를 구입하기 위해서 매주 마트에 들려야 하는 것조차 힘든 바쁜 현대인을 위해서 생필품과 식재료를 매월 또는 매주 배송해주거나, 제철 음식에 전문 요리사의 레시피와 필요한 식재료를 함께 담아서 정기적으로 보내주는 경우가 여기에 속한다.

2010년 창업한 한국의 '미미박스(Memebox)'는 그 출발부터 흥미롭다. 이 회사는 화장품 회사들의 일반적인 판촉물인 무료 샘플을 대신 전달해주면서 소비자를 매달 만나는 서브스크립션 커머스 모델을 선택했다. 소비자에게 월정액을 받고 매월 화장품 샘플을 보내주는 단순한 방식이지만, 고객은 적은 금액으로 많은 양의 화장품을 받아 볼 수 있어서 좋고, 화장품 회사는 무료로 고객에게 샘플이 배포되니 서로의 '만나는 이유'를 정확하게 찾아내어 공략한 사례다.

자전거 경기에서 몰려다니는 무리를 뜻하는 프랑스어 펠로톤(Peloton)을 기업 이름으로 선택하고, 2012년에 시작한 회사가 있다. 이 회사는 자전거 자체보다 자전거를 타게 하는 요인에 주목했고, 헬스 트레이너들을 통해 동기를 부여하고 다른 회원들과 경쟁하며 즐겁게 운동을 지속하는 방법을 고안해냈다.

헬스클럽이 아닌 집에서 트레이너와 만날 수 있도록 자전거에 고화질 태블릿 PC를 설치하고 거기에 온라인 콘텐츠를 결합한 헬스자전거를 출시했다. 이 자전거를 집에 들여놓으면 온라인으로 트레이너의 강의를 들으면서 운동할 수 있다. 운동중 생성되는 각종 데이터는 실시간으로 트레이너에게 전달되고, 이것을 통해 접속한 이들을 일일이 지도해주는 방식이다.

매달 이용료를 내면 4000가지에 달하는 수업에 언제든 참가할 수 있다. 집에 이미 헬스자전거가 있다면 별도의 월 이용료를 지불하고 스마트폰이나 태블릿에 앱을 설치해서 사용할 수도 있다. '만나는 이유'로 제품을 일회성으로 판매하는 단방향 사업 모델이 아니라, '머무는 이유'를 적극적으로 제공하면서 지속 판매 모델로 발전시켜 성공적인 비즈니스 플랫폼이 된 사례이다.

이러한 '서브스크립션 커머스'는 생필품, 화장품, 패션, 취미 등 다양한 분야로 그 적용 범위가 계속 확대되고 있다. 반려동물에게 필요한 사료나 간식을 매월 보내주기, 화병에 장식할 꽃을 매주 보내주기, 소모재인 면도용품을 매월 보내주기, 향초나 가죽제품 등 무언가를 만드는 것을 취미로 하는 사람들에게 필요한 재료를 매월 보내주기 등 다양한 형태로 진화하고 있다. 월정액을 받고 정수기를 설치한 후 매달 방문하여 필터를 교체해주는 비즈니스 모델도 여기에 해당한다.

가스, 전기, 인터넷망 등의 네트워크 사업자도 '지속판매 비즈니스 모델'로 볼 수 있다. 과거에는 집집마다 등유나 가스를 공급받아 조명과 조리용으로 썼지만, 지금은 배관을 통해 공급받고 매달 쓴 만큼 요금을 내는 방식으로 진화되었다. 지속적으로 연결되어 있고 소비한 만큼 요금을 지불하는 방식인 전기와 인터넷망 사업도 마찬가지이다. 수많은 단말기(Terminal)들이 네트워크(Network)가 공급하는 원료인 전기와 데이터를 소비한다. 이것을 통해 사업자들이 지속적인 수익을 창출하는 구조이므로 이 또한 '지속판매 비즈니스 모델'이다.

그런데, 여기서 또 하나 주목해야 할 것은, 네트워크 자체가 아니라 거기에 연결되어서 네트워크가 공급하는 원료를 지속적으로 소비하는 텔레비전, 컴퓨터, 휴대전화 등의 단말기들이다. 이것을 '스마트 플랫폼' 입장에서는 플랫폼 출입을 위한 각각의 게이트웨이(Smart Platform Gateway)라고 정의한다.

다양한 사례를 통해 살펴본 스마트 플랫폼의 진화 과정

세계 최초의 신용카드 회사는 어디였을까? 바로 1950년 미국에서 설립된 '다이너스 클럽(Diners Club)'이다. 저녁식사라는 뜻의 디너(Dinner)와 클럽(Club)이 결합된 이름이다. 1949년 프랭크 맥나마라(Frank McNamara)가 레스토랑에서 식사를 마치고 나오면서 벌어진 일이 계기가 되었다. 지갑을 두고 와서 저녁식사 값을 낼 돈이 없어서 난처했던 그가 현금 지급을 대체할 수단으로 고안한 것이 바로 신용카드(Credit Card)이다. 지불 회피 위험을 부담하는 대신 매달 회비 5달러와 7%의 수수료를 양측에서 받으며, 지금 당장 돈을 받아야 하는 식당과 현금을 가지고 있지 않은 고객 사이의 '미트 포인트'

를 신용카드로 해결한 것이다.

　인터넷의 발달로 전자상거래가 시작되면서, 온라인 결제 시스템이 필요하게 되었고, 이 문제를 이메일(Email)을 통한 송금 방식으로 해결한 것이 1998년에 미국에서 설립된 페이팔(PayPal)이다. 페이팔은 2000년 엘론 머스크(Elon Musk)가 설립한 엑스닷컴(X.com)에 인수되었고, 다시 2002년 세계적인 전자상거래 업체인 이베이(eBay)에 인수되면서 성장을 거듭한다.

　참고로, 엘론 머스크는 2003년 설립된 미국 전기자동차 회사 '테슬라(Tesla)'의 CEO다. 페이팔 출신 중에는 엘론과 같은 대단한 기업가들이 많다. 유튜브(YouTube)를 만든 스티브 첸(Steve Chen)과 채드 헐리(Chad Hurley), 링크드인(Linkedin) 창업자 리드 호프먼(Reid Hoffman), 트위터(Twitter) 창업자 잭 도시(Jack Dorsey) 등도 이곳 출신이다.

　페이팔의 사업 모델 역시, 전자상거래 판매자와 구매자의 '미트 포인트'를 해결하면서 시작되었다. 이를 플랫폼 비즈니스 관점으로 다시 한 번 살펴보자. 판매자가 결제를 요청하면 구매자가 페이팔을 이용해서 결제를 진행한다. 이 때 실제 현금의 이동은 즉시 일어나지 않고 머무는 시간이 발생하게 된다. 이렇게 머무는 시간 동안 쌓여 있는 자금이 수십 수백조 원에 달한다면? 그렇게 쌓여있는 자금을 다른 투자에 이용한다면? 단지 수수료를 벌 목적이 아니라 이 자금을 활용하는 수단으로 이용한다면 그에 따른 부가이익은 엄청 날 것이다. 수수료를 위한 사업을 1.0이라고 한다면 쌓여 있는 자금을 이용하는 사업이 2.0 플랫폼 비즈니스다. 거래 과정에서 발생한 시멘틱 데이터를 이용해서 새로운 부가가치를 창출한다면 3.0 사업이 되는 것이다.

'값 싼 노동력을 갖춘 중국의 제조 기업'과 '제품 생산이 필요한 해외 기업'을 연결해주는 '미트 포인트'로 시작한 기업이 있다. 바로 1999년 중국에서 설립된 알리바바(Alibaba)다. 영어 강사였던 한 중국청년이 중국에 생산을 의뢰하는 해외 기업들을 위한 영어 번역 서비스를 시작했다.

그 중국 청년이 바로 마윈(Ma Yun, Jack Ma)이다. 거래에 필요한 번역 서비스뿐만 아니라 알리바바 사이트에 원하는 제품이나 기술 등의 요구사항을 입력하면 해당 회사를 찾아주고 구매 또는 제조로 연결해주는 무역 알선 기업으로 성장했다. 온라인 결제, 클라우드 컴퓨팅, 모바일 운영체제, 금융업 등으로 사업 영역을 계속해서 확대했는데, 온라인 결제 서비스인 알리페이(AliPay)는 2015년에 이미 10억 명이 사용할 정도로 중국에서 가장 일반적인 결제 수단으로 자리잡았다. 세계와 중국을 연결한 플랫폼 비즈니스로 명실상부한 중국 최대의 전자상거래 업체가 된 것이다.

미국의 테크샵(TechShop)은 매월 100달러를 내면 갖가지 공작기계를 마음껏 이용하게 하고 필요한 교육도 받게 해주는 DIY(Do It Yourself) 작업 공간이다. 상상하는 거의 모든 것을 만들 수 있는 작업환경을 제공한다. 여기까지는 1.0 비즈니스이다. 이곳에서 만난 개인들이 서로 아이디어를 공유하고 협업을 통해 새로운 것을 만들고, 그것을 대량생산으로 확대하고자 할 경우 알리바바와 연계하는 등, 타 플랫폼과 자신의 플랫폼을 연결하는 2.0 플랫폼 비즈니스 공간이 된 것이다.

1990년대 말까지 미국 전역에는 블록버스터(Blockbuster)라는 비디오 대여점이 동네마다 하나씩 있었다. 매번 자동차를 운전해서 이곳에 들러 비디오 테이프를 빌려가는 고객들의 번거로움을 덜어주기 위해, 온라인 사이트에서 보고 싶은 영화를 선택하면, 이곳에 가서 대여한 후 고객의 집까지 배달도 해주고 반납도 해주는 서비스를 1997년에 시작한 기업이 있다. 바로 넷플릭스(Netflix)다.

이 기업의 탄생으로 고객들은 더 이상 블록버스터 비디오 대여점을 찾을 이유가 없어졌지만, 블록버스터 입장에서는 여전히 매출이 일어나므로 별 걱정을 하지 않았다. 그런데, 고객의 '미트 포인트'를 모두 가져간 넷플릭스가 더 이상 그곳에서 비디오 테이프를 빌려가지 않고, 스스로가 대여점이 되었다. 게다가 2000년부터는 고객이 원하는 비디오를 직접 우편으로 배송하고 회수하는 서비스까지 시작한다.

블록버스터는 어떻게 되었을까? 지금은 지구상에 존재하지 않는 기업이 되었다. 2007년에는 고객들에게 VOD(Video On Demand)를 지원하는 셋톱박스(Set Top Box)를 통해 스트리밍(Streaming, 인터넷에서 음성이나 영상을 실시간으로 재생하는 기법) 방식으로 비디오 콘텐츠를 공급하기 시작하면서, 아날로그 비디오 테이프가 아닌 데이터 전송을 통한 디지털 콘텐츠 대여 사업도 시작했다. 이 후, TV와 같은 다양한 영상단말 제조 업체에 넷플릭스의 서비스와 연동할 수 있는 앱 형태의 SDK(Software Development Kit)를 제공하면서, 수백 종의 기기들을 자신의 게이트웨이로 확대해나갔다.

더 나아가, 광고도 없고 1주일을 기다리지 않아도 되는 TV용 미니시리즈 드라마를 직접 제작해서 보여주는 등, 명실상부한 세계 최대의 유료 동영상 서비스 기업이 되었다. 2018년 5월에는 한국의 유명 예능인들이 출연하는 '범인은 바로 너!'라는 추리 예능 프로그램도 만들어, 190개 국에 25개 언어 자막으로 동시 공개했다.

재래의 1.0 방식 비즈니스에 접근해서 2.0 플랫폼 비즈니스로 확대시켰고, 고객들의 데이터를 이용해서 개인별 사용 패턴을 분석하는 알고리즘을 개발하는 등 3.0 플랫폼 비즈니스로 성장하며 스마트 플랫폼 기업의 대표적인 성공 사례가 되었다.

플랫폼 위의 플랫폼 ; Platform on Platform

성공한 타 플랫폼 위에 새로운 플랫폼을 건설하는 방법도 있다. 기존 플랫폼에서 활동하고 있는 사용자들을 대상으로 새로운 부가가치를 제공하는 또 하나의 플랫폼을 그 위에 얹어놓는 것이다.

'포스퀘어(Foursquare)'는 SNS 형식의 개인 언론 플랫폼인 트위터 이용자들을 대상으로 자신의 위치를 입력할 때마다 점수를 주는 방식의 위치기반 SNS를 만들었다. 한 장소에 가장 많이 방문한 사람을 그곳의 시장으로 임명하는 등의 경쟁과 재미를 더한 것이다.

기존 플랫폼 사용자에게 광고를 노출시키거나 마케팅을 해주는 대가로 광고주로부터 수익을 얻는 플랫폼 건설도 가능하다. SNS 플랫폼인 페이스북의 사용자들을 대상으로 금융 컨설팅을 해 주는 '민트(Mint)'가 그 예이다.

페이스북 사용자들을 대상으로 한 게임 플랫폼 기업 '징가(Zinga)'도 있다. 2007년 미국에서 시작한 징가는 페이스북의 폭발적인 사용자 증가로 설립 5년 만에 10억 달러의 매출을 올리는 등 급성장을 이뤘다.

이 경우 기존의 플랫폼과 그 위에 새롭게 시작한 플랫폼의 관계는 '악어와 악어 새' 관계에 비유할 수 있다. 서로가 서로를 돕는 공생관계이기 때문이다.

이렇게 SNS 플랫폼 위에 만들어진 게임을 소셜게임(Social Game)이라고 한다. 한국의 대표적인 채팅 SNS 플랫폼인 카카오톡(Kakao-Talk) 사용자들을 대상으로 출시한 '애니팡'은 단순한 아케이드 게임이지만 SNS 친구들에게 순위를 노출시켜 경쟁심을 유발하고, 그것을 아이템 판매로 이어지게 하는 전략으로 성공했다. 여기서 애니팡은 단순한 플랫폼 입주 기업으로 봐야 하지만, 외부에서도 애니팡용 게임 아이템을 제작해서 판매할 수 있도록 개방했다면 플랫폼 위의 플랫폼이 되는 것이다.

플랫폼 위에 플랫폼, 또다시 그 위에 플랫폼을 만든 사례도 있다. 미트 게츠비(Meet gatsby)는 정보 공유 플랫폼인 '트위터' 위에서 동작하는 위치기반 플랫폼인 '포스퀘어' 위에서 운영되는 서비스다.

주변에 있는 사람들과 오프라인 만남을 주선해주는 미팅 서비스인데 연결 대상이 되는 사용자는 트위터 플랫폼에서, 위치정보는 포스퀘어 플랫폼을 이용하는 방식이다.

플랫폼들 사이에 플랫폼을 ; Platform between Platform

서로 다른 두 개의 플랫폼을 연결해주기 위해 그 사이에 만들어진 플랫폼이 있다. '오로라 페인트'가 2009년에 출시한 '오픈페인트(OpenFeint)'가 그것이다. 오픈페인트를 실행한 상태에서 게임을 하면, 모바일 게임화면 윗부분에 작은 창이 나타난다. 그 창을 통해 친구들이 하고 있는 게임과 친구들의 게임 순위 등을 확인할 수 있고, 게시판과 채팅 기능도 있다.

또한 새롭게 개발하는 게임에 SNS 기능을 손쉽게 추가할 수 있도록 SDK(Software Development Kit)를 제공하는 등, 게임 개발자들에게 SNS 플랫폼과 게임 플랫폼을 연결해주는 새로운 '미트 포인트'를 제공하는 것이다.

오픈페인트를 사용하는 사람들은 모두 오픈페인트 플랫폼 안에서 서로 연결되어 있으므로, 게임 개발자가 오픈페인트 SDK를 이용한 새로운 게임을 내놓는 순간 오픈페인트 사용자 모두를 자신의 회원으로 확보하게 되는 엄청난 효과가 있다.

스마트 플랫폼의 내부 구조

'만나고, 머무는, 자가발전' 플랫폼에 스마트한 기술이 접목되면서 '스마트 플랫폼'으로 발전했다. 현재 스마트한 기술을 쓰지 않는 플랫폼이 있을까? 지금 운영되고 있는 대부분의 비즈니스 플랫폼이 여기에 해당되므로, 이제부터는 일반적인 '비즈니스 플랫폼'을 넘어 '스마트 플랫폼'이라고 부르는 것이 보다 정확할 것이다.

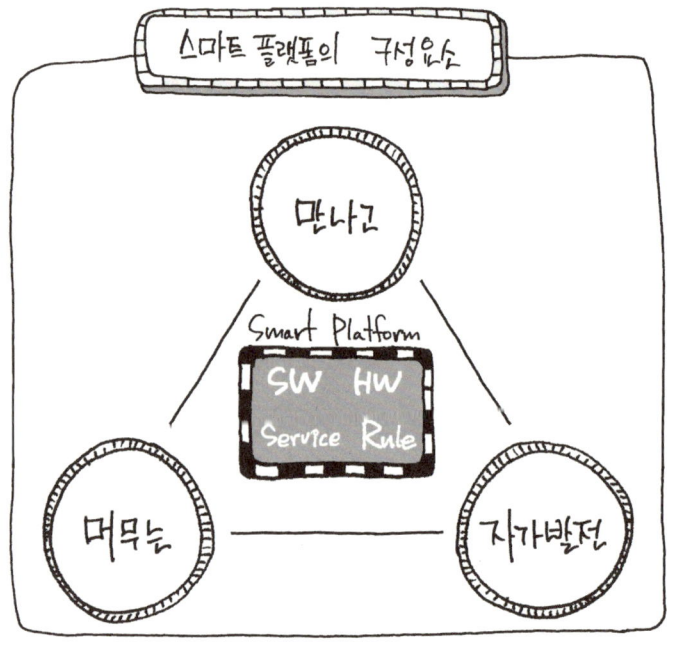

그림에서처럼 스마트 플랫폼에는 스마트한 기술들이 접목된 하드웨어, 소프트웨어, 서비스와 더불어 플랫폼의 유지 관리를 위한 규칙(Rule)도 있어야 한다. 운영 지침 등의 통제 규칙이 그것이다. 이 모든 요소가 적절하게 서로의 역할을 다 할 때, 고객들이 만나고

(Meet), 머무는(Stay), 자가발전(Self-Growth) 구조가 제대로 모습을 갖추게 된다.

CPND ; Contents, Platform, Network, Device

스마트 플랫폼을 역할별 요소로 구분해 보면, 그림에서 보는 바와 같이 'CPND'로 정의할 수 있다. 플랫폼의 핵심 가치인 콘텐츠를 적절하게 관리하기 위해서는 다양한 요소들이 동반되어야 하는데, 이들의 역학관계가 바로 'CPND'이다.

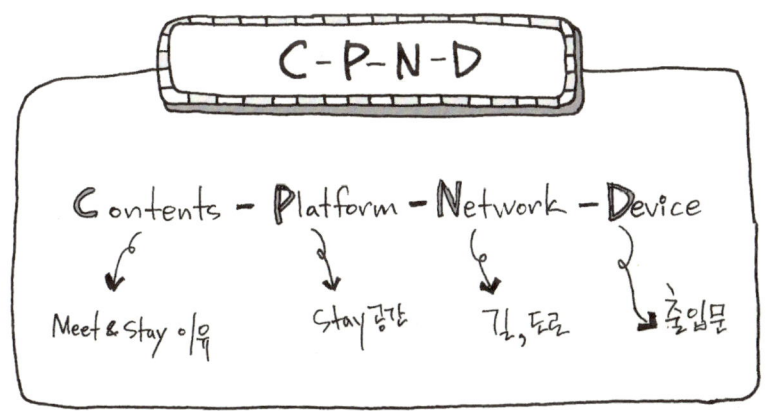

C는 만나고 머무는 핵심 이유인 콘텐츠(Contents)를 뜻하고, P는 머무는 공간인 플랫폼(Platform)을, N은 플랫폼 방문을 위해 나서야 하는 길이나 도로인 네트워크(Network)를, D는 플랫폼 출입을 위한 게이트웨이인 단말기 즉, 디바이스(Device)를 말한다.

CPND가 각각의 역할에 맞게 정확하게 맞물려 돌아가야 스마트 플랫폼이 문제 없이 유지될 수 있다. 네트워크는 주로 통신사업자가, 디바이스는 제조 기업이, 플랫폼은 이들을 결합해서 콘텐츠를 생성하고 관리하는 구조를 이룬다. 그런데 플랫폼 사업자가 모든 요소를 장악할 수도 있다는 점을 간과해서는 안 된다. 현재 애플은 네트워크를 제외한 나머지 모두를 스스로 해결하고 있다. 구글도 마찬가지다. 다음 장에서 다시 얘기하겠지만, 구글은 단말기뿐 아니라 네트워크 조차도 스스로 구축하고 있다. 이처럼 스마트 플랫폼 기업은 모든 구성요소를 직접 제공하고, 스스로 규칙을 만들어 통제하는 룰 메이커(Rule Maker)로서 시장의 지배력을 강화해 나가고 있다.

이번에는 톱니바퀴처럼 서로 얽혀서 돌아가고 있는 스마트 플랫폼의 기술 요소들을 정리해보자.

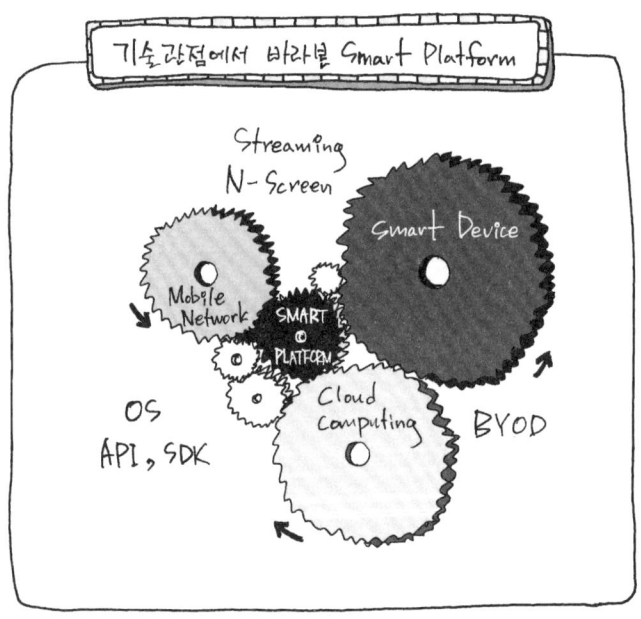

다양한 형태의 단말기 즉, 게이트웨이 디바이스들이 쏟아져 나오고 있는 상황에서, 스마트 플랫폼 사업자의 입장에서는 이용자들이 어떠한 단말기를 사용하든 자유롭게 출입할 수 있도록 BYOD(Bring Your Own Device) 문제를 해결해야 한다. 그렇게 플랫폼에 연결된 게이트웨이 디바이스들은 네트워크를 통해서 클라우드상에 있는 콘텐츠와 연결된다. 그리고, 실시간 데이터 전송방식인 '스트리밍' 기술을 적용하면 다운로드로 발생할 수 있는 저작권 등의 문제 없이 공중파를 통한 TV 시청처럼 실시간으로 콘텐츠를 소비할 수 있게 만들어준다. 또한, 다양한 종류의 디바이스 사이를 오가면서도 끊김 없이 콘텐츠를 사용할 수 있도록 N스크린(N-Screen)을 지원하면, 스마트폰으로 영화를 보다가 바로 거실의 TV로 화면(Screen)을 이동하면서도 클릭 한 번으로 끊김 없이 시청을 이어갈 수 있게 된다. 위에서 설명한 모든 기능과 기기들이 서로 문제 없이 소통할 수 있도록 하기 위해서는 이 모두가 서로 알아들을 수 있는 공통 언어가 필요하다.

바로 스마트 플랫폼 내의 공용어인 OS(Operating System)다. 각각의 플랫폼들은 자신의 OS와 해당 개발자들이 손쉽게 소통할 수 있도록, 접근 규칙들을 정의한 API(Application Programming Interface)와 소프트웨어 개발을 돕는 도구인 SDK(Software Development Kit)를 제공한다.

OS ; 스마트 플랫폼의 공용언어

OS는 컴퓨터의 하드웨어 제어와 응용 프로그램 구동을 위한 사용환경이면서, 이러한 하드웨어와 프로그램들을 쓰는 인간과 원활하게 소통할 수 있도록 통역자 역할도 수행하는 소프트웨어다. 하지만, 스마트 플랫폼의 OS를 단순한 컴퓨터 운영체계로만 보아서는 안 된다. 그 플랫폼 안의 거주민들이 쉽게 익히고 그들이 생활하면서 필요한 환경을 스스로 만들 수 있도록 확장성도 갖추고 있어야 한다. 만나고 머무는 '자가발전' 생태계인 스마트 플랫폼의 중심에는 OS가 있다.

한국어, 영어, 중국어처럼 하나의 국가 안에서 생활하는 사람들에게는 하나의 공용어가 필요하다. 플랫폼을 하나의 국가 개념으로 생각하면, 공용어인 OS가 얼마나 중요한지 이해할 수 있다. 언어의 힘은 그 사용자 수와 함께 증가한다. 한 국가에만 국한되어 쓰이는 언어와 전세계인의 공용어가 된 영어를 비교해보면 확연한 차이를 알 수 있을 것이다.

플랫폼의 OS도 이와 같다. 그렇기에 더 많은 사용자를 확보하기 위한 노력은 영토 확장을 위한 전쟁에 가깝다. 한 번 공용어에 익숙해진 사람들이 다른 언어를 배우기 위해서는 많은 기회비용이 발생하기 때문에 영토 선점은 무엇보다 중요하다.

이렇게 영토를 선점하고 확장하여 현재와 같은 거대한 스마트 플랫폼 OS가 된 것이 바로 구글의 안드로이드(Android)와 애플의 iOS

이다. 물론 PC용 OS 시장 대부분을 차지하고 있는 마이크로소프트 사의 윈도우즈(Windows)도 있지만, 모바일 플랫폼 관점에서는 여전히 후발주자다. 삼성전자가 주도적으로 참여한 바다(Bada)라는 OS도 있었고, 그 후에 하드웨어 업체들을 중심으로 타이젠(Tizen)도 만들었지만 제대로 힘을 쓰지 못하고 있다. 이처럼 OS의 선점은 후발주자가 쉽게 넘을 수 없는 무서운 힘을 지니고 있다.

현재 플랫폼 OS 시장을 석권하고 있는 구글의 안드로이드는 어떻게 그것이 가능했을까? 이들은 처음부터 사용자들이 손쉽게 접근할 수 있도록, 배우기 쉽고 사용하기 쉬운 공용어 만들기에 중점을 두었다. 기존에 구축되어 있던 다른 플랫폼 즉, 리눅스(Linux)와 자바(Java)와 같은 오픈소스 기술과 언어를 적극적으로 활용함으로써 그것에 익숙한 개발자들을 최대한 흡수했다. 그 결과 수많은 안드로이드용 어플리케이션들이 만들어졌고, 이것을 쓰려고 수많은 사용자들이 다시 안드로이드 플랫폼으로 모이게 된 것이다. 앞서 설명했던 플랫폼의 기본 3요소인 '만나고, 머무는, 자가발전' 생태계 구축을 위한 전략이 모두 적중한 사례다.

OS는 스마트 플랫폼 권력의 핵심이다. 한국인들 대부분이 사용하고 있는 모바일 메신저 카카오톡(kakaotalk)과 네이버(Naver)는 안드로이드 스마트폰에 기본으로 들어가 있지 않다. 그 반면에 안드로이드 주소록과 캘린더, 구글 검색, 유튜브 등 구글이 소유한 서비스는 모두 포함되어 출시된다. 물론 별도로 다운로드해서 설치하고 사용할 수는 있지만, 많은 이들은 기본으로 탑재되어 있는 어플리케이션을 그대로 쓰게 된다. 콘텐츠가 아닌 카메라와 같은 하드웨어 기능은 스마트폰 제조사가 기본으로 탑재시킬 수는 있지만, 이 또한 플랫폼 OS로부터 허가를 받아야 한다. 따라서 초대형 스마트 플랫폼의 식민지가 되지 않으려면 자체 OS를 만들고 그것을 지켜야 한다. 이것은 모국어를 만들고 지켜야 하는 것과 다르지 않다.

그들은 새로운 영토 확장을 위해 OS의 적용 범위를 스마트폰과 같은 모바일 기기만이 아니라 홈 오토메이션, 가전, 자동차로도 넓혀 가고 있다. 앞으로 스마트 플랫폼 게이트웨이로서 중요한 가치를 지니게 될 자동차를 위해 구글은 '안드로이드 Auto'를, 애플은 '카 플레이(CarPlay)'를 개발했다. 이 분야에서 성장 중인 한국 기업 '오비고(Obigo)'도 있다. 이처럼 아직도 기회의 땅은 있다. 새로운 영토를 선점하고 그 힘을 이용해 다른 영토로 서서히 확장해 나갈 수 있다. 늦었다고 포기하지 않아야 한다.

비즈니스 플랫폼 성공을 위한 3가지 전략

첫번째, 만남에 조건을 달지 마라!

사용자들이 쉽게 접근하도록 해야 한다. 보안을 위한 복잡한 출입 절차와 운영 수익을 위한 금전적인 요구는 오히려 플랫폼과의 만남 자체를 꺼리게 만들 수 있다.

인터넷 웹 초창기에 정보 검색용 웹 브라우저의 대명사로 불렸던 넷스케이프(Netscape)는 수익 확보를 위해 무료 배포가 아닌 판매 방식으로 정책을 변경했고, 그 결과 사용자들 대부분은 적은 금액조차도 지불하기를 거부하고 당시 무료로 제공되는 마이크로소프트의 인터넷 익스플로러(Internet Explorer)로 갈아타버렸다. 기능과 성능이 훨씬 뛰어났는데도 고객으로부터 외면받는 몰락의 길을 걷게 된 것이다.

비즈니스 플랫폼은 상품이나 서비스를 판매해서 수익을 만드는 단방향 비즈니스인 1.0 방식이 아니라, 사람들과 소통하며 모이게 하고 그 후에 플랫폼 안에서 머무는 동안 수익을 창출하는 양방향 2.0 방식이어야 한다. 하지만, 그들은 1.0 방식을 선택했다. 차라리 계속 무료로 배포해서 사용자들을 더 많이 확보하고, 그 플랫폼 사용자들을 대상으로 광고수익을 창출했으면 어떠했을까? 반면에 거대 스마트 플랫폼 기업이 된 구글의 크롬(Chrome)은 지금도 무료이다. 게다가 그 안에 계속해서 기능을 추가하고 있다. 구글 수익의 대부분이 광고다.

두번째, 적절한 통제로 머무는 이유를 보호하라.

하나의 도시든 하나의 국가든 그 안에서 생활하는 사람들을 보호하고 떠나지 않게 하려면 적절한 통제와 이를 위한 규칙이 필요하다. 출입국 심사도 하고, 자국 내에서 비즈니스를 하려면 이러해야 한다는 법규도 만들어야 한다. 적절한 통제는 스마트 플랫폼에서도 필요하다. 통제를 잘못하면 플랫폼의 존속 자체가 위험해지기 때문이다.

아타리(Atari)를 아는가? 1972년 미국에서 설립되어 80년대 초반까지 미국과 전세계 가정용 비디오 게임기 시장을 장악했던 회사다. 성장을 거듭하며 자신감에 차 있던 아타리는 게임기를 더 많이 팔기 위한 전략으로, 게임기 시스템의 프로그램 사양을 공개하며 누구든지 자유롭게 게임 소프트웨어 개발과 판매를 할 수 있도록 했다. 그런데, 이것이 오히려 게임시장의 붕괴를 가져왔다. 품질 관리가 제대로 되지 않아 저질 게임들이 난무했고, 이러한 게임 소프트웨어의 공급과잉이 오히려 소비자의 흥미를 떨어뜨리는 원인으로 작용했다. 그렇게 수요가 감소하자, 게임 소프트웨어 제조사들은 만들어 놓은 제품을 헐값에 판매하며 경쟁에 돌입했고, 당시 게임 업계에 속한 모든 기업들의 수익급감과 도산으로 이어졌다. 이것을 '아타리 쇼크(Atari Shock)'라고 부른다.

게임 산업이 복구되기 시작한 1987년, 게임 산업의 패권은 미국에서 일본으로 넘어가게 되는데 그 중심에는 닌텐도가 있었다. 아타리 쇼크를 반면교사로 닌텐도는 비디오 게임에 라이센스 제한을 거는 잠금 시스템을 채용했다. 게임 카트리지 안에 보안 칩을 설치하여 복제를 불가능하게 하고, 다른 게임기에서는 작동되지 않도록 하는 등의 철저한 통제를 시작한 것이다. 그 후, 이러한 통제 방식은 세가, 소니, 마이크로소프트에서도 도입하게 된다. 게다가 닌텐도와 같은 일본 게임 제작사들은 자사의 게임기에서만 사용하는 캐릭터를 만들었다. 그 캐릭터를 저작권으로 보호하면서 또 하나의 복제 방지책을 만들었다. 적절한 통제가 플랫폼을 지키고 성장시킨 것이다.

위의 사례에서 살펴본 바와 같이, 적절한 통제는 건강한 플랫폼 유지와 관리를 위한 필수 요소다. 반면에 잘못된 통제는 플랫폼을 망칠 수도 있다. 특히 플랫폼 통제를 권력으로 이용하는 '갑질'의 횡포는 더더욱 그러하다. 2018년 12월 초에 마이크로소프트는 자사의 브라우저인 IE(인터넷 익스플로러) 개발을 중단하고 구글의 크롬을 채택하겠다고 발표했다. 인터넷 브라우저 시장에서 넷스케이프를 물리치고 오랫동안 독보적인 자리를 차지하고 있었던 IE의 몰락은 시사하는 바가 크다. 게으른 업그레이드로 불만이 쌓인 사용자들을 크롬으로 이전하게 만들었고, 더 나아가 일방적으로 이전 버전의 지원을 중단하고 새로운 버전의 사용을 강요하는 등 고객이 자신의 의도대로 따라와 줄 것이라는 자만심이 만든 결과였다.

양방향 2.0 비즈니스 플랫폼은 단방향 1.0 비즈니스와는 달리, 사용자 보호와 자유로운 왕래를 최우선으로 해야 한다. '통제'를 '갑질'로 느끼지 않게 가능하면 뒤에 숨어서 하는 것이 좋다. 놀이터에 무장한 경찰이 뛰어다닌다면 누가 그곳을 찾겠는가? 잘못된 통제는 빠른 입소문을 타고 모두를 떠나 보내는 몰락을 재촉할 뿐이다.

세번째, 자가발전 환경을 조성하라.

자신의 OS가 제공하는 API, SDK 등을 통해 개발자들이 손쉽게 어플리케이션을 제작할 수 있도록 하고, 그들이 만든 앱으로 더 많은 사용자들이 모이게 하고, 그렇게 증가한 사용자들을 대상으로 새로운 앱을 만들게 하는, 자가발전 구조를 갖추어야 한다.

1998년, 당시 시장을 장악하고 있던 마이크로소프트의 독점을 막고자 스마트폰 제조업체인 노키아, 모토로라, 삼성전자, 에릭슨, 소니, 파나소닉, 지멘스, 사이온 등이 공동으로 설립한 '심비안(Symbian)'을 알고 있는가?

2009년 노키아에 인수된 심비안은 플랫폼이 아니라 단말기를 중심에 둔 OS를 개발했다. 하지만, 안드로이드 스마트폰이 대중화되면서 경쟁력을 잃게 되었고 결국 세상에서 사라지고 말았다. 단말기 제조사들이 직접 운영했음에도 불구하고 몰락의 길을 걷게 된 것이다. 다양한 앱의 공급 주체인 외부 개발자들은 물론 자기 개발자들조차도 겨우 이해할 수 있을 정도로 다루기 어려웠던 심비안보다는, 손쉽게 다룰 수 있는 안드로이드를 선호할 것이라는 너무도 당연한 사실을 간과한 때문이다.

사람들은 게이트웨이 단말기인 스마트폰 자체만을 보고 구매를 결정하지는 않는다. 이 보다는 그 게이트웨이 안에 있는 플랫폼 세상이 주는 다양한 매력과 혜택을 누리고자 해당 스마트폰의 구매를 결정하게 된다.

애플은 어떠한가? 첫번째 스마트폰인 아이폰3를 출시할 당시, 1년 동안 1억 달러를 투자하여 아이폰용 앱 500개를 확보한 후에야 앱스토어를 오픈했다. 이 과정에서 자신의 iOS를 다룰 수 있는 많은 개발자들을 자기 편으로 끌어들인 것도 '자가발전'을 위한 중요한 전략이었다. 이 앱들이 주는 매력이 아이폰 판매를 촉진했고, 아이폰 사용자 증가가 개발자들로 하여금 더 많은 아이폰용 앱을 만들게 하는 반복된 '자가발전'의 힘이 된 것이다.

플랫폼 건설은 철저한 준비와 지속적인 투자가 필수

앞선 설명과 같이, 플랫폼은 영토 선점이 무엇보다 중요하다. 그러한 이유로 기존의 거대 플랫폼과 경쟁하는 새로운 플랫폼 건설은 결코 만만한 일이 아니다. 게다가 플랫폼은 일정규모 이상의 방문자와 체류자를 확보해야만 그 가치를 지니게 되므로 더더욱 그러하다.

젊은 4명의 동업자가 함께 시작한 블랙라벨(Blank Label)이라는 기업이 있었다. 소비자가 인터넷 사이트에서 디자인을 결정하고 주문하면 그것을 만들어 보내주는 '나만의 DIY 셔츠 주문 제작 서비스'를 시작했다. 고객들의 세심한 요구사항을 적극적으로 수용하는 등의 정책으로 빠른 입소문을 타게 되면서 하루 만에 전날 대비 40배의 주문을 받는 등의 쾌거를 이루었다. 그런데 이것이 오히려 문제가 되어 '흑자도산'을 하게 된 사례다. 지속적인 투자여력과 철저한 준비가 부족한 상황에서 창업한 신생 기업이라, 폭주하는 주문량을 소화하기에는 역부족이었고, 계속되는 배송지연으로 소비자들의 불만은 쌓여만 갔고, 결국 모두가 떠나버리는 몰락을 맞이하게 된다.

남들이 아직 가지 않은 새로운 영토를 선점하고, 플랫폼으로서의 가치가 발생하는 일정규모 이상의 영토로 확장하기 위해서는 어느 정도의 시간이 필요하다. 무엇보다 그 시간 동안 운영을 지속할 수 있는 충분한 자금과 플랫폼 관리와 확장을 위한 구체적인 계획이 선행되어야 한다. 시작부터 해 보자는 무모한 도전은 오히려 플랫폼의 몰락으로 이어지기 마련이다.

스마트 플랫폼 시대의 기업 구성

0.1%의 플랫폼 기업과 0.9%의 개발 기업, 그리고 99%의 입주 기업으로 구성될 것이다. 여기서 언급한 %는 단지 강조를 위한 전제이므로 숫자에 큰 의미는 두지 않기 바란다. 극소수의 '플랫폼 기업'이 선점하고 확장한 영토에서, 소수의 '개발 기업'들이 다양한 놀이기구와 비즈니스 부품을 만들어주고, 나머지 대부분의 '입주 기업'들은 그 플랫폼에서 거주자들을 대상으로 한 자기만의 비즈니스를 진행하게 된다는 이야기다. 그러므로 대다수의 기업들은 플랫폼 내의 입주 기업들이다.

이들 입주 기업들이 자신만의 특화된 비즈니스를 만들기 위해서는 플랫폼이 제공하는 블록들을 다양한 형태로 융합하여 새로운 가치를 만들어 낼 수 있는 '융합 기업'이어야 한다. 이러한 이유로 우리들 대다수는 '융합' 능력을 갖추어야만 취업이든 창업이든 사회적 생존이 가능해진다.

금맥을 찾아 많은 사람들이 서부로 향하던 미국의 골드러쉬(Gold Rush) 시대를 떠올려 보자. 그 당시 금맥을 찾아 부를 거머쥔 사람은 극소수다. 그럼에도 불구하고 금을 찾기 위한 인간의 욕망은 끝이 없었고, 그렇게 모여든 사람들은 삽과 곡괭이로 종일 땅만 팠다. 그런데, 금이 아니라 금을 깨는 사람들을 대상으로 비즈니스를 한다면?

그렇게 삽과 곡괭이를 판 사람들은 돈을 벌었다. 그리고, 그 당시에 성공한 또 하나의 기업이 있었는데, 빨래조차도 쉽지 않았던 작업자들을 위해 오래 입어도 튼튼한 바지를 만들어서 판매한 리바이스(LEVI'S)다. 사람들이 모인 곳에는 반드시 기회가 있다. 필요를 융합하여 새로운 비즈니스를 창출하는 발상의 전환이 필요한 이유다.

현재 여러분 주변에 있는 성공한 가게나 기업들을 플랫폼 관점으로 분석해 보는 훈련을 하면, 그 과정에서 새로운 플랫폼 비즈니스를 발견할 수 있을 것이다.

스타벅스(Starbucks)는 싸구려 커피 맛에 익숙해져 있는 고객들에게 비싼 아라비카(Arabica) 원두를 사용하는 고급화 전략으로 새로운 '만나는 이유'를 만들었다. 타인에게 자랑하고 싶은 파노플리 효과(Panoplie Effect)를 적절하게 이용한 것이다.

파노플리 효과란, 어떤 상품을 구매하고 그것을 가진 누군가와 자신을 동일시 하는 현상을 말한다. 예를 들면, 유명 연예인이 가진 핸드백을 자기도 들고 다니면서 스스로가 유명 연예인이라고 느끼는 심리 현상이다. 유명 연예인에게 협찬으로 상품을 제공하는 이유가 바로 여기에 있다.

스타벅스는 자신의 로고가 인쇄된 머그컵 같은 자랑거리 상품들을 계속 추가하면서 '머무는 이유'를 늘려왔다. 또한, 사람들이 모이는 곳이라면 어디나 매장을 오픈하면서 영토를 확장했고, 경쟁사보다 한 발 빨리 모바일 서비스를 제공하는 등 앞서가는 기업 이미지를 추가하면서, 누군가를 만날 때 이왕이면 고급 이미지를 지닌 스타벅스로 초대하게 만드는 '자가발전' 구조를 갖춘 것이다.

도시나 국가의 관광산업을 플랫폼 관점에서 한 번 살펴보자. 관광

산업 중 가장 부가가치가 높다는 마이스((MICE ; 기업회의(Meeting), 포상관광(Incentive Trip), 컨벤션(Convention), 전시박람회와 이벤트(Exhibition & Event - 앞 글자를 딴 말) 산업은 컨벤션과 전시회에 방문한 사람들을 대상으로 관광산업까지 그 영역을 확대하는 개념이다. 일반 관광목적 입국자보다 비즈니스를 목적으로 입국한 사람들의 소비지출과 재방문의 기회가 더 많다는 점에 착안해, '만나는 이유'는 비즈니스 목적의 컨벤션과 전시회이지만 '머무는 이유'는 주변 관광지와 쇼핑으로 확대하는 것이 마이스 산업의 핵심이다.

이러한 마이스 산업을 적극적으로 육성해서 성공한 대표적인 국가가 싱가포르(Singapore)다. 2005년 당시 경기 침체에 빠져있던 싱가포르는 마이스산업에 집중했다.

공항과 인접한 장소에 컨벤션 센터를 건설했고, 그 주변의 관광자원을 개발했다. 그리고, 무엇보다 청결과 안전에도 투자를 아끼지 않았다. 그들은 좋은 자연환경이나 유적지는 '만나는 이유'만 만들어주지 '머무는 이유'는 약하다는 것을 알았다. 현재 방콕, 홍콩, 싱가포르 방문자 중 재방문 의사는 단연 싱가포르가 높다는 점에 주목해야 한다. 신기한 유적지나 자연환경은 '만남의 이유'가 되겠지만, '머무는 이유'와 '자가발전' 동력은 쾌적하고 질서정연하고 안전한 인프라에 있음을 증명했기 때문이다.

개인도 만나고 머무는 자가발전 플랫폼이 되어야!

'만나고, 머무는, 자가발전' 생태계로 정의한 플랫폼 기본 3요소는 관계와 소통이 관건인 대부분의 비즈니스 분야는 물론, 개인에게도 대입해 볼 수 있겠다.

먼저, "사람들이 나를 '만나는 이유'는 무엇일까?"를 자문해 보라. 한 분야에 특별한 재능이 있거나, 비즈니스에 도움이 되거나, 지적 수준이 높거나, 높은 통찰로 상대에게 긍정적인 자극을 줄 수 있거나 하는 등 타인이 나를 만나야 할 이유가 분명하게 있어야 한다.

두번째로 "나를 만난 사람이 내 곁에 계속 '머무는 이유'는 무엇일까?" 상대의 이야기에 호응을 잘 하거나, 겸손하게 배우는 자세를 유지하거나, 늘 유쾌한 분위기를 만들 수 있거나, 항상 새로운 지식으로 만남에 신선함을 더하는 등의 관계 지속 요인이 필요하다.

마지막으로 "내 주변에 머무는 사람들이 다른 사람들에게도 나를 소개하는 관계의 '자가발전'이 이루어지고 있는가?" 이를 위해서는 진실하고 한결같은 태도 등, 소개나 추천을 하게 만드는 동기부여 요인을 확실하게 가지고 있어야 한다.

현재의 자신이 플랫폼 3요소를 적절하게 갖추고 있는지 한 번 자문해보라. 이 과정에서 부족한 부분이 발견된다면 그것을 하나씩 채워가면 된다. 그렇게 한다면, 하나의 개인도 분명 '만나고 싶고 머물고 싶은 성공적인 자가발전 플랫폼'이 될 것이다.

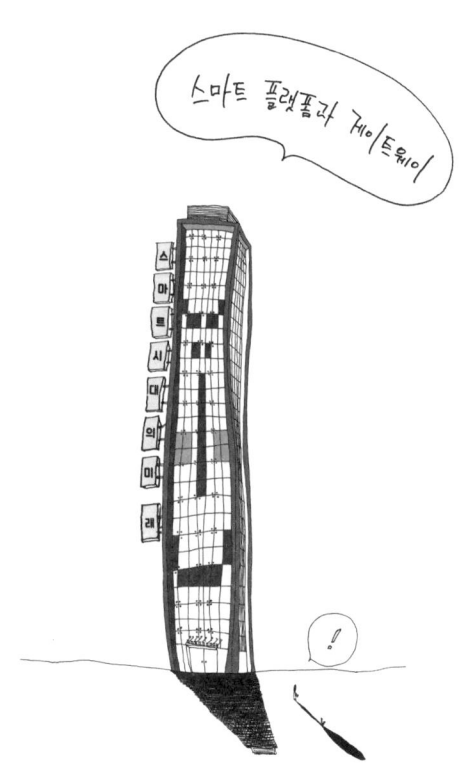

6. 스마트 플랫폼과 게이트웨이

"종이비행기가 아니라 그것을 움직이는 바람을 보라!"

단말기는 플랫폼 출입을 위한 게이트웨이

플랫폼 출입을 위해서는 플랫폼의 특성에 맞는 갖가지 형태의 출입문이 필요하다. 이번 장에서는 이러한 게이트웨이가 갖춰야 하는 플랫폼 출입 도구로서의 의미를 살펴보려고 한다.

플랫폼 게이트웨이(Platform Gateway)는 말 그대로 플랫폼 출입을 위한 문이다. 놀이공원을 떠올려 보자. 거기에는 여러 곳에 문들이 있다. 화려하고 멋진 정문도 있고, 좁지만 편리한 옆문도, 차량통행을 위한 문도 있다. 문들은 그 역할에 따라 모양도 여닫는 법도 다르다. 하지만, 그 문을 통하면 놀이공원으로 들어간다. 플랫폼도 이와 같다. 이 다양한 문들을 네트워크 상에 연결되어 있는 단말기들 즉, 데스크톱 컴퓨터, 노트북, 태블릿 PC, 스마트폰 등으로 이해하면 된다.

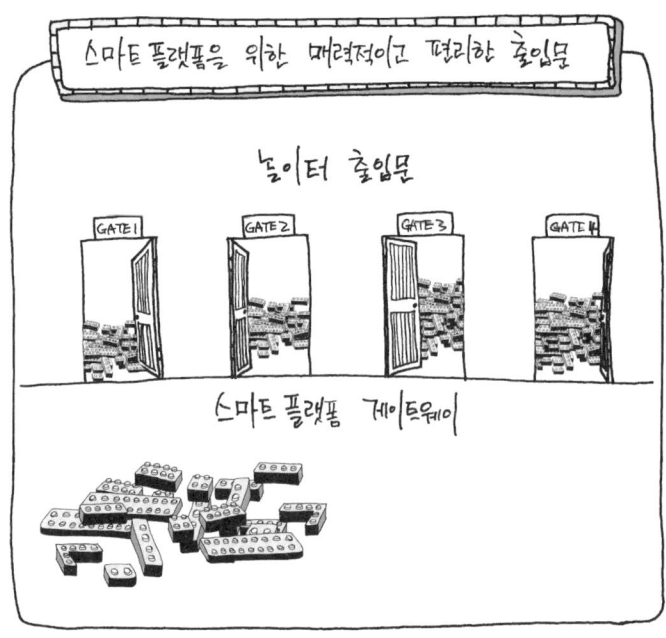

'스마트 플랫폼'이 원하고 그 역할을 부여하기만 하면 인터넷에 연결할 수 있는 모든 기기가 여기에 해당될 수 있다. TV는 어떠한가? 현재는 방송국이 제공하는 영상 콘텐츠를 이용하는 출입문이지만, 구글이니 애플, 아마존과 같은 스마트 플랫폼의 게이트웨이가 된다면 TV를 통해 인터넷 검색도 하고 음악이나 영화도 보고 쇼핑도 할 수 있게 된다.

물론 해당 플랫폼이 제공하는 콘텐츠만 이용할 수 있도록 폐쇄성을 요구할 수도 있다. TV가 어떠한 특정 플랫폼의 게이트웨이로 쓰인다면 해당 플랫폼만을 위한 출입문이 될 가능성이 높다는 것이다. 이렇게 되면 해당 플랫폼이 제공하지 않는 TV 채널은 시청할 수 없게 될 수도 있다. 만약 거대 스마트 플랫폼 기업이 자사 플랫폼 접속을 유도하기 위해 무료로 TV를 나눠 준다면? 대부분 덥석 받지 않을까? 대신에 해당 플랫폼이 제공하는 콘텐츠만 소비하면서 비용을 지불해야 하는데도 말이다. 이것이 바로 '스마트 플랫폼'과 '게이트웨이'가 함께 작동하는 힘이자 무서움이다.

자동차는 어떠한가? 이제 자동차는 더 이상 화석연료를 소비하며 동력을 전달하는 이동 수단만이 아니다. 이미 전기자동차로, 게다가 다양한 콘텐츠를 제공하는 멀티미디어 도구로 진화하고 있다. 더욱이 자율주행 자동차 시대가 완전히 열리면, 운전이 아니라 콘텐츠를 소비하는 중요한 스마트 플랫폼의 게이트웨이가 될 것이다. 애플이나 구글과 같은 스마트 플랫폼 기업이 자신의 게이트웨이 확장을 위해서 자동차 회사를 인수하거나 설립할 가능성도 충분히 있다.

놀이터를 먼저 설계하고 그곳에 적합한 출입문을 만드는 것이 일반적인 건설 과정이다. 이와는 반대로 단말기를 만들어서 판매에 성공하자, 뒤늦게 그 문을 통해서 왕래할 수 있는 플랫폼 건설에 뛰어든 경우도 있다. 동영상 촬영장비 업체인 고프로(GoPro)는 자신이 판매한 단말기들로 출입할 수 있는 플랫폼을 뒤늦게 건설했다. '고프로'를 이용해서 촬영한 영상을 고프로 라이센싱(GoPro Licensing)이라는 인터넷 사이트에 공유할 수 있게 하고, 상업적인 용도로 활용하려는 이들에게는 저작권료를 받을 수 있게 해 주는 등의 플랫폼 비즈니스를 시작한 것이다. 성공한 플랫폼 기업들이 게이트웨이를 추가해 나가는 것과는 반대로 게이트웨이로 성공한 기업이 나중에 플랫폼을 추가한 사례이다.

이처럼 플랫폼과 게이트웨이는 다양한 방법으로 조합할 수가 있다. 기존의 플랫폼에 새로운 게이트웨이를 만들어서 조합할 수도 있고, 기존의 게이트웨이를 통해 출입하는 곳에 새로운 분야의 플랫폼을 건설해서 그 사용 영역을 확대할 수도 있다. 스마트 플랫폼 비즈니스에 '플랫폼과 게이트웨이의 다양한 조합 찾기' 노력이 반드시 계속되어야 하는 이유다.

스마트폰처럼 신체적 접촉을 통해 기기를 조작하는 린 포워드(Lean Forward) 방식이 아니라, 거리를 두고 사용하는 린 백(Lean Back) 방식의 게이트웨이와 콘텐츠는 어떠한가? 음성(Voice) 콘텐츠에 다시 한 번 주목할 필요가 있다. 음성은 신체적 접촉 없이 기기를 동작할 수 있어서, 콘텐츠 이용과 다른 일을 동시에 하는 멀티 태스킹(Multi tasking)이 용이하기 때문이다.

아이팟(iPod)과 방송(Broadcast)의 결합어인 팟캐스트(PodCast)의 탄생은 아이팟이 단지 음악을 듣는 수단이 아니라 음성 콘텐츠 플랫폼의 게이트웨이로 활용된 사례이다. 이제는 스마트폰이 그러한 게이트웨이 역할을 대신하고 있어서 앱 형태로 추가만 하면 이용할 수 있다. 한국의 '팟빵'과 네이버의 '오디오클립', 구글의 '팟캐스트' 등도 같은 종류다. 그 동안 동영상 콘텐츠에만 매진하던 '넷플릭스'도 음성 콘텐츠 산업에 진출했다.

지금까지 플랫폼 콘텐츠로 크게 주목받지 못했던 것이 라디오다. 그 동안 대다수의 스마트 기기들은 음악과 이미지, 그리고 동영상 콘텐츠에 집중해왔다. 그런데, 인공지능 스피커 덕에 음성 콘텐츠에 대한 관심이 높아졌고, 음성 콘텐츠의 게이트웨이인 라디오가 중요해지기 시작했다. 무엇보다 라디오는 앞서 얘기한 것처럼 거리를 두고 들으면서 다른 일도 할 수 있는 린 백(Lean Back) 방식의 게이트웨이이기 때문이다.

TV 또한 라디오와 마찬가지로 린 백(Lean Back) 방식으로 접근해야 하는 기기이다. 이를 위해 반드시 필요한 기술이 '음성인식'이다. 이미 음성인식 인공지능 스피커는 보편화되었고, TV에 결합하는 일도 어렵지 않다. TV가 플랫폼의 중요한 게이트웨이로 자리매김할 날도 멀지 않았다.

결국 음성인식과 인공지능 기술이 IOT 기기들 모두에 연결될 것이다. 앞으로는 영화 '아이언맨'에 등장하는 '자비스'와 같은 인공지능 비서를 누구나 곁에 두고 생활하게 될 것이다. 궁극적인 스마트 플랫폼의 게이트웨이는 이러한 '자비스'와 같은 인공지능 비서 형태가 될 것이다.

그런데, 앞으로 게이트웨이만을 제조하는 기업들은 어떻게 될까? 결론부터 이야기하자면 스마트 플랫폼 기업의 결정에 좌우된다. 만약 스마트 플랫폼 기업들이 애플처럼 스스로 게이트웨이를 만들게 된다면? 단말기 제조 기업들은 그저 주문자의 상표명으로 완제품을 대신 생산해주는 OEM(Original Equipment Manufacturing) 업체가 될 확률이 매우 높다.

현재 나와 있는 모든 단말기들은 스마트 플랫폼의 게이트웨이가 될 수 있다. 단말기에 따라서는 개별적인 소유가 아닌 공유의 대상으로 이용할 수도 있다. 스마트폰과 같이 개인에게 특화된 기기의 경우에는 개별적인 소유가 필요하겠지만, 자동차처럼 가끔 사용하는 고가의 기기는 오히려 공유로 갈 가능성이 높다. 그러므로, 앞으로의 자동차 판매 대상은 개인이 아니라 공유 플랫폼 기업이 될 가능성이 높다는 것이다.

해당 공유 플랫폼 기업의 입장에서는 자신의 플랫폼 출입을 위한 하나의 '게이트웨이'이므로, 그들의 요구에 따른 자동차가 만들어지고 납품되기를 바랄 것이다. 게다가, 자동차 공유가 활성화되면 필요한 차량의 수는 10분의 1보다 더 줄어들 것이다. 주차되어 있을 차를 그 시간에 다른 사람들이 이용하기 때문이다. 이렇게 보면, 자동차뿐 아니라 대부분의 단말기 제조 기업들은 수요 감소와 더불어, 플랫폼 사업자만을 대상으로 제조하고 판매해야 하는 OEM업체로 전락할 수 있음에도 대비해야 한다.

애플은 아이폰, 아이패드, 맥북 등 자신의 플랫폼 출입에 최적화된 다양한 게이트웨이들을 가지고 있고, 그것으로 애플 플랫폼이 제공하는 콘텐츠를 자유롭게 이용할 수 있도록 하고 있다. 그런데 구글의 안드로이드 스마트폰으로는 애플 플랫폼을 출입할 수 없다. 그래서 양쪽 플랫폼 모두에 입주해서 동일한 콘텐츠를 제공하기 위해서는 두 배의 노력을 기울여야 한다. 애플의 아이폰과 구글의 안드로이드폰에서 모두 작동하는 앱을 별도로 개발하고 관리해야 하는 추가적인 비용부담이 발생하는 것이다.

이러한 이유로 '어떠한 단말기라도 동일한 서비스를 제공받게 한다'는 의미인 BYOD(Bring Your Own Device)를 스마트 플랫폼 관점에서 살펴볼 필요가 있다. 열 개의 스마트 플랫폼에 BYOD를 모두 지원해야 하는 게이트웨이를 만드는 것은 결코 쉽지 않은 일이다. 그래서 차라리 선두에 있는 대형 플랫폼 한두 개만을 대상으로 개발을 하게 된다. 이 때문에 플랫폼의 빈익빈 부익부 현상이 더 심화될 수도 있다.

게다가, 한 번 플랫폼에 종속되면 다른 플랫폼으로 옮겨가기가 쉽지 않다. 특정 플랫폼 게이트웨이의 사용법에 익숙해지면 더욱 그렇다. 기존 조작 방식을 다른 것으로 바꿀 때는 익숙함을 버리고 새로운 것을 익혀야 하는 이전 비용(Transfer Cost)이 발생한다. 이러한 '이전 비용'의 부담때문에 될 수 있으면 바꾸지 않고 기존 게이트웨이를 계속 이용하게 되는 것이다. 애플의 아이폰 사용자가 구글의 안드로이드 폰으로 바꾸기가 쉽지 않은 이유가 바로 여기에 있다.

이전 비용 관점에서, 플랫폼 게이트웨이에 적용되는 UI, UX의 의미는 중요하다. UI(User Interface), 즉 '사용자 인터페이스'는 사람과 컴퓨터 시스템 또는 프로그램 사이의 상호작용을 의미하고, UX(User Experience), 즉 '사용자 경험'은 사용자가 어떤 제품이나 시스템, 프로그램, 서비스를 이용하면서 만나는 느낌, 생각, 반응, 행동 등의 전체적인 경험을 말한다. 편리하게 사용할 수 있도록 만드는 것이 목적이지만, 하나의 UI, UX에 익숙해지면 결코 다른 것을 다루기가 쉽지 않게 된다. 예를 들어, 스마트폰에 걸려온 전화를 받을 때, 통화 버튼을 눌러서 받느냐, 옆으로 밀어서 받느냐가 사용자의 이전 비용 관점에서는 큰 문제가 될 수 있다. 자신이 만든 UI, UX에 익숙한 사용자들을 많이 확보할 수록 그 힘이 강해지는 것도 이런 이유 때문이다.

지금까지 앞쪽으로 당기는 여닫이 방식의 방문을 쓰다가, 갑자기 옆쪽으로 힘을 주는 미닫이 방식으로 교체했다고 생각해보라. 출입시 머리를 부딪칠 가능성이 높다. 이렇게 '이전비용' 관점에서 플랫폼을 이해하면, 사용자 선점이 얼마나 중요한 것인지를 알 수 있다. 더욱이 주변에 있는 사람들 대다수가 특정 플랫폼의 게이트웨이를 사용하고 있다면 여러분도 그렇게 될 가능성이 높다. 이 때문에 스마트 플랫폼 사업자들은 자신의 게이트웨이 사용자 선점과 확대를 위해 총력을 다하고 있는 것이다.

게이트웨이가 아니라 플랫폼을 보라!

플랫폼에서의 게이트웨이는 주체가 아니라 수단이다. 그것의 존재 의미는 플랫폼에 의해 결정된다. 물론 플랫폼과 사용자를 연결하는 중요한 도구이다. 하지만, 게이트웨이 자체가 아니라 그것을 통해 만나게 되는 플랫폼에 집중해야 한다는 것이다. 우리는 지금껏 단말기를 만나면 그것 자체만을 상품으로 보았다. TV를 보면서도 이것이 방송국을 위한 게이트웨이임을 인식하지 못한다. 제품을 만드는 입장에서도 TV 제조와 판매가 주목적이었고 이것과 방송국은 구별

되어 있었다. 하지만 비즈니스 플랫폼에서는 이것들이 결합되어 있다. 이것이 바로 플랫폼과 게이트웨이의 관계다. 이제는 게이트웨이가 아니라 플랫폼을, 무엇보다 그것을 하나로 볼 수 있는 눈을 가져야 한다. 일회성 만남이 아니라 지속적으로 머무는 데 더 큰 의미를 두고, 비즈니스의 방식, 생각의 방식, 삶의 방식 또한 바뀌어야 한다.

여러분이 현재 다루고 있는 상품이나 서비스를 '게이트웨이'라고 발상을 전환해보라. 그리고, 그 뒤에 어떠한 플랫폼이 있는지를 생각해 보라. 음식점이라면 '만나는 이유'인 음식은 게이트웨이다. 음식에만 집중할 것이 아니라, 그 뒤에 그곳만의 특별한 음악과 분위기로 '머무는 이유'를 만들고, 친절한 응대와 주변에 자랑할 만한 서비스를 제공한다면 성공적인 '자가발전' 플랫폼이 될 것이다.

앞서 하늘을 나는 종이비행기를 보고 그것을 움직이는 바람을 볼 수 있어야 한다고 강조했다. 더욱이 '이미 일어난 스마트 시대'에는 기술의 현상이 아니라 바탕에 깔려 있는 속성을 이해하는 높은 정보 인식 능력이 필요하다. 이제부터는 게이트웨이가 아니라, 그 안의 넓디 넓은 플랫폼을 볼 수 있는 눈을 가져야 한다는 말이다.

종이비행기가 아니라 바람을 볼 수 있는 눈을, 더 나아가 종이비행기가 아니라 글라이더를 만들 수 있는 융합 능력을, 무엇보다 이들을 통해 만날 수 있는 자신만의 특화된 플랫폼 건설을 생각할 수 있어야 한다.

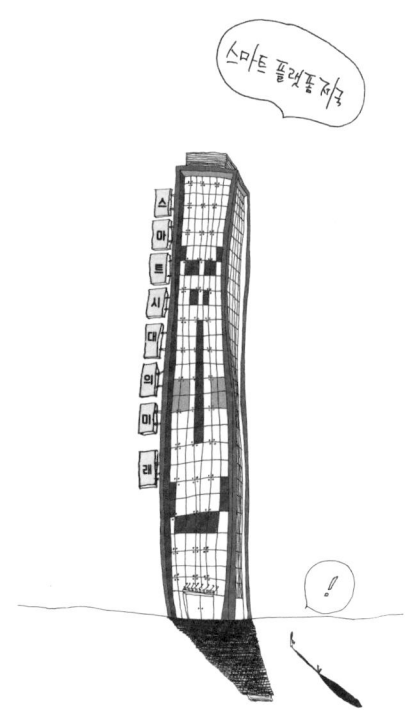

7. 스마트 플랫폼 제국

"플랫폼 관점에서 바라본 애플, 구글, 아마존"

세계를 이끄는 새로운 룰 메이커
'3대 스마트 플랫폼 기업'의 실체

이번 장에서는 앞서 설명한 플랫폼의 기본 3요소인 '만나고, 머무는, 자가발전' 생태계를 스마트한 방법으로 구축하여 거대한 기업으로 성장한 애플과 구글 그리고 아마존을 플랫폼 비즈니스 관점에서 살펴보려고 한다.

애플 (Apple)

1976년 4월 1일, 스티브 잡스(Steven Paul Jobs)와 스티브 워즈니악(Stephen Gray Wozniak), 그리고 론 웨인(Ronald Wayne)이 개인용 컴퓨터 제조와 판매를 위해 만든 회사가 바로 애플이다. 설립한 지 11일만에 '애플I'의 판매 부진을 이유로 지금은 어마어마한 가치가 된 애플 주식 10%를 포기하고 웨인은 떠났다. 그의 지금 심정은 어떨지? 하지만, 그 후로 매출은 급상승했고, 1977년 1월 3일, 마이크 마쿨라(Mike Markkula)의 투자와 전문 경영인 출신인 마이클 스코트(Michael Scott)를 영입하며, '애플 컴퓨터'라는 정식 법인을 설립하게 된다. 1977년 4월부터 판매를 시작한 '애플II'는 1993년까지 500만대를 판매하는 쾌거를 이루며 오늘날의 애플을 있게 한 원동력이 되어 주었다.

그 후 출시된 '애플III'는 품질이 좋지 않아 실패했고, 제록스(Xerox)사가 처음으로 개발한 GUI(Graphical User Interface) 즉, 텍스트 입력 방식이 아닌 마우스를 이용하는 방식을 채택한 '애플 리사(Lisa)'를 내놓았지만, 이 또한 값이 비싸고 속도가 느려서 외면받았다.

그런데, 1984년 1월에 출시된 매킨토시(Mcintosh)가 출판과 교육 분야에서 각광을 받으며 회생의 기회를 만든다. 하지만, 애플II 이후 실패를 거듭하면서 경영자로서의 입지가 낮아진 잡스는 1983년 당시 펩시콜라(PepsiCo)의 사장이던 존 스컬리(John Scully)를 CEO로 영입하면서 애플은 격변의 시기를 맞게 된다. 1984년 말, 존 스컬리는 잡스에게 경영책임을 물어 이사회에 해임안을 올리고, 그 결과 잡스는 자신이 창업한 회사에서 쫓겨나는 비운의 주인공이 된다.

잡스가 떠난 후, 애플은 손글씨 입력 기능을 갖춘 세계최초의 PDA(Personal Digital Assistant)인 뉴턴(Newton) 등, 다양한 신제품 개발을 시도했지만 별다른 성과를 내지 못했고, 게다가 경쟁 업체인 마이크로소프트사가 1995년 IBM PC 호환 운영체제인 '윈도우 95' 를 출시하자 결정적인 위기를 맞게 된다. 매각을 고려할 정도로 최악의 경영상태였던 1996년, 애플의 이사회는 잡스가 애플을 떠나 창업한 넥스트(NeXT)사를 인수하면서 잡스를 경영에 복귀시킨다.

이렇게 다시 애플로 돌아온 잡스는 넥스트사에서 개발한 운영체제인 넥스트스텝(NeXTSTEP)을 기반으로 한 새로운 매킨토시용 OS인 Mac OS X를 선보이고, 모니터 일체형인 '아이맥(iMac) G3'와 노트북인 '아이북(iBook)'을 출시하면서 1998년 다시 흑자로 돌아서는 성과를 이루어낸다.

2001년에는 기존의 MP3 플레이어와 달리 하드디스크를 장착하여 저장 용량을 늘리고, 단순한 디자인과 직관적인 사용법을 갖춘 아이팟(iPod)을 선보였다. 하지만, 여기서 주목해야 할 것은 하드웨어인 아이팟이 아니라, 아이팟과 함께 반드시 연동해야 하는 소프트웨어 플랫폼인 아이튠즈 스토어(iTunes Store)다. 기존의 MP3 플레이어는 일일이 음악파일을 구해서 저장해야 하는 방식이었지만, 아이팟은 아이튠즈 스토어에 접속해서 듣고싶은 음악을 클릭만 하면 저장할 수 있도록 하는 새로운 방식이었다. 이때가 바로, 애플이 컴퓨터 제조기업에서 콘텐츠를 유통하는 '스마트 플랫폼' 기업으로 변신을 시작한 지점이다.

그리고, 드디어 2007년 오늘날의 애플을 있게 한 '아이폰(iPhone)'을 내놓으면서, 휴대용 스마트기기 시장의 새로운 강자로 부상했다. 아이팟과 같이 아이폰 또한 하드웨어만의 스마트폰이 아니라, 애플 앱스토어(Apple App Store)라는 콘텐츠 유통 플랫폼을 함께 제공했다는 점에 주목해야 한다. 같은 해, '애플컴퓨터'에서 컴퓨터를 떼어내고 '애플'로 회사 이름을 바꾼 것은, 컴퓨터만 만드는 제조 기업에서 벗어나 스마트 플랫폼 기업으로 도약하겠다는 의지의 표명이었다.

여기서 애플이 세상에 내놓은 모든 제품이 최초가 아니었다는 데 다시 한 번 주목할 필요가 있다. 아이팟 출시 당시 MP3 플레이어는 한국 기업인 아이리버(iriver)가 1위를 달리고 있었고, 아이폰은 윈도우즈 기반의 스마트폰들과 캐나다 림(RIM)사가 만든 블랙베리(Blackberry) 등이 이미 나와 있었다.

아이패드 또한 태블릿 PC 시장에서 IBM과 MS가 이미 선점하고 있는 상황이었다. 하지만, 애플은 앞선 경쟁 제품들과는 달리 단순한 조작법과 세련된 디자인을 앞세웠지만, 그 뒤에는 자신의 게이트웨이들이 만나고 머물 수 있는 든든한 플랫폼이 이미 구축되어 있었다.

그 후에도 애플은 다양한 게이트웨이를 추가하면서 성장을 이어간다. 2010년에는 태블릿 컴퓨터인 아이패드(iPad)를, 2014년에는 몸에 착용하는 웨어러블(Wearable) 단말기 중의 하나인 스마트 손목시계 애플 워치(Apple Watch)를 출시했다.

다시 한 번 강조하지만, 애플은 아이팟, 아이폰, 아이패드 등의 단말기를 전면에 내세웠지만, 그 보다 앞서 콘텐츠 유통 플랫폼인 아이튠즈 스토어와 앱스토어를 미리 설계하고 구축했다는 점이 주목할 대목이다. 이러한 스마트 플랫폼 비즈니스가 기반이 되었기에 2018

년 8월 2일 역사상 최초로 시가총액 1조 달러를 돌파한 기업으로 성장할 수 있었던 것이다.

애플은 생산 방식에서도 종전과는 다르게 접근했다. 제품의 기능에 적합한 부품을 고르고 그 부품들이 들어갈 수 있도록 외형을 디자인하는 이전 방식과는 달리, 디자인이 가장 우선인 방식을 택했다. 그리고 그 디자인에 맞도록 부품을 새로 개발하는 것이다. 또한, 제품의 완성시기에 맞춰 출시날짜를 정하는 것이 아니라 시장 출시날짜를 미리 정해놓고 그 일정에 맞도록 설계와 제조 공정을 조정했다.

무엇보다 자체 공장 없이 외부에 제조를 의뢰하는 OEM방식으로 제품을 생산하는 효율 또한 생각했다. 결승점을 정해놓고 어떻게 하면 가장 빨리 그곳에 갈 수 있을지를 고민하는 애플의 생산 방식에서도 잡스의 남다른 천재성을 볼 수 있었다.

애플의 성공은 앞 장에서 설명한 '스마트 플랫폼'의 성공전략이 그대로 적용된 최고의 사례이다. 콘텐츠 유통을 위한 소프트웨어 플랫폼을 먼저 구축하고, 그곳을 출입하기 위해 필요한 하드웨어 게이트웨이를 나중에 제작하는, 스마트 플랫폼 비즈니스를 누구보다도 앞서 시작했고 그것을 성공시킨 기업인 것이다.

아이폰 출시 당시 한국은 방송통신위원회가 요구하는 위치정보 사업 허가 이슈와 관련된 규제가 있었고, 이것을 해소해야만 한국에서의 휴대폰 판매가 허용되는 상황이었다. 그 결과, 2007년 1월에 출시된 아이폰을 한국에서는 2년 10개월 뒤인 2009년 11월에서야 구입할 수 있게 되었다.

이렇게 아이폰과 경쟁할 수 있는 제품을 만들 수 있는 충분한 시간이 있었는데도 불구하고, 당시에 나온 제품들이 스마트폰이라고 인정할 수도 없었던 '옴니아(Omnia)폰' 이었다는 사실만 봐도, 당시 한국 기업들은 플랫폼이 아니라 단말기 자체만을 보고 있었고 그것을 모방하는 데만 집중했다는 것을 알 수 있다.

아이폰이 처음으로 출시되었을 당시, 그것을 새로운 휴대전화가 아니라 새로운 플랫폼 비즈니스의 출입문으로 볼 수 있는 시각을 갖추고 있었더라면 어땠을까? 하물며 애플의 회사명에서 컴퓨터를 떼어낸 이유라도 궁금해 했다면?

애플은 하드웨어 중심의 산업을 소프트웨어 중심의 산업으로 변화시킨 선도자 역할을 했다. 무엇보다 일회성 단순 제조와 판매가 아닌 머물면서 돈을 버는 플랫폼 비즈니스로, 그리고 플랫폼의 기초인 OS 중심의 경쟁 시장으로, 더 나아가 새로운 라이프 스타일과 새로운 산업을 만드는 변혁에 불을 지폈다.

애플이 만든 스마트 기기용 어플리케이션 플랫폼인 '앱스토어'가 가져다 준 변혁은 기존의 모든 유통체계를 뒤흔드는 역사적인 사건이므로 좀 더 자세하게 살펴볼 필요가 있다.

종전의 모바일용 어플리케이션 판매 방식은 통신회사가 가입자를 모으고 그 가입자들을 대상으로 통신회사가 판매하는 것이었다. 통신회사가 개발자로부터 어플리케이션을 공급받는 과정 모두는 통신회사의 주도하에 이루어졌고, 개발자가 직접 소비자를 만날 수 없는 구조였으므로 통신회사는 네트워크상의 절대적인 권력을 쥐고 있었다. 이 권력을 이용하여 개발자에게 판매금액의 1~10%만 지불하고 나머지를 모두 유통수익으로 취하는 것이, 앱스토어 이전의 모바일용 소프트웨어 유통구조였다.

그런데, 애플은 통신사가 아닌 자신이 만든 플랫폼에서 가입자와 개발자가 직접 만날 수 있는 구조를 새롭게 만들었다. 그리고, 개발자에게는 판매금액의 70%를 지급했으니 기존 유통 구조에서 얻을 수 있었던 금액의 7배 이상을 개발자들의 몫으로 돌린 것이다. 그렇게 통신회사가 본연의 업무인 데이터 트래픽 요금에만 집중하는 구조로 변화를 이끌어 냈다. 애플은 단방향 1.0 방식의 유통에서 발생하는 수익분배 구조 자체를 바꾸는 플랫폼 혁명을 시도한 것이다.

그런데, 여기 잡스의 치밀성이 또 하나 숨어 있다. 애플은 앱스토어 오픈에 앞서 1억 달러의 펀드를 조성해서 개발자들에게 자금을 지원하고, 약 500개의 앱을 준비했다. 이러한 철저한 준비가 혁명의 성공을 가져다 준 것이다. 그렇게 만들어진 다양한 초기의 앱들 덕분에 아이폰은 사용자들에게 엄청난 사랑을 받았고, 개발자들 또한 앱스토어로 몰려오게 만든 것이다.

더욱이 애플은 데스크톱 컴퓨터의 일부 기능을 손바닥으로 옮겨 놓은 스마트폰이 아니라, GPS와 같이 성능이 확보된 첨단 센서들을 아이폰에 기본으로 장착했다. 그 덕분에 이전에 없었던 다양한 앱들이 탄생할 수 있었다.

스마트폰을 흔들어서 화면의 촛불을 켜고 끄거나, 스마트폰의 마이크와 터치 스크린을 이용해서 오카리나를 연주할 수 있게 만들었고, 마이크로 들어오는 외부의 음악소리를 인식해서 노래제목을 알려주고, 와인병의 라벨을 스마트폰 카메라로 찍으면 그 이름과 생산연도를 알려주기도 하는 등의 다양한 기능을 갖춘 앱들이 등장할 수 있었던 것이다. 그렇게 아이폰은 전화와 컴퓨터 기능을 가진 휴대전화의 한계를 넘어 더 많은 재미와 활용도를 갖춘 휴대용 스마트 기기가 되었다.

앱스토어가 오픈한 지 10년이 되는 2018년 7월 10일의 자료를 보면, 등록된 앱은 200만 개, 이것에 참여한 개발자도 2천만 명, 누적매출은 천억 달러를 넘었으니, 앱스토어가 이루어낸 변혁은 실로 엄청난 것이었다.

그런데 앱 개발과 관련해서 놓치지 말아야 할 부분이 있다. 앱 하나만 잘 개발하면 부자가 될까? 이것은 연예인 지망생이 모두 스타가 되고, 고시 공부만 하면 모두 판검사가 될 거라는 생각과 다를 게 없다. 현재 앱스토어에 등록된 앱의 95%는 무료다. 앱 자체만으로 돈을 벌 수 있는 확률은 매우 희박하다는 의미이기도 하다.

앞 장에서 설명한 것처럼, 지금은 스마트 플랫폼 시대다. 그러므로, 앱 또한 하나의 제품이 아니라 플랫폼의 출입문인 게이트웨이라는 관점으로 보아야 한다.

다시 말해서, 게이트웨이 자체의 판매만으로 돈을 버는 것이 아니라, 특화된 플랫폼을 먼저 구축하고 그 플랫폼 출입을 위한 게이트웨이로 앱을 개발하여 제공하면서, 그 안에서 돈을 벌어야 한다는 것이다. 앱스토어에 등록하는 앱도 하드웨어 단말기와 같은 게이트웨이로 접근해야 함을 다시 한 번 상기하기 바란다.

애플은 폐쇄적이다? 애플은 자신의 플랫폼 출입을 위한 게이트웨이를 외부에 개방하지 않고 스스로 설계하고 만든다. 이 때문에 애플을 폐쇄적이라고 얘기하는 사람들이 있다. 애플은 오직 한 가지 디자인의 제품만을, 그것도 직접 만든다. 그런데, 그것이 오히려 수많은 협력업체들에게는 기회를 만들고 소비자들에게는 다양한 선택권을 주고 있다는 것을 아는가?

스마트폰용 액세서리를 만드는 기업들의 입장에서는 수량이 확보된 하나의 제품에 투자하는 것이 훨씬 효율적이다. 수십 가지의 안드로이드 폰 보다는 애플 아이폰 하나를 대상으로 하는 것이 더 효과적이라는 말이다.

게다가 애플은 외부 개발사늘이 신뢰할 수 있도록 가장 기본에 충실한 제품을 만든다. 그리고, 개발자들에게 미리 애플이 어떤 기능을 개선하고 있는지 그 내용과 일정을 공개하며 예측할 수 있도록 하고, 버전이 바뀔 때마다 새로 개발해야 하는 것이 아니라 약간의 수정만 하면 되도록 이전 버전의 규칙을 가능한 한 지켜가면서, 경쟁이 아니라 지속적인 협업관계를 유지하기 위한 다양한 전략을 구사하고 있다.

애플의 스마트 플랫폼 비즈니스를 놀이터에 비유해 보자. 애플은 놀이터의 규모와 시설관리, 단일 게이트웨이를 이용한 출입과 사용의 편리함, 무엇보다 행인 유치에 집중하고, 놀이터 안에서 사용자들이 즐겁게 놀 수 있는 온갖 놀이기구나 콘텐츠는 입주기업들에게 맡기는 형태를 취하고 있는 것이다.

애플은 음반사, 영화사, 출판사, 게임사 등의 콘텐츠 개발 기업에게 친화적이고, 구글은 통신사와 단말기 제조사에게 친화적이라고 볼 수 있다. 그래서 제조의 관점에서는 애플이 폐쇄적이고 구글은 개방적이라고 말하는 것이다. 이것이 플랫폼을 한쪽의 시각으로만 폐쇄적 혹은 개방적이라고 단정해서는 안 되는 이유다.

한국 기업인 삼성전자가 갤럭시폰을 한국에서 제조해서 판매하므로 이것은 한국산이라고 말할 수 있는가? 그렇다면 중국에서 OEM 방식으로 생산되는 애플의 아이폰은 중국산인가?

그런데, 아무도 애플을 중국산이라고 하지 않는다. 아이폰의 문을 열면 애플 플랫폼을 만나게 되고, 그 플랫폼은 미국에 있다. 갤럭시폰을 열면 구글 플랫폼을 만나게 되고 그 플랫폼도 미국에 있다.

플랫폼의 관점에서 바라보면, 구글 플랫폼의 출입문을 판매하는 삼성전자가 애플 플랫폼의 출입문인 아이폰을 OEM으로 생산해주는 중국의 폭스콘(Foxconn)과 무슨 차이가 있는가?

물론 게이트웨이 자체만을 생산하고 판매하는 제조기업인 삼성전자도 갤럭시폰의 판매를 통해 상당한 수익을 창출하는 것은 대단한 일이다. 하지만, 시장의 주도권이 플랫폼 기업에게 있음을 인지하고, OEM 제조기업들은 플랫폼 기업의 변덕에 반드시 대비해야 한다.

아이폰4 출시 당시의 제조단가를 해부해 보자. 상품 가격은 560달러였다. 그 중에 제조에 소요되는 전체 부품 비용은 178달러이고,

그 안에서 45달러는 삼성전자가 납품하는 부품 비용이다. 폭스콘은 조립 비용으로 14달러를 가져간다. 그렇다면 상품 가격의 나머지 368달러는 고스란히 애플의 몫이다. 게다가 애플은 아이폰 판매만이 아니라 플랫폼 안에서 일어나는 추가적인 매출도 있다.

2010년 4월 3일, 애플의 신제품 발표회에서 스티브 잡스가 서류 봉투에서 얇은 모니터 하나를 꺼내 들었다. 그리고, 출시 당일 미국 전역의 애플 판매점에 엄청난 인파가 몰렸다. 하루만에 60만 대가 팔렸고, 다른 나라에는 팔지도 못할 정도로 물건이 동났다. 바로 '아이패드(iPad)'의 탄생이다.

아이패드는 예쁘고 성능 좋은 '태블릿 PC'이기도 하지만, 애플 플랫폼의 콘텐츠를 넓은 화면에서 보여주는 '게이트웨이'이기도 하다. 스마트폰보다 넓은 화면이 필요한 도서, 잡지, 신문, 방송, 영화 등의 미디어 콘텐츠를 편하게 보도록 만든 애플 플랫폼의 출입문이다. 애플은 2010년 아이패드를 출시했고, 같은 해 신문구독 서비스를 시작했다.

그저 하나의 단말기로만 보면 아이패드를 큰 아이팟으로 여길 수도 있지만, 플랫폼 관점에서 아이패드는 분명 넓은 화면이 필요한 콘텐츠 이용을 위한 새로운 '게이트웨이'다. 아이패드를 출시하기 이전에 넓은 화면에 걸맞는 콘텐츠를 확보하는 등의 플랫폼 구축을 이미 마쳤던 것이다.

2010년에 애플은 안면인식 기술을 가진 스웨덴의 신생 기업인 폴라로즈(Polar Rose)를 인수한다. 애플은 당시 대부분의 휴대전화기에도 달려있던 앞면 카메라를, 아이폰3에는 장착하지 않고 출시했었다.

그 이유는 게이트웨이로 이용할 콘텐츠가 마련되지 않았기 때문으로 보인다. 와이파이(Wi-Fi)를 통해 무료로 영상통화를 할 수 있는 페이스타임(Facetime)이 완성되었을 때, 이것을 아이폰4에 탑재하면서 이때 앞면 카메라도 함께 장착해서 출시한 것이다. 아이폰4를 출시한 해에 안면인식 기업인 폴라로즈를 인수한 것도 같은 이유로 봐야 하지 않을까?

아이팟은 음원, 아이폰은 스마트폰용 콘텐츠, 아이패드는 넓은 화면이 필요한 콘텐츠를 위한 출입문으로 만들어졌다. 애플은 음원, 도서, 신문, 미디어 등의 콘텐츠 유통을 위한 플랫폼 기업이면서 출입에 필요한 게이트웨이를 직접 만드는 단말기 제조 회사이기도 하다.

만약 여러분이 TV와 자동차를 게이트웨이로 추가한다면 무엇부터 집중해야 할까? 단말기인 TV와 자동차만 보고 있을 것이 아니라 이 출입문을 이용하는 고객들에게 제공할 다양한 콘텐츠 플랫폼을 먼저 설계하고 구축해야 한다. 애플은 이것을 플랫폼 비즈니스의 성공으로 증명했다.

애플의 광고를 보자. 애플은 게이트웨이를 설명하지 않는다. 오직 플랫폼만을 설명한다. 단말기가 아니라 플랫폼을, 놀이기구가 아니라 놀이터를 설명하면서, 플랫폼 비즈니스가 무엇인지를 명확하게 알려주고 있다.

애플 플랫폼의 핵심 성공 전략은 '철저한 통제'다.

　애플은 만남의 장소이자 놀이터인 플랫폼을 먼저 생각하고 구축한 후, 그 플랫폼 출입에 필요한 다양한 게이트웨이를 직접 설계하고 만들어서 공급한다. 그리고, 그 플랫폼 안에 다양한 놀이기구들이 자유롭게 추가될 수 있도록 융합의 도구를 개발자들에게 제공하고 그것을 통해 자가발전 구조를 만든다. 무엇보다 애플은 게이트웨이와 플랫폼의 철저한 통제를 통해 영토 확장에 성공한 대표적인 스마트 플랫폼 기업이 되었다.

구글(Google)

미국 스탠포드대학교(Stanford University)에서 박사과정을 밟고 있던 래리 페이지(Larry Page)와 세르게이 브린(Sergey Brin)이 하이퍼링크(Hyperlink) 구조의 문서에 상대적 중요도에 따라 순위를 부여하는 방법인 페이지랭크(PageRank)를 개발하고, 이것을 적용한 새로운 인터넷 검색엔진을 만들면서, 1998년 9월에 창업한 인터넷 검색 서비스 회사가 바로 구글(Google ; 10의 100승을 의미하는 googol에서 따온 말)이다.

당시의 다른 벤처기업들과는 달리 창업자들은 개발에만 집중하고 경영은 전문경영인에게 맡기는 결단을 하고, 선마이크로시스템즈(Sun Microsystems)와 노벨(Novell)에서 CEO로 일한 경험이 있는 에릭슈미트(Erich Friedrich Schmidt)를 2001년 CEO로 영입한다. 경험 많은 전문경영인의 영입 결단은 오늘날의 구글을 만드는 데 큰 밑거름이 되었다. 에릭 슈미트는 취임 10년 후인 2011년에 다시 래리 페이지에게 CEO 자리를 내어주고 구글의 지주회사인 알파벳(Alphabet)의 의장이 되면서 경영일선에서 물러난다. 2017년 12월에는 의장직에서도 물러나 이사회 일원으로만 남게 되었지만 여전히 구글과 함께 한다.

초기에는 별다른 수익 모델이 없어 고전했지만, 2001년 키워드를 경매하는 방식인 애드워즈(Adwords) 검색광고를 도입하면서 빠르게 인터넷 광고 시장을 점유해 나갔다. 2003년 배너(Banner) 광고를 콘텐츠와 연동시켰고, 거기서 발생하는 매출의 일정비율을 수수료로 보상해주는 애드센스(Adsense) 광고서비스를 추가하면서 성장을 이어나갔다.

2004년 디지털 지도 회사인 키홀(Keyhole)을 인수해서 구글맵과 위성 영상지도 서비스인 구글어스(Google Earth)를 선보였고, 2005년 모바일 시장 진출을 위해 안드로이드(Android)를 인수하여 본격적인 개방형 모바일 운영체제 개발을 시작한다. 2006년에는 동영상 사이트인 유튜브를 인수했고, 2007년 11월 최초의 모바일 기기용 개방형 운영체제인 안드로이드를 발표하면서 현재의 거대한 소프트웨어 플랫폼 기업의 초석을 다져나갔다. 2008년 3월에는 웹 출판과 광고 에이전시 사업을 하는 미디어랩 더블클릭(DoubleClick)을 인수했고, 9월에는 오픈 소스 브라우저인 크롬(Chrome)을 출시하면서 스마트 플랫폼 구축을 계속해 나갔다.

구글은 자신의 플랫폼 출입을 위한 게이트웨이 확보를 위해 자체 개발보다는 개방형 정책을 유지하고 있지만, 2010년 1월에 안드로이드가 탑재된 넥서스원(Nexus One)을 자체 제작하여 내놓기도 했다. 같은 해 5월에는 안드로이드와 크롬 기반의 '구글 TV'를 발표하면서 자신의 플랫폼 출입문을 TV로도 확대해 나갔는데, 2013년 7월에 발표한 TV 연결용 무선 스트리밍 기기인 크롬캐스트(Chromecast)도 이러한 맥락에서 탄생한 제품이다.

2015년 3월에 공개하고 7월에 판매를 시작한 구글의 크롬빗(Chrome Bit)은 TV나 모니터의 HDMI 단자에 접속해서 사용할 수 있는 100달러짜리 포켓용 컴퓨터인데 클라우드용 PC 시장까지 플랫폼 영토를 확장해 나간 것이다. 이처럼 구글은 기업인수와 자체개발을 통해 다양한 게이트웨이를 추가해 나가고 있다. 2012년 5월 스마트폰 제조 기업인 '모토롤라 모빌리티' 인수, 2012년 태블릿 PC인 '넥서스 7'의 출시, 그리고 무인자동차 개발 노력 등도 이러한 게이트웨이 확장을 위한 노력으로 볼 수 있다.

또한, '구글X'라는 비밀 연구조직까지 만들어서 스마트 안경인 구글 글라스(Google Glass), 집을 자동화하는 안드로이드 앳홈(Android@Home), 스마트 워치, 의료진단용 알약, 우주 엘리베이터, 열기구를 이용하여 전세계를 인터넷으로 연결하겠다는 프로젝트 룬(Project Loon) 등, 첨단 신기술을 현실에 접목해가는 노력도 계속하고 있다.

구글이 발전을 거듭한 배경에는 분명한 기본 경영철학이 바탕에 있었다. 구글은 "악마가 되지는 말자!(Don't be Evil)"를 회사의 모토로 내세우며, "절대적 기술은 반드시 승리한다"라는 믿음으로 시작했다. 수익 창출을 위해 마케팅적인 편법을 쓰는 방식이 아니라, 모든 것은 소프트웨어 알고리즘의 결과에 맡기고 우리는 기본에만 충실하면 반드시 성공한다고 믿었고, 실제로 그렇게 되었다.

그리고, 누구에게나 주어진 부품을 써서 누구도 만들지 못한 시스템을 구축했다. 다른 포털은 콘텐츠 만들기에 여념이 없었지만, 구글은 운영체제 즉, 플랫폼 건설에 집중했다. 다른 포털이 문과적인 접근이었다면, 구글은 지극히 이과적인 접근을 고수한 것이다.

문과적 접근과 이과적 접근 방식의 이해를 돕기 위해 한국의 1위

포털 기업인 네이버(Naver)와 비교해보자. 각 사이트의 첫 화면을 보면 확연한 차이를 느낄 수 있다. 구글은 덩그러니 검색 창 하나만을 보여주는 반면, 네이버는 뉴스와 광고 등 화면이 가득 차고도 모자랄 정도로 화려하다. 네이버가 손님 끌기와 고객 만족을 위해 예쁘게 치장한 백화점이라면, 구글은 부담 없이 방문할 수 있는 곳으로 아무나 와서 편하게 놀다 가라는 길거리 편의점쯤으로 볼 수 있다. 네이버가 '자신의 입장에서 정보를 제공해 주는 데 초점'을 맞추고 있다면, 구글은 '사용자의 입장에서 정보를 대신 찾아주는 데 초점'을 맞추고 있는 것이다.

게다가 구글이 발표하는 것은 아직도 완성되지 않았음을 의미하는 '베타(Beta) 버전'으로 표시하면서 지금도 개발을 계속해 나가고 있음을 오히려 강조하고 있다. 분명 이들은 각자의 방식으로 만나고 머무는 방법에 접근하고 있지만, 두 곳 모두 플랫폼 기업임은 분명하다. 하지만 플랫폼 기본 3요소의 마지막인 '자가발전' 구조는 어느 쪽이 더 효과적일까? 아무튼, 구글은 화려하게 꾸미기보다는 그저 좋은 기술로 열려 있으니 함께 하자는 이과적인 접근으로, 네이버는 이렇게 예쁘게 꾸몄으니 함께 하자는 문과적인 접근으로 사용자들을 만나고 있다.

여기서 구글의 개방정책에 불씨를 살려준 사건 하나를 살펴보자. 구글이 구글맵의 API를 공개하기도 전에 이것을 해킹해서 유명 부동산 정보 사이트와 융합하여 매물을 지도에 보여주는 서비스를 시작한 하우징맵(housingmaps.com)이 그것이다. 하지만, 구글은 법적

책임을 묻기 보다는 그 개발자를 직원으로 채용하는 쪽으로 방향을 선회했다. 오히려 이 사건이 구글맵의 확장가능성을 깨닫는 계기가 되었기 때문이다. 이를 통해, 구글은 문단속을 강화하기 보다는 다양한 형태의 API를 공개하는 등 융합을 독려하는 개방정책에 집중하게 된다. 지적 놀이터로서의 플랫폼이 되면서 '자가발전' 구조를 만들어 나가는 계기가 된 것이다.

위에서 설명한 하우징맵과 같이 다른 사이트들을 융합하는 것을 매쉬업(Mash-Up)이라고 한다. 매쉬업은 감자를 으깬다는 의미와 다른 두 곡을 혼합해서 새로운 곡을 만든다는 의미도 있지만, 인터넷상에서는 서로 다른 서비스를 융합해서 새로운 서비스를 만든다는 용어로 쓰이고 있다. 현재 아마존, 네이버, 다음카카오와 같은 대부분의 플랫폼 기업들도 인터넷 서비스를 오픈 API 형태로 공개하면서, 이러한 '매쉬업'을 독려하고 있다.

구글은 자신의 놀이터에 다양한 놀이기구들을 계속 추가하고 있을 뿐만 아니라, '지구상의 모든 정보를 데이터로 쌓는 것'에 더 많이 집중하고 있다. 쌓여 있는 데이터만큼 쓸모있는 놀이기구가 있을까? 구글이 '더 많은 데이터가 더 좋은 데이터'라는 슬로건을 앞세우고 데이터 수집을 위해 어떠한 노력을 하고 있는지를 잠시 살펴보자.

구글이 제공하는 음성인식 전화번호 안내 서비스에는 광고도 없고 수익 모델도 없다. 하지만, 이것이 음성의 최소 단위인 음소 데이터를 수집하기 위한 것이라면 이해가 되는가? 이민자들이 많은 미국에서는 같은 단어지만 발음이 각양각색이다. 음성인식을 위한 기초 데이터 확보를 위해 이 같은 서비스를 하고 있는 것이다. 구글은 더 많은 데이터를 수집하기 위해 이처럼 다양한 프로젝트를 진행하고 있는데, 인류가 만든 모든 문서를 디지털 데이터화하는 구글 북스(Google Books) 프로젝트, 전세계 유명 박물관과 미술관을 인터넷으로 둘러보고 그곳의 미술품을 고해상도 이미지로 감상할 수 있는 구글 아트 앤 컬처(Google Art & Culture) 프로젝트 등이 그 예이다.

앞서 얘기한 유튜브의 인수 또한 동영상 데이터 수집과 활용이 목적이었다. 인수할 당시인 2006년 10월에 유튜브는 저작권 관련소송 때문에 사업의 존폐를 위협받고 있는 상황이었다. 그럼에도 불구하고 구글은 16억 5천만 달러를 인수비용으로 지급했으니, 당시 구글이 동영상 데이터의 가치를 보는 안목은 현재의 유튜브를 만든 놀라운 선택이었다.

만약 구글이 자신의 게이트웨이를 그 동안 고수해왔던 개방형이 아니라 애플과 같은 자체제작 방식으로 전략을 수정한다면 어떻게 될까? 현재도 구글은 20여개의 앱을 반드시 탑재해야만 안드로이드를 사용할 수 있도록 규정하고 있다. 그런데, 조건을 보다 강화하거나, 아예 자체제작으로 전환한다면? 기존의 스마트폰 제조 기업들에게는 엄청난 타격이 될 것이다. 물론, 이에 대비해서 대형 제조 기업들이 타이젠(Tizen)과 같은 새로운 플랫폼 OS 개발에 투자하고 있지만, 이미 구글과 애플이 선점한 시장에서 새롭게 자리잡기란 결코 만만한 일이 아니다. 이미 선점한 스마트 플랫폼 OS의 힘은 절대권력에 가까운 것이 사실이다.

구글 플랫폼의 핵심 성공 전략은 '데이터 더 많은 데이터'다.

구글은 사람들이 필요로 하는 모든 데이터를 확보하여 만남의 장소이자 머무는 놀이터인 플랫폼을 구축한 후, 그 플랫폼 출입에 필요한 다양한 게이트웨이 확보를 위해 개방형 정책으로 외부의 파트너들에게 융합에 필요한 도구를 적극적으로 제공하고, 이를 통해 경쟁사보다 월등히 많은 수의 게이트웨이를 확보해 나가는 '자가발전' 구조를 만든다. 무엇보다 구글은 정보 제공 과정에서 수집한 데이터를 기반으로 고도화된 사용자 행동정보 기반을 만들었다. 이것을 통해 개인 맞춤형 서비스를 제공하는 거대 '정보 플랫폼' 기업이 된 것이다.

아마존(Amazon)

아마존은 1994년 제프 베조스(Jeff Bezos, Jeffrey Preston Bezos)가 고객이 책을 주문하면 그것을 다른 오프라인 유통 업체로부터 전달받아 다시 고객에게 배송하는 단순한 방식의 자체 재고 없는 인터넷 서점으로 시작한 카다브라(Cadabra)가 그 출발이다. 그리고 설립 7개월 후 회사명을 아마존(Amazon)으로 바꾼다.

창업자인 제프 베조스는 대학에서 이론물리학을 전공했지만, 컴퓨터과학과 전기공학에 더 관심을 가지면서 이 분야의 학위를 취득했고, 금융회사에서 주식거래 시스템을 개발하면서 최연소로 부사장까지 오르는 등, 개발 능력과 리더십을 동시에 인정받은 인물이었다. 그런데 그는 급성장하는 인터넷 사용자들을 대상으로 자신이 가진 DB 기술과 주식 거래 시스템으로 뭔가를 판매할 수 있는 전자상거래 사이트를 만들 수 있겠다는 생각을 가지고 창업을 꿈꾸게 된다.

그렇게 시작된 아마존은 창업 초기에 폭발적인 소비자들의 호응을 얻으면서 많은 투자를 받기도 했지만, 2002년 첫 흑자를 기록할 때까지는 수많은 우여곡절을 겪었다. 하지만 2018년 8월, 결국에는 애플에 이어 역사상 두번째로 시가총액 1조 달러를 돌파하는 기업이 되었고, 제프 자신은 세계에서 가장 돈이 많은 사람으로 등극하는 등의 놀라운 성장을 이루었다.

아마존이 사업을 시작할 당시 미국에서는 반즈앤노블(Barnes & Noble)과 보더스(Borders)가 도서 시장을 완전히 장악한 상황이었다.

이들은 매장도 하나 없는 작은 인터넷서점에는 신경도 쓰지 않았고 아마존의 실패를 낙관하고 있었다. 하지만, '반즈앤노블'은 2010년부터 계속된 적자에 허덕이게 되었고, '보더스'는 2011년에 파산했다. 바로 그들이 무시했던 '아마존' 때문이었다. 현재의 시장구조만을 믿고 트렌드 변화에 주목하지 않은 결과였다. 반대로, 아마존은 시장의 트렌드를 정확하게 읽어내 앞장서 나갔다.

아마존의 성장에는 중요한 보유기술 하나가 큰 역할을 했다. 1997년 9월 특허를 출원하고 2017년 특허가 만료될 때까지 20년간 권리를 행사한 원클릭(One Click) 주문 시스템이 바로 그것이다. 이것은 고객이 등록한 신용카드 정보와 배송주소 등을 방문할 때마다 입력할 필요 없이 결제 창에서 미리 보여주고 클릭 한 번으로 주문과 결제를 동시에 해결할 수 있도록 해주는 방식인데, 아마존이 이 특허로 받은 혜택은 금액으로 환산하기조차 어려울 만큼 성장 동력이 되어 주었다.

1999년에는 경매 사이트를 시작했고, 고가의 물건을 취급하는 소더비즈(Sotheby's)와의 계약으로 그 신뢰도를 높였다. 여기에 제3의 판매자가 자신의 사이트 내에서 영업할 수 있는 기능을 추가하면서 온라인 플랫폼 비즈니스의 시작이라고 할 수 있는 지숍(zShop)으로 발전시켜 나갔다.

아마존의 성장과정에서 눈여겨 봐야 할 것은 단지 규모의 확장이 아니라 플랫폼 기업이 되기 위한 목표를 항상 유지했다는 점이다. 단순히 자신이 직접 상품을 유통하고 판매하는 일반적인 전자상거래 사이트가 아니라, 다른 판매자가 아마존 사이트 안에서도 영업을 할 수 있도록 도와주는 플랫폼 역할을 시작한 것은 당시에는 놀라운 도전이었다. 이 덕분에 세상에 있는 모든 물건이 거래되는 세계 최고의 유통 플랫폼이 되었으니 말이다.

2000년에 세계적인 완구 업체인 토이저러스(ToysRus)의 온라인 유통을 전담하면서, 그 후 온라인 유통을 필요로 하는 수많은 오프라인 기업들과의 제휴로 이어지는 계기를 만들었다. 하지만, 아이러니하게도 2017년 9월 18일 토이저러스가 결국 파산 보호 신청까지 하게 된 것은 아마존 때문이었다는 주장이 나왔다. 이런 현상을 두고 아마존드(Amazonned) 즉, "아마존이 시작하면 그 시장의 기존 기업들은 망한다"라는 신조어까지 생겨났을 정도이니, 유통 시장을 장악한 아마존의 힘은 실로 막강해졌다.

그리고, 아마존의 성공을 이끈 또 하나의 핵심 전략은 '돈은 더 지불할 수 있으니 빠른 배송과 VIP 대접을 해달라'는 고객을 대상으로, 2004년부터 연회비를 받고 초고속 배송을 해주며 시작된 아마존 프라임(Amazon Prime) 서비스다. 2018년 미국민의 절반 이상이 이 서비스의 가입자가 되었고, 프라임 고객들만을 대상으로 하는 다양한 서비스를 하고 있다. 아마존은 이로써 정기적이고 안정적인 수입과 광팬 고객들을 확보하게 된 것이다.

아마존은 시작부터 유통 플랫폼이 되는 것이 사업의 목표였으므로 무엇보다 보안 문제에 중점을 두고 사이트를 운영했다. '나의 신용카드 정보를 인터넷 사이트에 입력했을 때 얼마나 믿을 수 있을까?'라는 설문조사에서 페이스북은 0%, 페이팔이 30%, 아마존은 60%로 나올 정도로 고객정보 관리에 대한 신뢰성을 얻은 것은 그저 우연한 결과가 아니었다. 플랫폼 비즈니스에서 신뢰성의 확보는 고객을 머물게 하는 가장 중요한 요소임을 잊지 않은 결과였다. 이렇게 다양한 플랫폼 구축 노력이 있었기에 지상 최대의 유통 플랫폼이 될 수 있었던 것이다.

아마존은 데이터의 관리와 이용을 위한 클라우드 컴퓨팅(Cloud Computing) 기업으로서도 최고의 자리에 올랐다. 클라우드 컴퓨팅은 다음 장에서 자세히 설명한 예정이다. 그 출발은 2002년 아마존이 자체적으로 구축해서 쓰고 있던 데이터베이스와 결제 시스템 등을 외부에서도 이용할 수 있도록 오픈 API 형태로 개방하면서부터이다. 이것이 바로 아마존 웹 서비스(AWS ; Amazon Web Service)의 시작이다.

2006년에 가상서버를 시간 단위로 임대해주는 엘라스틱 컴퓨터 클라우드(EC2 ; Elastic Compute Cloud)와, 파일 저장을 위해 온라인 스토리지를 임대해주는 심플 스토리지 서비스(Simple Storage Service)를 시작하면서, 온라인 쇼핑몰 등의 인터넷 사이트가 필요한 기업들이 직접 시스템을 구축할 필요 없이 사용한 만큼의 비용만 지불하면 되는 효율적인 클라우드 컴퓨팅 서비스를 제공했다. 그리고, 아마존은 기업만을 대상으로 한 것이 아니라, 개인 사용자를 위한 클라우드 서비스도 시작했다. 2011년 온라인 스토리지 서비스인 클라우드 드라이브(CloudDrive)와 이곳에 저장된 음악을 스트리밍으로 재생할 수 있는 클라우드 플레이어(Cloud Player) 등이 그 예이다.

아마존 또한 자신의 플랫폼 출입을 위한 다양한 게이트웨이를 장착하기 위해 부단히 노력해왔는데, 아마존이 구축한 전자책 플랫폼인 킨들 도서관(Kindle Library)의 게이트웨이로 2007년 11월에 출시한 전자책 단말기 킨들(Kindle)이 그 출발이다. 2009년에는 성능이 향상된 '킨들2'를, 2011년에는 태블릿PC인 킨들 파이어(Kindle Fire)를, 2014년에는 자체제작 스마트폰인 파이어폰(Fire Phone)과 TV HDMI 단자에 연결해서 아마존 영상 콘텐츠를 TV 화면을 통해 이용할 수 있는 파이어 스틱(Fire Stick) 등을 내놓았다.

아마존은 이러한 일반적인 스마트 기기뿐만 아니라 자신들만의 새로운 쇼핑도구를 개발해서 고객들에게 제공하고 있다. 동전 두 개 정도의 작은 버튼에 해당 제품명이 인쇄된 아마존 대시버튼(dash Button)을 출시했다. 클릭 한 번으로 해당 제품을 구매할 수 있게 해주는 쇼핑도구이다. 세탁세제용 '대시버튼'을 세탁기에 붙여 놓고 세제가 떨어질 때 클릭만 하면 바로 배송이 된다. 이것은 소비자들의 생필품 구매행위를 별다른 의식 없이 버튼 클릭 한 번으로 이루어지게 한다는 점에서 획기적인 시도였다.

하지만, 수많은 생필품 버튼을 집안 전체에 덕지덕지 붙이는 것은 오히려 불편할 수 있으므로, 벽에 걸어 놓고 주문할 때만 사용할 수 있는 막대형 쇼핑 도구도 발표했는데, 바로 아마존 대시(dash)이다. 이것은 바코드 리더기와 음성을 전달하는 마이크 버튼 두 가지 기능을 가지고 있다. 필요한 상품의 바코드를 버튼을 눌러 스캔하거나,

바코드가 없을 경우 상품명을 말하면 장바구니에 담아주는 기능을 수행한다. 아마존 대시는 제품의 종류가 한정되어 있는 '대시버튼' 과는 달리, 불특정 다수의 제품을 구매로 연결해주는 범용성을 지닌 쇼핑 도구로 만들어진 것이다.

2014년에는 음성인식 인공지능 스피커인 아마존 에코(echo)를 출시했다. 음성인식을 통해 음악 재생, 알람 설정, 날씨나 교통상황 등의 실시간 정보를 들을 수 있을 뿐 아니라, 집안의 가전제품과 조명 등을 제어하는 스마트 홈 허브의 역할도 해낸다. 아마존은 에코를 싸게 판매했고, 2018년 현재 미국의 절반 이상의 가정에 설치되어 있다. 하지만, 이것을 일반적인 인공지능 스피커로만 생각해서는 안 된다. 거대 유통 플랫폼인 아마존이 직접 만들어서 판매하고 있다는 점에 주목하자. 아마존 플랫폼 출입을 위한 게이트웨이로 이해한다면, 에코는 대화를 통해 구매로 이어지게 하는 쇼핑도구이자, 나의 습관과 관심 등을 학습하는 시멘틱 데이터 수집을 위한 IOT 단말기인 것이다.

앞서 설명한 아마존 '대시'에 인공지능 기능을 결합한 아마존 대시 완드(Dash Wand)도 2017년에 출시했다. 이전의 대시 기능에 아마존의 인공지능 플랫폼인 알렉사(Alexa)의 대답을 추가한 것이다. '지난번에 구입한 와인을 지금 주문하면 언제쯤 받을 수 있을까?'와 같은 질문에도 답변을 해준다. 물론 음악을 재생하는 등의 에코가 제공하는 전체 기능을 사용할 수는 없다. 값은 20달러이다. 그런데 구입하면 20달러 쿠폰을 준다. 무료라는 말이다.

지금까지 여러 번 스마트 플랫폼과 게이트웨이를 설명했으니 이제는 충분히 이해할 것이다. 플랫폼의 게이트웨이는 그 자체의 판매가 아니라 플랫폼 출입을 위한 도구로 활용하는 데 그 목적이 있어야 한다는 점을 숙지하기 바란다.

아마존은 2014년 자신의 플랫폼 게이트웨이를 화장실에도 설치했다. 마구간 쇼핑몰(Stall Mall)이라고 명명한 이 서비스는 주로 화장실에 필요한 휴지나 기저귀 등을 바코드 스캔으로 구매할 수 있도록 하는 방식인데, '앉아서 쇼핑하면서 시간도 아껴라(Sit, Shop and Save!)'라는 슬로건을 내걸고 화장실에까지 게이트웨이를 설치한 것이다.

2016년에 시작한 아마존 프라임 옷장(Amazon Prime Wardrobe)은 직접 입어봐야만 구매로 연결되는 의류 판매의 특성을 온라인에서 적절하게 해결한 서비스다. 연회비를 내는 아마존 프라임 고객을 대상으로, 최소 3개에서 최대 15개의 의류를 주문할 수 있도록 하고, 1주일 안에 마음에 드는 옷만 결제하고 나머지는 무료로 반품할 수 있게 해주는 방식을 적용했다.

아마존은 이와 같은 구매 유도를 위한 서비스뿐 아니라, 첨단 기술을 이용하여 반품을 최소화할 수 있는 서비스도 선보이고 있다. 아마존에서 구입하고자 하는 제품이 실제로 설치될 집안의 공간과 어울리는지 그리고, 사이즈는 맞는지 등을 증강현실 기술을 이용해서 미리 확인할 수 있도록 해주는 '아마존 AR View' 앱을 2017년 말에 출시했다.

아마존은 유통 플랫폼이 반드시 갖춰야 할 배송 시스템에도 막대한 투자를 계속해 왔다. 특히, 드론(Drone)과 같은 첨단 운송장비를 배송에 이용하는 등의 새로운 기술 접목에도 투자하고 있다. '아마존 프라임' 고객들에게는 2일 내 무료 배송을, 대도시에서는 '프라임 나우(Prime Now)'로 2시간 내에 배송을, '아마존 프레쉬(Amazon Fresh)'로 신선식품도 배송한다. 2018년에는 'SWA(Shipping with Amazon)'이라는 초고속 택배 서비스도 시작했다.

2016년에는 인도와 중국에서 오는 물류를 위해 보잉 767기 40대를 구입했고, 컨테이너 박스 운반에 필요한 트레일러 트럭도 뉴욕에서만 4천대나 마련하는 등 자체 배송망 구축에도 엄청난 투자를 이어가고 있다. 앞으로 페덱스(FedEx)와 UPS 등의 물류 특송회사가 아마존드(Amazonned) 될지도 모르는 일이다.

2017년에 유기농 식품 체인점 홀푸드(Whole Foods Market)를 137억 달러를 들여 인수한 이유 중에는 1천 가지 이상의 식품을 아마존에서 판매한다는 것도 있지만, 미국 전역에 431개의 새로운 물류창고를 확보해서 배송 허브로 활용한다는 의미도 있다.

아마존은 배송시간 절약을 위해 '내일 주문하셨습니다. 오늘 배달되었습니다'라는 슬로건을 걸고 빅데이터 분석을 통해 고객들이 주문할 확률이 높은 상품을 선별하고, 그것을 택배차에 실어 해당 지역에 미리 배치해 놓는 서비스도 시작했다. 2015년에는 한국처럼 아파트 경비실이나 택배실 등에 물건을 맡겨놓을 수 없는 단독주택 중심인 미국 주거문화를 고려해서, 아우디(Audi)와 DHL과 손잡고 고객의 자동차 트렁크에 물품을 배달해주는 서비스도 시작했다. 이것은 해당 자동차의 트렁크를 잠시 개방할 수 있는 일회용 암호를 택배기사에게 발송하고, 배송이 필요한 시점에만 잠시 열리도록 해주는 방식이다. 2018년에는 이조차 힘든 고객을 위해서 대형 슈퍼마켓이나 가전 매장 등에 아마존 사물함(Amazon Lockers)를 설치하고, 배송된 고객들에게 사물함 번호와 비밀번호를 알려주는 서비스도 시작했다.

2018년 2월, 아마존은 스마트 초인종(Smart Doorbell) 제조 기업인 링(Ring)을 10억 달러에 인수했다. 그리고, 4월에는 가정용 보안 서비스 시장에도 진출했다. 초인종을 누른 사람을 자동으로 인식해서 외부인이면 경고음이 울리게 만들고, 집이 비었으면 조명을 켜서 인기척을 내주는 등 가정 보안에 필요한 서비스도 시작했다. 이 서비스를 이용하면 출타 중에도 택배기사에게 현관문을 잠시 열어주어 물건을 집안에 두고 가게 할 수도 있다. 또한, 이것을 음성인식 인공지능 스피커인 에코와 연결하면 보안 잠금과 해제를 음성명령으로 제어할 수도 있고, 아마존의 다른 게이트웨이들과도 연결할 수 있다. 아마존의 스마트 플랫폼 게이트웨이의 확장과 역할이 어디까지 이어질지 관심을 가지고 지켜볼 대목이다.

아마존이 시범 서비스를 거쳐 2018년 1월 22일에는 오프라인 매장도 오픈했다. 인공지능, 머신러닝, 사람처럼 이미지를 인식하는 컴퓨터 비전 등의 첨단기술로 무장한 세계 최초의 무인 매장이다. 앞서 설명한 4차 산업혁명 혹은 산업4.0을 가장 빠르게 비즈니스에 접목하고 있는 기업이 바로 아마존이다. 드론과 자율주행 트럭을 이용한 배송 서비스, 로봇 키바를 이용한 물류창고 자동화, 인공지능 알렉사를 이용한 상품 검색, 다양한 센서와 인공지능 알고리즘을 이용한 무인 오프라인 매장, 빅데이터 시멘틱 분석을 통한 개인맞춤형 상품 추천 등 유통 분야 전체 영역에서 4차 산업혁명 시대의 기술들을 빠르게 적용하면서, 자신의 스마트 플랫폼 영토를 확장해 나가고 있는 것이다.

아마존 플랫폼의 핵심 성공 전략은 '최상의 고객 접점'이다.

아마존은 만남의 장소이자 머무는 놀이터인 플랫폼을 구축하고 사람들이 필요로 하는 모든 상품을 구비하여 확실한 '만남의 이유'를 만들었고, 쏟아져 나오는 첨단 기술들을 자신의 비즈니스에 적합하

도록 최대한 융합하여 그곳의 출입을 위한 게이트웨이를 지속적으로 제공하면서 '머무는 이유'를 만들었다. 그리고, 이것을 통해 돈을 지불하고서라도 사용하고 싶어하는 광팬 고객을 확보하고, 그들을 통한 '자가발전' 구조를 만들고 있다. 무엇보다 아마존은 스마트한 기술을 가장 빠르게 적용하는 순발력과 도전정신을 가지고, 온라인과 오프라인을 아우르는 세계 최대의 '유통 플랫폼' 기업이 되었다.

게이트웨이가 아니라
'플랫폼 전쟁' 중인 스마트 플랫폼 기업들

지금까지 세계를 이끌고 있는 대표적인 스마트 플랫폼 기업인 애플과 구글, 그리고 아마존에 대해서 알아보았다. 비즈니스 플랫폼 관점에서 애플은 '잘 정돈되고 치안이 확보된 전원도시', 구글은 '복잡해서 치안은 약하지만 자유로운 대도시', 아마존은 '회원권을 구입해서라도 찾고 싶은 매력적인 쇼핑도시'라고 할 수 있겠다.

이들 모두가 '만나고, 머무는, 자가발전' 플랫폼의 기본 3요소를 갖추고 있지만, 중점을 두고 있는 부분은 각기 다르다. 애플은 '통제'에, 구글은 '정보 수집'에, 아마존은 '유통의 접점'에 좀 더 집중하고 있다. 이들의 전쟁은 전면에 보이는 게이트웨이가 아니라 그 안에서 치열하게 경쟁하고 있는 '플랫폼 전쟁'이라는 것을 직시하기 바란다.

스마트 플랫폼 기업들은 새로운 게이트웨이를 추가하면서 자신의 플랫폼 영토를 확장하는 데 총력을 기울이고 있다. 이들의 급속한 침투를 방어하고 자국 산업을 보호하기 위해, 각 국가들은 규제정책 등의 다각적인 노력을 하고 있다. 하지만, 이들의 영토확장을 어느 정도 지연시키는 것은 몰라도, 진출 자체를 막기는 어려워 보인다.

스마트 플랫폼은 제품만을 판매하는 '점'이 아니라, 제품을 서로 연결하는 '선'으로, 더 나아가 그 선들이 거미줄처럼 엮인 '면'의 비즈니스다. 공중에 떠다니는 종이비행기를 보면서 종이비행기가 아니라 바람을 볼 수 있는 눈을 강조했듯이, '점'인 게이트웨이가 아니라 '면'인 플랫폼을, 그 사이에 연결되어 있는 수많은 '선'들을 볼 수 있어야 한다.

8. 클라우드 컴퓨팅 (Cloud Computing)

"필요한 모든 것은 구름 위에!"

컴퓨팅 자원과 데이터의 효율적인 관리를 위한 필연적인 만남

앞서 설명한 모든 기술들과 플랫폼 비즈니스의 확산으로 기업들의 생산 방식과 판매 방식뿐 아니라 개인적인 생활 방식에도 변화가 생겼다. 구매와 소유가 아닌 이용과 공유로 소비형태가 빠르게 변화하고 있다. 이 모든 것은 효율을 위한 자연스러운 현상이다. 이번 장에서는, 데이터 자원을 인터넷에 연결해서 필요할 때만 사용하는 클라우드 컴퓨팅(Cloud Computing)을 살펴보자.

먼저 클라우스 컴퓨팅을 이용하게 만든 원동력인 '공유'가 어떻게 일상에 자리잡게 되었는지를, 인류 변혁의 중심인 '지식의 유통'을 주도한 기술들의 변화 과정을 살펴보면서 알아보자.

1400년대에 시작된 '인쇄(Printing)' 기술은 지식의 대량복제를 가능하게 만들어주면서 400년간 그 변혁의 중심에 있었다. 그리고, 1800년대 중반에 시작된 '전신과 전화(Telegraph & Telephone)' 기술은 시간과 공간을 뛰어넘는 지식의 전달 방법을 만들어주면서 100년간 그 변혁을 주도했고, 1900년대 중반에 탄생한 '텔레비전(Television)'은 영상을 통한 지식 전달로 대중에 영향을 미치면서 50년간 그 변혁을 이끌어왔다. 1980년 '개인용컴퓨터(Personal Computer)'의 탄생으로 지식이 디지털화된 정보로 이용되면서 30년간 변혁에 앞장섰고, 1990년대 중반부터는 '인터넷(internet)'이 정보를 실시간으로 전세계로 전달하면서 15년간, 2005년부터는 '모바일(Mobile)'이 정보의 휴대성과 이동성을 추가하면서 10년간 그 변혁의 중심에 있었다.

앞서 설명한 모든 기술들은 변혁을 주도하고 사라지는 기술이 아니라 새로운 기술과 융합되면서 현재도 사용되고 있는 기술들이다. 2010년부터는 기존의 기술을 합하여 새로운 가치를 더하는 '융합(Convergence)'이 변혁의 중심이 되었고, 2015년부터는 기술의 발달로 정보의 실시간 '공유(Sharing)'가 실현되면서 그 변혁을 주도하게 된 것이다. 이러한 '공유'가 컴퓨팅과 데이터 활용 분야에서 실현된 것이 바로 '클라우드 컴퓨팅'이다.

이번에는 클라우드 컴퓨팅이 본격적으로 자리잡게 된 이유를 한 번 살펴보자. 가장 중요한 이유는 많은 비용이 투입되어야 하는 자체적인 시설투자보다는 필요한 만큼만 빌려 쓰는 운영투자가 훨씬 효율적이기 때문이다. 거기에 기술 발전으로 하드웨어는 급속히 싸졌고, 앞장에서 설명한 플랫폼 구축을 위해 무료로 제공되는 소프트웨어 등의 제반 기술들이 비용절감에 큰 보탬이 되었다. 게다가 통신기술의 발전으로 인터넷 속도가 빨라졌고, 모바일 기술로 이동성을 갖춘 스마트기기들이 대거 등장하면서 클라우드 컴퓨팅 환경을 갖추게 된 것이다. 무엇보다, 웹2.0 이후 참여와 공유에 익숙해진 사용자들이 많아진 것 또한 중요한 역할을 했다.

초기의 컴퓨터는 개인이 소유하기에는 너무 비쌌고, 그것을 설치하기 위한 필요 공간조차 너무 거대했다. 그래서 대형컴퓨터 한 대에 연결된 각각의 입출력 단말기를 통해 이용하는 구조였다. 기술의 발달로 값이 낮아지고 개인이 살 수 있게 되면서 각자가 컴퓨터를 소유해서 쓰고, 필요한 경우에만 대형컴퓨터를 이용하는 클라이언트 서버 구조(Client Server Architecture)로 바뀌었다. 그리고 인터넷과 웹이 발달하면서 웹 컴퓨팅(Web Computing)이 되었고, 이제는 인터넷에 연결된 단말기를 통해 클라우드상에 있는 컴퓨터를 이용하는 '클라우드 컴퓨팅' 구조에 이르게 되었다.

'클라이언트 서버' 구조는 데이터의 백업 등 개인 컴퓨터 관리에도 많은 비용과 시간이 투입되어야 하는 불편함이 있었다. 결국 '클라우드 컴퓨팅' 시대가 도래하게 된 주된 이유는 이러한 불편을 해소하는 등의 이용 효율면에 있다. 여기서 주목할 것은 클라우드 컴퓨팅을 사용하는 방식이 입출력 단말기만으로 이용하던 초기의 컴퓨팅 방식으로 다시 회귀하고 있다는 것이다. 클라우드 컴퓨팅 환경은 입출력이 가능한 단순한 장비로 이용할 수 있어서 휴대로 인한 불편을 해소하고 구매로 인한 비용도 줄일 수 있기 때문이다. 컴퓨팅의 역사 또한 효율성을 높이는 쪽으로 진화해 오면서 소유에서 이용으로, 그리고 공유로 변화하고 있다.

클라우드 컴퓨팅의 형태와 내부 구조

클라우드 컴퓨팅의 형태와 내부 구조에 대한 기본적인 개념은 알아 두는 것이 좋다. 지금은 기술이 생활방식 자체를 바꾸고 있는 4차 산업혁명 시대이고, 이것의 근간은 클라우드 컴퓨팅에 있기때문에 최소한의 지식은 갖추고 있어야 적절한 대응을 할 수 있기 때문이다.

클라우드 컴퓨팅은 이용 방식에 따라 크게 3가지로 분류된다. HaaS(Hardware as a Service)는 CPU나 저장장치 등의 하드웨어를 클라우드에 두고 이용하는 형태를 말한다. SaaS(Software as a Service)는 구글의 Gmail이나 회계관리 프로그램과 같이 필요한 소프트웨어를 클라우드에 두고 이용하는 방식이다. 그리고, PaaS(Platform as a Service)는 하드웨어와 소프트웨어 모두를 클라우드에 두고 자신의 단말기는 입출력 장치로만 이용하는 형태다.

클라우드 컴퓨팅의 하드웨어는 거대한 슈퍼컴퓨터가 아닌 저가의 범용 컴퓨터들을 병렬로 연결한 구조이다. 비용이 적게 들뿐 아니라 컴퓨터 성능이 계속 높아지고 있는데, 굳이 특정 제조사에 귀속될 필요가 없기 때문이다. 그리고, 소비전력과 발열량도 줄일 수 있다. 무엇보다, 언제든 새로운 컴퓨터를 추가할 수 있는 손쉬운 확장성이 있기 때문이다.

클라우드 컴퓨팅은 비용 절감을 위해 오픈소스 기반의 가상화 기술(Hypervisor Virtualization)을 쓴다. 한 대의 컴퓨터에서 여러 가지 OS를 사용할 수 있도록 CPU나 메모리를 자신만을 위해 별도로 갖춘 것처럼 만들어주는 젠(Xen)과, 여러 대의 컴퓨터를 마치 하나인 것처럼 묶어주는 하둡(Hadoop)이 대표적인 가상화 기술이다.

하둡은 대용량의 데이터를 처리하기 위해 작은 단위로 각 컴퓨터에 할당하고, 이것을 다시 재구성하는 방식이다. 그리고, 에러 망각형 컴퓨팅 기술(Failure-Oblivious Computing)도 있다. 이것은 메모리에 에러가 발생하더라도 프로그램은 이것을 없었던 일로 간주하고 처리를 계속해 나가는 기술이다. 네트워크에 문제가 발생하거나 저장 디스크의 장애 혹은 데이터센터의 붕괴가 있을 경우를 대비한 클라우드 컴퓨팅 운영에 꼭 필요한 기술이다.

이처럼 발전된 기술들이 도입되면서 현재의 클라우드 컴퓨팅은 자신이 직접 운영하는 것 이상의 성능과 안정성을 확보할 수 있게 되었다.

클라우드 컴퓨팅은 그 운영방식에 따라, 개인형(Private)과 공공형(Public)으로 구분할 수 있다. '개인형 클라우드'는 말 그대로 하나의 집단이 자신의 조직만을 위해 구축하고 운영하는 것이고, 공공형은 다른 기업이 구축하고 운영하는 서비스를 임대해서 이용하는 방식이다. 대체로 매출 10억 달러 이상의 기업은 개인형을, 그렇지 않은 기업들에게는 공공형을 추천한다.

공공형 클라우드의 대표적인 서비스로는, 젠 기반의 가상화 기술을 토대로 기업용 정보시스템 인프라를 제공하고 있는 '아마존 EC2'가 대표적이다.

이 외에 사무용 어플리케이션을 제공하는 구글 앱스(Google Apps), 영업, 마케팅, 고객관리 등의 기업용 어플리케이션을 제공하는 세일즈포스(Salesforce.com), 영상통신 기능을 제공하는 스카이프(Skype), 저장공간을 주고 다양한 단말기에서 실시간으로 공유하면서 쓸 수 있게 해주는 드롭박스(Dropbox) 등이 있다.

클라우드 컴퓨팅이 일으킨 연관 산업의 변화

클라우드 컴퓨팅이 대중화되면서 정보통신기술(ICT) 분야의 비즈니스 주도권에도 변화가 생겼다. 인터넷 시장 초기에는 네트워크를 공급하는 '통신 회사'와 하드웨어를 공급하는 '통신장비 제조 기업'이 그 주도권을 가지고 있었다. 하지만, 클라우드 컴퓨팅이 자리잡기 시작하면서 클라우드 공간에 다양한 어플리케이션과 콘텐츠를 무료 혹은 이용한 만큼만 유료로 제공하는 '클라우드 서비스 기업'으로 그 주도권이 넘어오게 되었다.

이러한 변화 과정에서 서버와 네트워크 장비를 공급하던 제조 기업들은 다수의 개별 기업들에서 소수의 클라우드 서비스 기업으로 시장 규모가 축소되는 상황을 맞게 된다. 더욱이 구글과 같은 대형 플랫폼 기업들이 필요한 장비를 자체 제작하기 시작하면서 이들보다 앞선 효율성과 가격경쟁력을 확보해야 하는 과제도 안게 되었다. 이들은 컴퓨터 수백 내지 수천 대를 하나의 커다란 컨테이너 박스에 모아서 설치와 증설을 용이하게 하는 등, 클라우드 서비스 기업들을 위한 제품 개발쪽으로 방향을 선회하고 있다. 클라우드 컴퓨팅이 기회이자 위협으로 작용하고 있는 것이다.

엄청난 수의 컴퓨터가 동시에 가동되어야 하는 클라우드 컴퓨팅 하드웨어의 집합체인 IDC(Internet Data Center)는 전력과 공조시설 그리고 확장성 등의 입지조건이 매우 중요하다. 이 때문에 시원한 기후와 자연친화적인 전력을 안정적으로 공급할 수 있는 국가나 도시들이 주목받고 있다.

아이슬란드(Iceland)가 그 예이다. 기술이 주도하는 4차 산업혁명은 안정적인 클라우드 컴퓨팅 자원이 꼭 필요하다. 이 때문에 값싼 전력 확보가 지역이나 국가의 중요한 경쟁력이 될 수 있음을 결코 간과해서는 안 된다.

클라우드 컴퓨팅이 효율적으로 데이터를 관리하고 공유할 수 있게 해 주었지만 그로 인해 생긴 문제도 있다. 바로 '데이터 소유와 보호'에 관한 것이다. 서버가 위치한 국가와 사용자가 위치한 국가가 달라서, 클라우드를 이용하면서 생성된 데이터의 소유권 혹은 검열권을 어느 국가의 것으로 인정해야 하는가 라는 문제가 생기는 것이다. 이 부분은 국제적으로 데이터 보호법을 마련하여 해결해 나갈 것으로 믿지만, 현재로서는 이 부분 또한 클라우드 컴퓨팅 서비스 기업을 선택할 때 고려해야 할 사항이다.

　클라우드 컴퓨팅은 단말기에도 많은 변화를 가져오고 있다. 인터넷에 연결되는 입출력 장치만 있으면 충분한 사용환경을 제공하는 것이 클라우드 컴퓨팅의 최종 목표이기에, 굳이 저장장치와 프로그램 구동을 위한 고급 사양이 장착된 단말기가 필요 없어질지도 모른다. 개인용 단말기들은 점차 소형화될 것이다.

　작은 USB 메모리와 같은 형태로 TV 등의 모니터에 연결하기만 해도 작동하는 손가락컴퓨터도 이미 만들어졌고, 더 나아가 지문이나 홍채로 신원만 확인시키면 곧바로 자신의 컴퓨터로 변하는 갖가지 형태의 단말기들이 곳곳에 배치될 것으로 보인다. 테이블이 모니터가 되고, 어느 자리에 앉든지 온갖 사물들이 단말기로 변할 날도 그리 멀지 않았다.

　사용자 입장에서는 클라우드 컴퓨팅이 낮은 비용으로 백업 등과 같은 별도의 관리없이 인터넷 접속만으로 이용할 수 있고, 무엇보다 공유를 통해 업무의 효율을 높일 수 있다는 장점이 있다. 반면에, 인터넷 접속이 끊기면 아무것도 사용할 수 없고, 내 소유의 데이터가 남에게 맡겨져 있다는 불안감과 클라우드 서비스 기업의 도산 등의 위험 요소도 함께 있다.

　실제로 2019년 1월, 사진을 관리해주는 클라우드 서비스 기업 하나가 저장하는 사진의 수를 제한하는 방향으로 정책을 변경했다. 그로 인해 기존 사용자들은 올려놓았던 사진을 자신의 PC로 다운로드하거나 다른 서비스 기업으로 옮겨야 하는 번거로움을 겪었다. 이러한 불편과 불안감이 있는 것도 사실이지만, 관리하고 이용해야 할 데이터의 양이 폭발적으로 증가하고 있고, 그것을 관리해주는 제반 기술들이 계속 발전하고 있기에, 클라우드 컴퓨팅이 일상의 필수도구가 될 것은 분명해 보인다. 무엇보다 모든 것이 인터넷에 연결되어 있는 세상이어서 더욱 그러할 것이다. 여러분은 은행이 불안하다고, 현금을 집에다 두고 직접 관리하겠는가?

아마존을 선두로 마이크로소프트의 '애저(Azure)'와 'IBM Cloud', 그리고, 'Google Cloud Platform'과 'Alibaba Cloud'가 장악하고 있는 클라우드 컴퓨팅 시장에 수많은 클라우드 서비스 기업들이 가세하고 있다. 이러한 클라우드 컴퓨팅은 중앙집중화로 효율을 높이는 방식이다. 앞서 블록체인 기술을 언급하면서 얘기했듯이, 중앙집중화는 권력 집중과 보안 문제를 가지고 있다. 이 중앙집중화 문제를 해결하고자 시작된 블록체인 기술이 클라우드 컴퓨팅 시장의 발목을 잡을지도 모른다.

클라우드 컴퓨팅이 편리함과 효율성을 갖춘 컴퓨팅 사용환경을 제공해 주면서, 다양한 비즈니스 플랫폼의 구축기반 또한 마련되었다. 플랫폼을 구축하고자 하는 기업이나 개인이라면 이들의 발전과정을 관심있게 지켜봐야 한다.

필요한 모든 것은 구름 위에 있다. 그것을 어떻게 활용하느냐가 '이미 일어난 스마트 시대의 미래'가 우리들에게 던지는 또 하나의 중요한 질문이다.

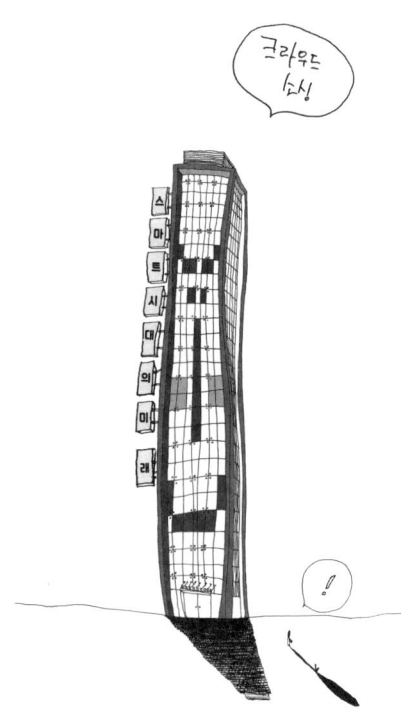

9. 크라우드 소싱 (Crowd Sourcing)

"군중의 힘은 위대하다!"

함께 만드는 효율 경제, 십시일반, 상부상조

이제 모든 것은 클라우드 즉, 구름 위에 있다. 구름 위에 있는 것이 단지 소프트웨어와 하드웨어 자원만은 아니다. 그 구름 위에는 플랫폼이 구축되어 있고, 그 안에는 인적자원이 모여 있다. 그들이 무엇을 먹는지, 어디로 여행을 하는지 등과 같은 각자의 생활 방식마저도 여기에 모조리 담겨 있다. 우리의 미래는 그것을 어떻게 활용할 것인지, 무엇보다 그것들을 융합하여 어떠한 새로운 가치를 불어넣을 것인지에 달려 있다.

군중의 힘을 활용하여 비즈니스에 이용해 보자는 의미로, 군중(Crowd)과 외부자원 활용(Outsourcing)을 합성시켜 크라우드 소싱

(Crowd Sourcing)이라는 용어가 탄생했다. 앞서 얘기한 '클라우드 컴퓨팅'이 컴퓨팅 자원과 데이터 관리에 초점이 맞춰진 것이라면, 크라우드 소싱은 군중의 힘을 이용해서 효율을 높이고자 하는 '이용과 공유'에 초점이 맞춰진 개념이다.

아마존이 운영하는 인력 시장인 아마존 메캐니컬 터크(Amazon Mechanical Turk, Mturk) 즉, 일감을 가진 수요자와 그 일을 할 수 있는 공급자를 연결해 주는 '일자리 플랫폼'에 새로운 일거리가 하나 올라왔다. 양 한 마리를 그려주면 2센트를 주겠다며 1만 명을 선착순으로 모집한다는 내용이었다. 그리고, 그렇게 모은 1만 개의 양 그림을 인쇄해서 벽에 걸었다. 그렇게 탄생한 작품이 'The Sheep Market'이다. 이렇게 수집된 1만 개의 양 그림들을 마우스를 이용해서 하나씩 살펴보면서 감상할 수 있는 thesheepmarket.com이라는 인터넷 사이트도 열었다. 이 작품은 누가 만든 것인가? 작가는 크라우드 소싱에 의해 얻어진 결과를 하나로 모았을 뿐이지만, 이것은 그의 작품이다.

유튜브가 2008년 가을에 정해진 악보를 보고 자신의 연주를 녹화 후 제출하는 방식으로 전세계인을 대상으로 온라인 공개 오디션 열었다. 그렇게 오케스트라 단원을 모집했다. 이렇게 탄생한 것이 유튜브 심포니 오케스트라(YouTube Symphony Orchestra)이다. 크라우드 소싱을 통해 단원을 모집하고, 2009년 봄에 뉴욕의 카네기 홀(Carnegie Hall)에서 실제로 공연하는 프로젝트도 진행했다. 2011년 봄에는 두번째로 호주의 시드니 오페라 하우스(Sydney Opera House)

에서 공연하는 프로젝트도 진행했다. 물론 이들 공연은 모두 유튜브를 통해 생중계되었고 지금도 저장된 동영상을 볼 수 있다.

월마트(Walmart)가 매장을 방문한 고객을 대상으로, 가는 길에 온라인 고객의 구매물품을 대신 배달해주는 대가로 할인혜택을 주는 서비스를 시작한 것이나, 2012년 벨기에 브뤼셀에서 창업한 피기비(Piggybee)가 해외 여행 때 현지의 상품을 대신 사 주거나 물품배송을 대행해주는 서비스도 크라우드 소싱을 이용한 비즈니스 사례다. 2015년 한국에서 창업한 무버(Mover)는 해외상품 구매 대행과 배송뿐 아니라 해외 상품을 직접 판매할 수 있는 기능을 추가한 비즈니스 플랫폼을 열었다.

파파존스(Papa john's)가 소비자들에게 새로운 피자 레시피를 SNS에 공모하고 그 중에 3개를 먼저 채택한 후, 일정 기간의 경합을 통해 1등을 선발하는 이벤트를 진행했다. 채택된 3개의 레시피를 제안한 소비자가 직접 SNS상에서 홍보와 판매 활동을 하는 방식이었다. 1등에게는 상금 1만 달러와 매년 480달러 어치를 50년간 공짜로 먹을 수 있는 부상을 주었다. 전 과정을 SNS로 중계하고 투표를 진행하는 과정에서 SNS를 통한 입소문 마케팅 즉, SIM(Social Influence Marketing)을 통한 강력한 스토리텔링(Storytelling)을 만들어냈을 뿐만 아니라 새로운 피자 레시피까지 확보할 수 있었다. 그런데, 여기서 주목해야 할 점은 자신들이 해야 할 피자 레시피 개발과 홍보와 판매 등의 모든 비즈니스 활동을 '크라우드 소싱'으로 소비자들이 직접 하도록 만들었다는 것이다.

"우리가 제공해 주기 바라는 서비스나 제품이 있나요?" "당신이 좋아하는 다른 브랜드는 뭔가요?" 그리고, "어떻게 하면 검소하게 돈을 덜 쓰면서 즐겁게 살 수 있을까요?"와 같은 질문을 소비자들에게 던진다. 그렇게 소비자들로부터 받은 의견을 조합하여 베타 에디션 제품을 만들고, 36시간마다 개선해 나가고, 1026번의 테스트를 거친 후 완성된 제품을 출시한다. 바로 초콜릿 제조 기업인 TCHO가 크라우드 소싱을 통해 제품을 만드는 방식이다. 그렇게 만들어진 제품의 열혈 구매자는 다름아닌 제품 개발에 참여한 고객들이다.

앞의 사례들처럼 '크라우드 소싱'은 비즈니스뿐 아니라 예술 등 다양한 분야에서도 얼마든지 활용할 수 있다.

캡차(CAPTCHA)는 2000년 미국 카네기멜론대학(Carnegie Mellon University)에서 개발한, 사용자가 사람인지 컴퓨터인지를 구별하는 기술이다. 'Completely Automated Public Turing test to tell Computers and Humans Apart'의 앞 글자로 만들어진 말인데, 컴퓨터 프로그램을 이용해서 자동으로 사이트에 가입하려는 스패머(Spammer)를 막겠다는 목적으로 개발되었다.

인터넷 사이트에서 이상하게 찌그러진 문자를 보여주고 이것이 무엇인지 정확하게 알아 맞춰야만 가입이 가능하도록 하고 있는데, 이것이 바로 '캡차'이다. 찌그러진 문자를 읽을 수 있는 건 사람만이 할 수 있다는 데 기초한 것이다. 매일 2억 개 이상이 전세계에서 입력되고 있고 매번 10초 정도가 투입된다고 가정하면, 인류는 매일 50만 시간 이상을 이러한 이상한 문자를 인식하는 데 소모하고 있는 셈이다.

그런데, 이것이 단지 컴퓨터 프로그램인지 사람인지를 구별하기 위한 용도가 아니라, 보다 생산적인 일에 쓰이고 있다는 것을 알고 있는가? 바로 리캡차(reCAPTCHA)를 이용한 고문서 복원 작업이다. 컴퓨터가 인식하지 못하는 고문서를 캡쳐해서 보여주고, 그것을 여러 사람이 반복적으로 해독하고, 그 결과가 디지털화되고 있다면? 그렇게 인터넷 사이트 가입 과정에서 하나의 캡차가 아닌 두 개의 리캡차를 입력하는 전인류의 수고 덕분에 고문서의 디지털화가 이루어지고 있는 것이다. 2011년 통계자료에 따르면 리캡차를 통해 매일 1억 개의 단어가 디지털화되었다고 한다. 이것을 1년 단위로 보면, 책 250만 권 분량이며 7억5천만 명이 참여한 것이라고 한다. 바로 '크라우드 소싱'으로 만들어낸 결과다.

2009년에 리캡차 기술은 구글에 인수되었고, 구글 스트리트뷰(Google Street View)에서 건물에 붙어 있는 읽기 어려운 표지판 등을 디지털화하는 데도 사용되고 있다. 구글은 여전히 이 기술을 무료로 제공하고 있으며, 더 똑똑해진 스패머들과 계속 발전하고 있는 컴퓨터의 인식능력에 맞춰 이러한 문서를 미리 걸러내는 기술 등의 보완을 계속하고 있다. 또한 2004년 12월에는 모바일 환경에 최적화된 노캡차 리캡차(noCAPTCHA reCAPTCHA)를 발표했는데, 객관식으로 답하게 하거나, 문자가 아닌 이미지를 구별하도록 하는 기능 등을 추가했다. 그리고, 그 결과는 구글의 이미지 검색기술에 활용되고 있다.

'크라우드 소싱'을 교육에 적용한 사례도 있다. 리캡차를 개발한 루이스폰안(Luis von Ahn)이 2012년 6월에 정식으로 오픈한 듀오링고(Duolingo.com)는 사용자들이 언어를 번역하면서 그 과정에서 다른 언어를 배울 수 있도록 도와주는 플랫폼이다. 언어 공부는 강의 형식이 아니라 자신이 직접 번역이나 문제풀기 등에 참여하면서 레벨을 하나씩 높여가는 방식으로 진행된다. 게다가 듀오링고 사용은 무료다. 하지만, 듀오링고는 회사나 기관으로부터 번역 의뢰를 받아, 사용자들에게 이것을 문제로 제시하면서 번역을 완성하고, 그 결과물을 의뢰인에게 전달하면서 돈을 받는다. 2013년에는 CNN 기사를 번역하는 일도 시작했다. 이 또한 '크라우드 소싱'으로 만들어낸 결과이다.

필요한 사업자금을 크라우드 소싱을 통해 조달하는 크라우드 펀딩(Crowd Funding)도 활성화되고 있다. 이 경우 현금뿐 아니라 가상화폐를 이용하는 방법도 쓰이고 있다. 이것을 불법으로 규정한 나라들도 있지만, 그 확산을 막기는 쉽지 않아 보인다. 때문에 그 자체를 막기보다는 여러 방법으로 가상화폐의 실명성을 확보하는 방향으로 정책을 전환한 국가도 있다.

"내게 필요한 모든 것은 이미 클라우드(Cloud)에 존재하고, 필요한 도움은 크라우드(Crowd)를 통해 받을 수 있다." 무엇이든 새로 만들기 전에 먼저 찾아보고, 도움을 청해 보자. 그 안에 '공유를 통한 효율'이 존재하기 때문이다.

10. 공유경제 (Sharing Economy)

"소유가 아닌 공유의 시대!"

효율과 자원 절약을 위한 공유 플랫폼의 탄생

대량생산과 대량소비를 위한 단방향 1.0 경제 방식에서, 만남의 공간인 온라인 플랫폼의 탄생으로, 필요한 것을 필요한 만큼 적재적소에 연결할 수 있는 양방향 2.0 경제 방식이 가능해졌다. 이로 인해, 많이 생산해서 많이 소비하게 하는 '일회성 소비문화'가, 필요한 만큼만 생산하고 필요한 때만 사용하고, 더 나아가 여러 사람이 다시 쓸 수 있게 하는 '재사용 공유 문화'로 바뀌게 된 것이다. 효율을 더할 뿐만 아니라 자원절약으로 환경오염도 최소화시켜 주는 공유 플랫폼의 탄생으로 앞으로의 경제 방식은 점차적으로 '산업경제'에서 '공유경제'로 변화해갈 것이다.

다시 한 번 정의하면, '산업경제'는 생산자가 상품을 만들고 소비자의 소유욕구를 자극해서 소유를 위한 판매로 이어지게 하는 '소비형 단방향 구조'를 말하고, '공유경제'는 생산자와 소비자가 하나의 '공유 플랫폼' 안에서 필요한 상품이 이용의 도구가 되는 '공유형 양방향 구조'를 말한다.

공유경제는 소비자가 소유해야 할 짐을 줄여주고, 좀 더 효율적으로 활용할 수 있는 환경을 제공한다. 이렇게 되면, 소유로 발생하는 분실의 위험과 그것을 다시 찾거나 대체하는 데 드는 비용도 절감할 수 있다. 무엇보다 물품을 일일이 관리하거나 휴대하지 않아도 되므로 보다 편리한 생활이 가능해진다. 생산자의 입장에서는 일회성 판매가 아닌 '공유 플랫폼'을 통한 연속적인 거래로 새로운 부가가치를 만들어 낼 수 있다. 무엇보다 공유경제는 폐기와 생산을 반복하는 산업경제와는 달리 반복적인 이용과 효율적인 공유로 자원 소모를 최소화할 수 있으므로 환경 보호에도 도움이 된다.

이러한 '공유경제'가 적용된 사례를 한 번 살펴보자. 대표적인 것이 바로 호텔(Hotel)이다. 호텔은 잠시 머물 숙소를 필요할 경우에만 이용하고 다시 공유하는 전형적인 공유 플랫폼이다. 그런데, 크리스마스 시즌에만 쓰고 폐기하는 일회성 물품인 '크리스마스 트리'는 어떠한가? 살아있는 나무를 자르고, 그것을 버리는 일을 매년 반복한다. 하지만, 뿌리를 보호할 수 있는 화분 형태로 일정기간 대여하고 다시 회수해서 땅에 심을 수 있도록 한다면? 이러한 것이 바로 '공유경제' 모델이다.

에얼룸 디자인(Heirloom Design)은 새로운 제품으로 교체할 것을 전제한 일회용 디자인이 아니라, 두고두고 계속해서 반복적으로 쓸 수 있는 제품을 위한 디자인이다. 오랫동안 보아도 질리지 않는 디자인으로 만들고, 그것을 가보로 대대로 물려줄 수 있는 물건을 만드는 방식도 공유경제에 적합한 방식이다. 오랫동안 값비싼 명품을 굳이 소유하고 관리하면서 높은 비용을 지불할 것이 아니라, 공유 플랫폼을 통해 필요할 때만 대여해서 이용하는 것도 여기에 해당된다.

공유 플랫폼 사례들

와인의 생산 방식에도 '공유경제'가 적용된 사례가 있다. 바로, 크러쉬패드 와인(Crushpad Wine)이다. 포도밭과 오크통 발효시설을 갖추고, 소비자들이 직접 찾아와서 포도나무 재배와 발효 과정에 참여하고, 그렇게 만들어진 와인에 자신만의 라벨을 붙여 선물로 쓰거나 판매도 할 수 있는 '공유 플랫폼'을 제공하는 곳이다.

아이들은 성장속도가 빨라 3~6개월마다 새로 옷을 사 입혀야 한다. 이러한 아이들의 옷을 팔거나 교환할 수 있는 공유 플랫폼을 만들면 어떨까? 공정한 가격을 책정하고 품질도 보증하고 반납에 필요한 포장용품도 제공하는, 아이들 옷을 위한 공유 플랫폼 기업인 스레드업(Thredup.com)이 그 사례다. 한국에도 이와 유사한 서비스를 하는 키플(Kiple.net)이 있다.

한 달에 49달러를 지불하면, 의류 3벌과 액세서리 2개를 담은 박스가 배달되고, 주문자는 원하는 기간 동안 사용한 후 반환하는 방식으로 운영하는 '월 가입형 의류 대여 업체'인 레토트(Le Tote)가 있다. 여기서 대여받은 제품을 아예 50% 할인된 가격으로 살 수도 있다. 월 49달러로 기간에 상관 없이 계속 사용하거나, 반납 즉시 새로운 제품을 받는 방식이므로, 단순 대여가 아닌 또 다른 형태의 '공유 플랫폼'이다.

빈집을 이용하는 공유 플랫폼인 에어비앤비(Airbnb)도 적은 돈으로 잠시 해변이나 산속에서 살고 싶어하는 도시 거주민의 욕구와 그 반대 욕구를 공유경제로 해결하면서 성장한 기업이다. 주거와 관련된 공유 플랫폼은 다양한 형태로 진화하고 있다. 방(Room)은 개인적으로 쓰면서 거실과 주방을 공유하는 형태의 '공유하우스'도 그 중 하나다. 이들은 모바일 협업 플랫폼을 이용해서 함께 쇼핑도 가고, 혼자서는 먹기 힘든 수박과 같은 큰 과일을 공동구매하는 등, 비용 절감과 동시에 혼자이지만 함께 하는 경험을 나누는 새로운 라이프 스타일을 만들어가고 있다. 이제는 아예 주방을 시간 단위로 대여해주는 곳도 생겼다. 좁은 원룸에서 생활하지만, 함께 모여 요리도 하고 식사도 하며 즐기는 공간으로 활용되는 것이다.

운송수단도 공유경제의 중요한 대상이다. 자전거 공유 서비스는 도심에서 자전거를 많이 타게 하면서 에너지 절약과 자연보호 역할도 함께 한다. 자동차 공유 서비스는 소유와 관리, 그리고 주차공간에 대한 부담을 없애주고 에너지 절약에도 도움이 된다. 플라이트카(Flightcar)는 공항을 이용하는 이들이 여행기간 동안 공항 주차장에 서 있는 차를 공유 플랫폼을 이용해서 활용하는 서비스를 제공한다. 보험에 가입하고 자동차 추적 시스템 등을 도입하여 만약의 경우에 발생할 수 있는 위험에도 대비하고 있다. 장거리 여행때 차의 빈자리를 공유할 수 있게 해주는 카풀(Carpool) 형태의 블라블라카(BlaBlaCar)도 있다.

자신이 소유한 자동차를 이용해서 필요한 사람에게 이동 서비스를 제공하는 우버(Uber)도 차량 공유 플랫폼으로 성장한 기업이다. 하지만, 택시를 대체할 수 있는 수단으로 부각되면서, 기존 산업을 보호하기 위한 국가별 영업제한을 받는 등의 문제점도 생겨났다. 한국의 경우 자가용 영업은 불법이다. 이 때문에 기존의 법규를 피해가는 서비스도 등장했다. 바로 차차(ChaCha)이다. 차차는 요금의 90%는 대리운전비로, 나머지 10%는 렌터카 요금으로 하는 방식을 채택했다.

기사가 차를 장기 렌탈하고 고객이 탑승하는 순간 그 차를 고객의 단기 렌탈 차로 계약을 자동 변경하는 방식으로 자가용 영업에 대한 법적인 문제를 피한 것이다. 하지만, 한국 정부는 이조차도 불법으로 해석하고 영업에 제동을 걸었다. 2018년 시작한 타다(TADA)는 11~15인승 승합차는 렌터카일지라도 운전기사를 함께 알선할 수 있다는 한국의 여객자동차운수사업법의 규정을 이용하여 '차차'가 만난 문제를 피해가면서 승합차를 이용한 차량 공유 서비스를 시작했다.

이처럼 새로운 공유경제는 기존 산업과의 마찰을 정부가 어떻게 해소하느냐에 따라 국가별로 성공과 실패의 큰 차이를 보이고 있다. 주판 사업을 보호하기 위해 전자계산기 사용을 규제로 막는다는 것이 가능할까? 오히려 전자계산기 사업을 허가하고 거기서 나오는 세금으로 주판 사업에 종사하는 사람들에게 변화를 위한 교육을 제공하는 것이 보다 현명한 방법일 수 있다. 각국 정부의 슬기로운 대처가 필요한 상황이다.

이러한 공유경제의 확산에는 SNS와 같은 소셜 플랫폼(Social Platform)과 IOT를 지원하는 모바일 스마트기기의 보급이 큰 역할을 했다. 그리고, 소유보다는 공유를 통한 경험을 더 중요시하는 젊은 세대의 변화된 가치관 또한 중요한 역할을 하고 있다. '개인화'와 '초연결'을 동시에 만족시켜주는 새로운 경제 형태이기 때문이다.

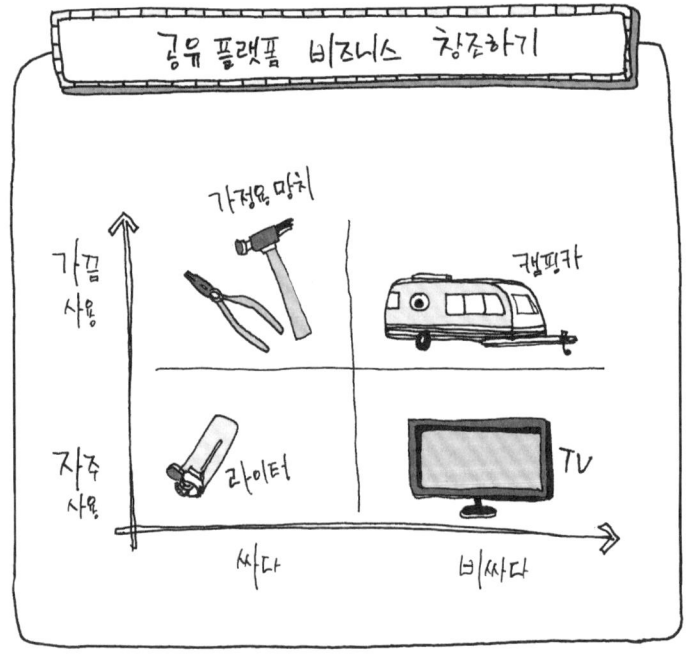

공유의 대상은 장소, 물건, 교통, 지식 등 무궁무진하다. 하지만, 성공적인 공유 플랫폼을 구축하기 위해서는 몇 가지 원칙이 필요하다. 가장 먼저 공유 대상 선정에 주의를 기울여야 한다. 라이터와 같이 자주 쓰지만 값이 싼 것이나 가정용 망치처럼 가끔 쓰지만 저렴한 것은 효용성이 떨어진다.

자주 이용하지만 비싼 자동차나, 가끔 쓰는 비싼 캠핑카와 같은 것들이 가장 접근하기 좋은 대상이다. 집안에 유명 화가의 진품 그림을 걸어 놓고 싶지만 너무 비싸서 엄두를 못 내는 사람을 대상으로 일정 금액을 받고 정해진 기간 동안 대여하는 방식을 택한다면 그 또한 좋은 공유경제의 대상이 될 수 있다.

이렇게 대상을 선정하고, 어떻게 하면 사용자들의 시간과 돈을 줄여줄 수 있는지, 어떻게 하면 안전하게 관리하고 공유할 수 있는지를 찾아 낸다면 '공유 플랫폼'을 구축할 수 있다. 무엇보다, 이렇게 구축한 공유 플랫폼이 사용자들에게 어떠한 편리함을 제공하고 공동체에 어떠한 도움이 되는지를 증명할 수 있어야 한다.

공유 플랫폼의 대상은 일회성 판매가 아닌 지속적으로 공유하면서 사용하는 것이므로 고장이 없도록 튼튼하게 만들어야 하고, 필요할 경우 빠르고 저렴하게 수리가 가능하도록 적절한 관리 시스템도 갖추고 있어야 한다. 여기에 스마트한 기술을 도입하여 사용자들이 편리하게 플랫폼을 출입할 수 있도록 적합한 게이트웨이 혹은 앱 개발이 뒤따라야 한다. 이것이 바로 공유 플랫폼을 '만나는 이유'가 될 것이기 때문이다.

그리고, 반복적인 사용을 이끌어 내기 위해서는 플랫폼의 '머무는 이유'인 다양한 형태의 행복한 경험을 지속적으로 제공할 수 있어야 한다. 이것을 통해, 경제적으로도 환경적으로도 무엇보다 개인과 공동체 모두에게 도움이 된다는 것을 강조하는 SNS 등을 통한 마케팅을 적극 활용하여 만나고 머무는 이유를 자발적으로 공유하는 '자가발전' 구조를 완성해야 한다.

이때 만나고 머무는 과정에서 생성되고 축적된 데이터를 활용하여 또 다른 플랫폼을 만들어 낼 수도 있다. 이렇게 '만나고, 머무는, 자가발전' 비즈니스 플랫폼이 된다면 성공적인 '공유 플랫폼'이 될 것이다.

플랫폼을 통해 구매자와 판매자간의 거래를 연결하는 과정에서 해당 제품에 대한 정보를 가진 판매자가 고의적으로 구매자를 속일 수 있다. 게다가 소비자들은 제품 신뢰에 앞서 싼 가격만을 먼저 요구하기에 그로 인해 좋은 제품은 사라지고 불량품만 유통되는 레몬마켓(Lemon Market)이 되는 것은 경계해야 한다.

오렌지보다 쓰고 신맛이 강해 맛없는 과일로 취급받은 레몬을 빗대어 말한 경제 용어이다. 반대로 좋은 제품이나 서비스가 거래되는 시장을 뜻하는 것이 복숭아마켓(Peach Market)이다. 공유경제가 레몬마켓이 아닌 복숭아마켓이 되려면 반드시 '신뢰'할 수 있는 '플랫폼'을 만들어야 한다.

공유경제는 제품의 품질을 높이고 자원을 절약하고 자연을 보호하는 등, 개인과 공동체 모두에게 도움이 되는 것을 바탕에 둔 경제 모델이다. 하지만, 이러한 공유경제가 제대로 자리잡기 위해서는 이미 익숙해져 있는 문화의식, 기업 환경, 법제도, 경제 환경 등 아직도 넘어야 할 과제가 산적해 있다. 남이 사용했던 물건을 써야 한다는 부정정인 문화의식, 안전한 공유 방법을 지속적으로 제공하기 위한 기업들의 노력, 기존의 산업경제를 보호하면서도 새로운 공유경제를 뒷받침해 줄 법제도, 생산 축소에 따른 일자리 문제 해결 등이 모두 함께 충족되어야 하기에 그 과정이 그리 만만치는 않을 것이다. 그럼에도 불구하고, 단지 시간의 문제이지 공유경제는 새로운 형태의 경제 방식으로 자리잡아 나갈 것임은 분명해 보인다.

경제의 패러다임이 바뀌고 있다. 제조에서 서비스로, 판매에서 이용으로, 소유에서 공유로 바뀌고 있다. 그러므로, 제조 산업부터 바뀌어야 한다. 사용 후 폐기가 아닌 재활용할 수 있고 수리가 쉬운 제품을 만들어야 한다. 무엇보다 주기적인 교체가 아닌 장기적 사용을 위한 제품을 만들어야 한다. 교체를 유도하기 위해서 일정기간이 지나면 성능이 저하되도록 만드는 것이 아니라, 지속적으로 쓸 수 있는 튼튼한 물건을 만들어야 한다. 이를 위해 수리 부품에 대한 표준화도 중요하다.

부품의 표준화를 통해 생산이 중단된 제품도 지속적으로 수리할 수 있는 환경이 갖추어져야 한다. 제품의 폐기를 공급 기업이 반드시 책임지도록 법으로 의무화하는 것도 그 방법일 수 있다. 그렇게 한다면, 일회성 판매나 단기간 사용에 목적을 둔 생산을 사전에 막을 수 있을 것이다.

공유경제는 소유를 위한 소비가 아니라 공유를 통해 행복한 경험을 축적하는 데 초점이 맞추어져야 한다. 편리한 제품도 좋지만, 그 제품의 사용을 통해 행복한 가치를 만들어야 한다는 것이다. 그렇기에 일회성 판매를 위한 산업경제의 마케팅 방식이 아니라, 자가발전으로 공유되는 커뮤니케이팅 방식이 전파되어야 한다. 그리고, 자신의 제품을 팔기 위한 '경쟁'이 아니라, 반복적이고 지속적으로 자신을 찾아주는 '신뢰' 구축이 공유경제의 핵심 가치가 되어야 할 것이다.

'이미 일어난 비즈니스의 미래'는 우리들에게 기존 방식의 폭넓은 변혁을 요구하고 있다. 그 실체를 이해하고 그것을 어떻게 활용하고 대처하느냐가 생존의 열쇠다. 플랫폼을 통한 새로운 거래 방식과 그 안에서 효율을 더하고 자원을 절약하며 환경보호에도 기여하는 경제 모델을 지향하고 있는 '공유경제'는 어쩌면 공동체 전체를 위한 생존의 열쇠가 될지도 모른다.

11. 융합 (Convergence)

"무에서의 창조가 아니라 유에서의 발견!"

플랫폼은 융합 놀이터, 사례 및 능력 고취 방법

앞서 '이미 일어난 스마트 시대의 미래'가 어떠한 것인지, 이러한 변화를 이끄는 요소들은 무엇인지, 어디로 향하고 있는지를 살펴보았다. 이번 장에서는 이러한 변화를 대비하기 위해 개인과 기업이 갖추어야 할 필수 역량인 '융합'에 대해 이야기하고자 한다.

유명한 미국의 경영학자 피터 드러커(Peter Ferdinand Drucker)는 지식이 적용되는 과정으로 시대를 나누었다. '지식'이 작업도구와 제조공정 그리고 제품에 적용되어 '산업혁명'을, 지식이 작업에 적용되어 '생산성혁명'을, 지식이 지식 그 자체에 적용되어 '경영혁명'을, 지식이 빠른 전달과 공유가 가능하게 되어 '정보혁명'이 시작되었다고 주장했다.

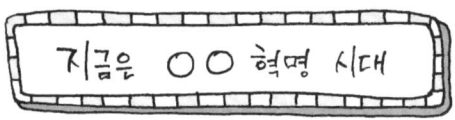

이 모두가 지식의 유통에 기반을 둔 혁명 과정이다. 그런데, 이러한 지식이 인공지능 로봇을 통해 빠르고 효율적으로 이용되면서 인간의 역할이 더 이상 지식에 머물 수 없게 되었다. 이제는 지식의 유통이 아니라 그것을 지혜로 만들기 위한 '융합혁명'이 시작된 것이다. 이것이 바로 '4차 산업혁명'의 탄생 배경이다. 그러므로, 지식의 유통 관점에서는 '4차 산업혁명'을 '융합혁명'이라고 불러야 한다. '지식의 유통'과 관련해서는 '협업'을 이야기하면서 보다 자세하게 살펴보겠다.

'산업혁명'과 '생산성혁명'이 '무엇을 하는가'인 'What'에 중점을 두었다면, '경영혁명'과 '정보혁명'은 '어떻게 하는가'인 'How'에 중점을 두었다. '융합혁명'은 What과 How는 인공지능 로봇에게 맡기고 우리 인간은 '왜 할까'인 'Why'에 중점을 두어야만 한다.

융합과 관련해서는 여러 용어들이 쓰인다. 그 대표적인 것이 퓨전(Fusion)과 매시업(Mash-Up), 그리고 컨버전스(Convergence)이다. 모두가 서로 다른 것을 합하여 하나의 새로운 것을 만들어 낸다는 의미이지만, 퓨전은 주로 문화적인 분야에서, 매시업은 인터넷 사이트 분야에서 쓰이고 있다. 하지만, 이들 용어 중에서 이 책에서 말하고자 하는 내용과 가장 가까운 것을 찾는다면 바로 '컨버전스'다. 컨버전스는 서로 다른 것들이 결합되어 하나로 수렴된다는 융합의 방향성까지도 내포하고 있기 때문이다. 이러한 이유로, 이 책에서는 '융합'이라는 용어를 영어의 '컨버전스(Convergence)'와 같은 개념으로 쓰고자 한다.

TV나 스마트폰은 더 이상 영상재생 장치나 휴대용 전화기가 아니다. TV로 인터넷 검색도, 영상통화도 할 수 있다. 스마트폰은 전화 기능뿐 아니라, 컴퓨터, MP3 플레이어, 내비게이션, 카메라, TV 기능도 함께 갖고 있다. 현재의 스마트폰을 '주머니 휴대용 모바일 스마트기기'라고 하지 않고, 여전히 전화기를 의미하는 '폰'이라고 부르는 이유는 무엇일까? 기존의 휴대 전화에 나머지 기능들을 융합했기에 명칭은 여전히 휴대용 전화기인 것이다. 누가 융합을 주도적으로 완성시키느냐에 따라 시장의 주도권이 좌우된다는 말이다. TV 리모컨에 전화와 조명 제어 기능을 융합한다고 해도 그것의 명칭은 여전히 TV 리모컨이 될 것이다.

현재의 기술로 손가락 마디만한 작은 전화기를 만들 수 있을까? 물론 가능하다. 그런데, 왜 이런 작은 전화기는 출시되지 않을까? 오히려, 작아지기는 커녕 주머니에 넣고 다니기도 힘들 정도로 점점 커지고 있다. 휴대용 스마트기기의 융합 과정을 살펴보면 이 부분을 좀 더 명확하게 이해할 수 있다. 랩톱(Laptop)은 노트북(Notebook)으로 그 크기가 작아졌고, 스마트폰은 태블릿으로 그 크기가 커졌다. 그렇게 이 둘이 중간에서 만나면서 탄생한 것이 바로 '파블릿(Phablet ; Phone + Tablet)'이다. 현재 나오고 있는 대부분의 큰 사이즈 스마트폰들을 바로 이러한 파블릿으로 볼 수 있다.

이렇게 진화되어온 이유는 그 사용 주체인 아날로그 인간의 휴대성과 융합에 있다. 사람들은 기능이 단순한 작은 단말기를 여러 개 가지고 다니기 보다는, 조금 크더라도 하나의 단말기에 여러 기능이 융합되어 있는 것을 더 좋아한다. 이러한 이유로, 기존 휴대 전화기가 융합을 주도하면서 오늘날의 스마트폰이 탄생한 것이다.

어떻게 하는 것이 인간이 휴대하기에 가장 편리할까? 몸에 착용하고 다닐 수 있는 웨어러블(Wearable) 기기는 어떨까? 그 중에서 '손목시계'가 가장 각광받게 되지 않을까? 입력은 음성인식이나 손가락 등의 모션 인식으로 해결하고, 출력은 홀로그램 기술을 사용하면서 말이다. 이렇게 손목시계가 융합을 주도해 간다면, 우리는 전화 통화를 스마트폰이 아니라 스마트 시계로 하게 되고, 더 이상 '폰'이 아니라 '시계'라고 부르게 될 것이다.

융합을 기업이 주도하는 것이 아니라, 소비자에게 그 선택권을 넘기는 방법도 있다. 미리 융합된 기능의 하드웨어를 생산하는 것이 아니라, 소비자가 직접 융합 요소들을 선택할 수 있도록 하면 어떨까?

이렇게 시작된 프로젝트가 바로 구글이 진행했던 '아라(Ara)폰'이다. 아라폰은 CPU, 메모리, 카메라 등의 스마트폰 구성요소를 각각의 모듈로 나누고, 다시 모듈별로 성능이 다른 여러 개를 제작한다. 소비자는 자신이 원하는 성능의 모듈을 선택하고 그것을 조립해서 완성된 폰을 DIY 방식으로 만들어서 사용하는 새로운 개념의 스마트폰이다. 고성능 카메라 모듈이 필요하다면 CPU나 메모리 보다는 그것에 더 투자할 수 있도록 선택권을 주는 개념이다. 하지만, 구글은 결국 포기했고, 페이스북이 이 프로젝트를 이어받았다. 페이스북도 자신의 플랫폼 출입에 적합한 게이트웨이를 직접 제조하게 될지도 모른다. 아무튼, 융합은 개별적으로 소비자의 취향에 맞추는 '개인화' 부분까지 고려하면서 계속 발전해 갈 것이다.

'합하여 효율을 최대화하는 것'이 바로 '융합'의 기본 방향이다. 이러한 융합을 이끄는 전면에는 계속해서 발전하고 있는 기술이 자리하고 있다. 이것을 일컬어 기술 컨버전스(Technology Convergence)라고 부른다. 기술이 모여서 다양한 서비스를 지원할 수 있게 되는 과정이 바로 '기술 컨버전스'이다. 스마트 플랫폼의 게이트웨이 즉, 스마트 폰, 스마트 TV, 스마트 자동차 등이 바로 이러한 '기술융합'의 결정체인 것이다. 융합은 기술 분야뿐만 아니라, 산업, 문화, 시장, 정부 등 다양한 분야에서 일어나고 있다.

산업융합(Industry Convergence)은 산업과 산업이 만나서 일어나는 융합을 말한다. 홍채인식을 통한 출입통제 시스템은 통신을 기본 매개로 한 ICT 산업과 바이오 산업의 융합으로, 각막에 이식하는 스마트 콘택트렌즈(Contact Lens)는 소재와 바이오, ICT, 의료 산업이 모두 융합된 결과로 볼 수 있다. 이러한 융합이 일어나려면 두 가지 이상의 산업을 동시에 이해하는 사람이 있어야만 한다. 더 나아가 모든 산업을 융합해야 한다면, 그것을 모두 이해하는 사람이 있어야 하는데, 이것이 가능한 일인가? 여기에 '협업'의 중요성이 있다. 하지만 '협업'의 대상이 되기 위해서는, 먼저 자신이 융합 능력을 갖추고 있어야 하고, 그것을 증명할 수 있어야 한다. 그러기 위해서는 전공과 더불어 부전공 혹은 복수전공을 필수적으로 요구받게 될지도 모른다. 앞으로는 한 가지 분야의 전공자 보다는 '공학과 심리학' 또는 '공학과 사회학'과 같이 복수전공자가 더욱 각광받게 될 것이다. 이 부분은 후에 좀 더 자세하게 다루기로 하겠다.

이번에는 문화융합(Culture Convergence)을 살펴보자. 퓨전 음식, 퓨전 음악, 퓨전 공연 등이 모두 여기에 해당된다. 한국의 김치와 피자를 융합한 '김치피자'나, 성악가인 플라시도 도밍고(Placido Domingo)와 팝 가수인 존 덴버(John Denver)가 함께 노래한 퍼햅스 러브(Perhaps Love), 고전적인 발레와 현대적인 브레이크 댄스가 융합된 '비보이를 사랑한 발레리나'와 같은 공연이 바로 그것이다. 스포츠 분야에서도 융합이 일어난다. 여러 격투기를 융합한 이종 격투기나, 하키와 수영을 융합한 언더워터 하키(Underwater Hockey)도 문화융합으로 볼 수 있다. 이처럼 이질적으로 여겨졌던 문화 영역에서도, 다양한 방식으로 융합이 일어나면서 새로운 결과물들이 만들어지고 있다.

융합이 시장으로도 확산되었다. 온라인 전자상거래 사이트를 통해 다양한 종류의 제품이나 서비스를 동시에 취급할 수 있게 되면서, 시장융합(Market Convergence)이 일어났다. 자동차 정비를 하는 곳에서 쇼핑도 할 수 있게 한 융합 사례도 있다. 미리 온라인을 통해 주문하고, 자동차를 정비하기 위해 방문한 곳에서 물건을 찾아가는 방식이다. 융합으로 호텔을 단지 숙박이 아니라 미술품을 감상하고 영화를 즐길 수 있는 공간으로 영역을 확장할 수도 있다. 도저히 서로 어울리지 않을 것 같던 서점과 주점의 융합을 시도한 곳도 있다. 서점에서 북콘서트와 소규모 음악회를 진행하면서, 그곳에 모인 사람들에게 맥주도 팔고 책도 파는 방식이다. 그런데 이 서점의 매출이 책이 아니라 술이 더 많다면? 이러한 시장융합의 사례들은 경쟁 상대가 현재의 적이 아닐 수도 있음을 보여준다. 그 동안 친하게 지냈던 옆 서점이 내 문구점의 경쟁상대가 될 줄은 아무도 생각하지 못했다. 제조 회사로부터 물건을 공급받아서 판매하는 유통 회사가 오히려 자신의 브랜드를 앞세우며 직접 제조에 뛰어들어, 제조 회사의 경쟁자로 부상할 수도 있다. 언론사로부터 기사를 제공받고 있는 포털이 직접 언론사가 될 수 도 있고, 그들이 음성전화와 영상전화를 공급하는 통신사가 될 수도 있다. 시장융합으로 고유의 사업 영역이 파괴되면서 소수의 융합 기업만을 필요로 하는 상황이 될 수도 있다는 말이다. 이러한 시장융합으로 여러 가지 서비스를 제공하는 소수의 대형 기업만이 남게 된다면? 이것이 바로 거대 '스마트 플랫폼' 기업이 가진 권력이자 두려움이다.

시장융합이 빠르게 확산되면서, 각국 정부의 기존 규제정책이 오히려 새로운 시장을 형성하는 데 걸림돌이 될 수 있다. 기존의 규제가 오히려 관련 기업들간의 이해 충돌로 이어지게 만들 수 있다는 말이다. 인터넷 은행은 기존의 은행 관련법과 통신 관련법 중 어느쪽 규제를 받아야 하는가? 양쪽의 규제를 모두 적용받게 된다면 새로운 비즈니스를 창출해 나갈 수 없을지도 모른다. 아예 새로운 인터넷 은행법이 만들어져야 하지 않을까? 이처럼 정부의 규제정책이 시장융합으로 변화된 환경에 적절하게 적용되기 위해 해당 공무원들의 융합 능력이 절실해진 상황이다. 이러한 변화에 가장 빠르게 대응하는 국가들만이 기존의 단방향 산업경제에서 양방향 혹은 삼방향으로 진화하는 시장환경을 제대로 수용할 수 있을 것이기 때문이다.

융합은 모든 영역에서 일어나고 있다. 개인화와 초연결의 욕구해결을 위한 기술과 인간의 융합은, 일상생활 속에서 건강을 체크하고, 일과 여가생활이 함께 공존하는, 모든 것이 나 하나만을 향하는 세상을 가속화시키는 힘이 될 것이다.

융합의 뒷면

융합이 모두 좋은 결과만을 만들어주는 것은 아니다. 오히려 위기를 가져오기도 한다. MP3 플레이어, 전자사전, 카메라, 시계 산업은 스마트폰에 그 기능들이 융합되면서 오히려 위기를 맞게 되었다. 이렇게 융합의 방향을 미리 인지하고 그것을 선도하지 못하면 오히려 해당 기업들에게는 위기로 다가올 수 있다. 방마다 울려대던 알람시계도 스마트폰의 등장으로 사라져 갔고, 손목시계는 더 이상 시간을 알려주는 장치가 아니라 장신구로 바뀌었다.

융합은 또 하나의 카니발라이제이션(Cannibalization)을 만들었다. 카니발라이제이션은 자기잠식을 뜻하는 경제용어로서, 아이폰이 출시되면서 아이팟의 수요가 급격히 감소한 것과 같이, 자신이 만든 새로운 제품이 기존의 자기 제품 시장을 잠식한다는 의미이다.

삼성전자가 만든 '갤럭시 노트'는 큰 화면에 필기구를 채택하면서 성공한 모델이다. 그런데, 주력 모델인 '갤럭시S' 시리즈의 화면이 커지면서 점차 차별성을 상실하고 있다. 이 또한 카니발라이제이션의 결과로 볼 수 있다. 각각의 모델에 다른 기능을 새롭게 추가하거나 둘을 하나로 융합하는 등의 방법을 모색해야 하는 상황이 된 것이다. 시스코(Cisco)가 2009년 5억9천만 달러나 주고 인수한 '플립 비디오카메라' 사업을 인수한지 불과 2년 만에 포기한 사례도 있다. 2008년까지만 하더라도 캠코더 시장점유율이 17%일 정도로 인기를 끌었던 초소형 휴대용 비디오 카메라인 플립(Flip)이, 스마트폰의 탄생으로 종말을 맞게 될 줄은 미처 몰랐던 것이다. 앞서 언급한 바와 같이, 융합으로 인해 적(敵)이 지금의 경쟁 상대가 아닐 수 있다. 이제 카니발라이제이션은 결코 내부에서만 일어나는 일이 아니라는 사실을 알아야 한다.

하지만, '카니발라이제이션'을 결코 두려워해서는 안 된다. 오히려 기업이 생존을 지속하려면, 카니발라이제이션을 스스로 만들어가야 한다. 기업은 자신이 만든 기존의 제품이나 서비스에 안주해서는 안 되며, 오히려 또 다른 융합으로 새로운 제품이나 서비스를 만들어서 스스로 카니발라이제이션을 지속적으로 발생시켜야 한다는 말이다.

다양한 융합의 사례

앞서 얘기한 것처럼, 융합의 중심에는 기술이 있다. 그 중에서도 ICT 즉, '정보통신기술'이 가장 중요한 역할을 하고 있다. 이러한 ICT가 다양한 분야와 융합하면서 새로운 산업이 계속 만들어지고 있다. 은행과 ICT가 융합한 인터넷 은행, 교통과 융합한 텔레매틱스(Telematics), 교육과 융합한 e러닝(e-Learning), 가정의 가전과 융합한 홈 오토메이션(Home Automation) 등이 그 예이다.

달리기나 걷기와 같은, 운동 중에 이어폰으로 음악을 듣는 사람들을 쉽게 만날 수 있다. 이들을 위해 운동화와 MP3 플레이어를 융합한 사례가 있다. 2006년 나이키가 애플의 아이팟과 연결되는 블루투스(Bluetooth) 칩을 운동화에 장착한 에어 줌 무아레(Air Zoom Moire)를 출시했다. 아이팟을 통해 음악을 들으면서 자신의 운동량을 체크할 수 있게 한 것이다. 애플은 '아이튠즈'에 '나이키 뮤직 세션'을 따로 마련하는 등, 융합을 통해 새로운 가치를 만들어냈다. 2015년 샤오미도 스마트폰과 연동한 운동화를 그들의 특기인 저렴한 가격으로 출시한 바 있다. 2018년에는 한국의 반도체 기업인 '티

엘아이'가 스마트폰과 연동하는 '스마트 깔창'을 출시했다. 이 제품은 깔창에 부착된 다양한 센서를 통해 보폭, 압력분포 등의 다양한 데이터를 실시간으로 수집 분석하여, 보행자의 운동량, 보행 분석, 행동 분석 등의 자료를 스마트폰의 앱을 통해 제공한다. 지속적으로 걸음걸이가 한쪽으로 치우치는 것을 발견한다면 뇌의 이상을 의심해 볼 수 있는 등의 행동 분석을 통한 기본적인 의료진단 기능도 갖춘 것이다. 이러한 융합의 결과물을 어떻게 불러야 할까? 운동화? 스마트기기? 의료기구? 이렇게 융합은 기존 영역에 새로운 기능을 더하여, 새로운 시장을 만들어가는 중요한 수단이 되고 있다.

일상생활용 휴대 장치가 된 스마트폰에 다양한 융합이 만들어지고 있는데, 이렇게 스마트폰에 연동되는 하드웨어 액세서리와 소프트웨어 앱을 합하여 앱세서리(Appcessory)라고 부른다. 스마트폰에 신용카드 리더기를 장착하여 그 정보를 읽을 수 있게 하는 것이나, 혈압계를 연동하여 혈압을 체크하고 기록하여 병원으로 전송도 해주는 스마트 혈압계, 음식을 먹을 때 쓰는 포크와 연동하여 그 사용 횟수와 속도 등을 체크하고 급히 먹을 경우 진동으로 경고도 해주는 하피포크(Hapifork), 바퀴가 달린 가방과 연동하여 스마트폰을 따라 다니게 하는 홉 케이스(Hop Case) 등이 그 사례다. 그리고, '스마트 워치'도 중요한 '앱세서리' 중 하나라고 할 수 있겠다. 나중에 이 손목시계가 스마트폰을 '카니발라이제이션'시킬 수 도 있겠지만 말이다.

소변기에 다양한 센서를 붙여서 당뇨, PH, 백혈구와 적혈구 수치 등을 체크할 수 있는 의료 진단용 스마트 소변기, 소변을 보는 동안 속도와 세기, 방향 등을 이용하여 게임을 즐길 수 있는 게임용 스마트 소변기, 낮에는 햇빛을 가려주는 블라인드로 사용하면서 태양열에너지를 수집하고 밤에는 그 전력으로 조명장치가 되는 스마트 커튼 등, 다양한 분야에서 융합 사례가 만들어지고 있다.

제품과 서비스의 융합

융합이 제품에서만 일어나고 있는 것은 아니다. 제품과 서비스의 융합도 점차 그 중요성이 커져서, 이제는 제품과 서비스가 동일시되면서 제품의 정의 자체가 바뀌고 있다. 소비자들은 제품만을 보고 사지 않는다. 그 제품과 연계된 서비스를 함께 고려해서 구매를 결정하기 때문이다. 이제 제품만을 대량생산해서 싸게 파는 시대는 종말을 고하고 있다. 제품과 서비스가 융합된 '행복한 경험'을 동시에 제공해야만 지속적으로 고객을 만날 수 있는 시대가 된 것이다. 이러한 고객의 경험을 최대한 만족시킬 수 있는 서비스는 반드시 제품설계와 동시에 이루어져야 한다. 이제 제품과 서비스의 융합은 기업의 승패를 좌우할 정도로 중요한 요소가 되었다.

비즈니스 '플랫폼'과 '게이트웨이'의 관계를 상기하자. 제품과 서비스는 결국 플랫폼 안에서 서로 연결되어 있다. 제품이 서비스 이용을 위한 매개체일 수도, 그 반대 일 수도 있음을 알아야 한다. 플랫폼 관점에서 제품과 서비스를 이해하고, 그것들이 서로의 게이트웨이가 될 수도 있음을 밑바탕에 두고 제품과 서비스를 설계하고 준비해야 한다는 말이다. 제품이 일회성 판매가 아니라 자신의 플랫폼 안에서 지속적인 사용을 유도하는 게이트웨이로서 사용되려면, 서비스를 통해 고객의 경험을 빅데이터화하고 그것을 다시 현실화하는 시스템도 갖추어야 한다. 다시 한 번 강조하지만, 이제는 소유가 아니라 플랫폼을 통해 그것을 이용하면서 즐거움을 찾는 것으로 소비 형태가 바뀌어가고 있음을 상기하자.

롤스로이스(Rolls-Royce)는 자동차와 비행기 엔진을 생산하는 영국 기업이다. 이 기업이 비행기 엔진 분야에서 성공을 거두게 된 것은 신뢰성 높은 튼튼한 엔진 제작과 효율적인 서비스를 동시에 제공했기 때문이다. 만약의 경우에 발생할 수 있는 장애에 신속하게 대처할 수 있는 모니터링 서비스가 바로 그것이다. 비행중의 엔진 상태를 도착지 공항에서 실시간으로 모니터링할 수 있는 시스템을 제공하고, 이것을 통해 재운항을 위한 정비 시간을 최소화함으로써 비행의 효율성을 높여준 '제품과 서비스의 융합'이 만들어준 결과이다.

렌탈형 정수기 사업도 바로 이러한 '제품과 서비스의 융합'으로 성공한 사례다. 신뢰성 높은 정수기를 공급하고 필터 교환과 유지보수 서비스를 동시에 제공함으로써, 일회성 제품 판매가 아니라 '언제나 깨끗한 물을 마시고 싶다'는 고객의 욕구를 만족시켜주기 위한 플랫폼의 게이트웨이로 정수기를 사용한 결과이다. 정수기는 단지 깨끗한 물을 마시기 위한 매개체일 뿐이고, 고객들은 자기의 욕구를 충족시켜주는 서비스를 사는 것이다.

융합을 통한 기업성장

전략경영의 대가로 불리는 이고르 앤소프(Igor Ansoff) 박사가 1957년에 발표한 기업성장 전략에 관한 4가지 방향을 참고해서, 융합 비즈니스로 재구성해 보면 아래와 같다.

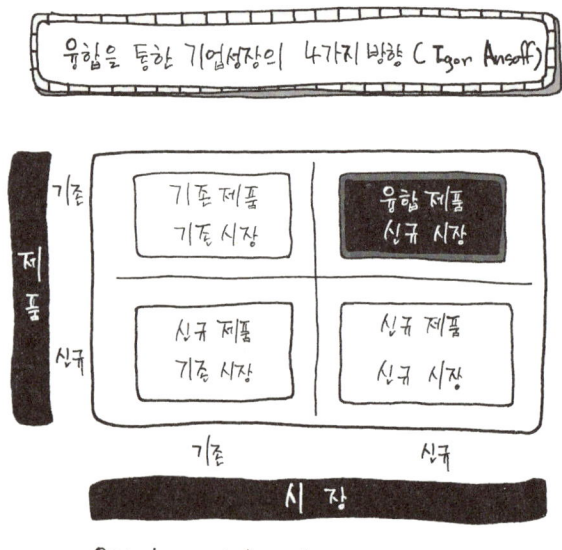

융합제품이 성공할 수 있는 최고 지점은 바로 기존 제품에 새로운 고객가치를 융합한 '융합제품'으로 신규 시장을 만들어 내는 곳에 있다. 결국 이제 기업들의 성공 전략은 융합을 통한 새로운 가치 창조에 있어야 한다는 것을 의미한다. 0.1%의 플랫폼 기업과 0.9%의 개발기업, 그리고 99%의 융합기업으로 재구성될 스마트 플랫폼 비즈니스에는 '융합' 능력이 기업의 승패를 좌우하는 최우선 요소임을 다시 한 번 상기할 필요가 있다.

'창업하기'는 '융합하기'

2014년 제품을 출시했고, 4년만에 매출 150억 달러를 돌파한 미국의 침대 매트리스 제조 기업이 있다. 엄청나게 폐쇄적인 미국의 침대 매트리스 시장을 새로운 융합 제품으로 도전했고 성공을 이루어낸 캐스퍼(Casper)이다.

트럭과 전문 설치 기사를 이용하는 기존의 방식이 아니라 택배를 이용해서 손쉽게 받아 볼 수 있고 이사할 때도 이동이 쉬운 택배용 침대 매트리스 시장을 개척한 이 기업은, 서비스와 고객 경험을 동시에 만족시킬 수 있는 비즈니스를 시작했다.

기존의 제품들처럼 매트리스의 딱딱한 정도와 스프링, 라텍스, 메모리폼 등으로 제품 모델을 세분화하지도 않았다. 고객들이 매트리스를 선택할 때 옵션이 많으면 오히려 구매 결정에 장애가 된다는 점을 적극 반영했고, 애초에 대다수의 고객들이 만족할 수 있는 단일 모델을 다양한 테스트를 거쳐 설계하고 출시한 것이다. 그리고, 고가의 배송비용을 절감하고 이사 등 이동시의 번거로움도 해소하기 위해, 택배박스에 들어갈 수 있는 사이즈로 제작했다. 그리고, 배송된 매트리스를 직접 사용해보고 마음에 들지 않으면 100일 이내에 무료로 환불할 수 있도록 했다.

마케팅 또한 기존의 매체를 이용한 고가의 방식이 아닌 SNS를 통한 '커뮤니케이팅' 방식으로 홍보의 자가발전 구조를 최대한 이끌어냈다. 그렇게 절감한 비용을 고객에게 보탬이 되도록 한 것이다. 무엇보다, 그들은 스프링과 메모리폼, 라텍스를 모두 하나의 매트리스에 적용하는 방식으로, 새로운 기술이 아니라 기존 매트리스가 가지고 있는 장점을 하나로 모으는 융합으로 그 결과를 만들어냈기에 더 특별하다.

무에서의 창조가 아니라 유에서의 융합

대부분의 사람들은 '세상에 존재하지 않는 것을 만드는 것'에 창조라는 개념을 우선 떠올린다. '창조'는 '없는 것에서 있는 것을 만드는 작업'이기에, 지금 없는 것이 무엇일까를 먼저 생각하게 만든다. 이렇게 없는 것을 찾는 과정은 오히려 창조를 어렵게 한다. 하지만, '융합'은 없는 것에서 있는 것을 만드는 작업이 아니라, '있는 것에 있는 것을 더하여 새로운 가치를 만드는 작업'이다. 그러므로 융합은 현재 있는 것을 정확하게 살펴보는 것에서부터 시작해야 한다. 제일 먼저 자신이 현재 가지고 있는 지식과 경험을 정확하게 인지하라. 그리고, 거기에 현재 누군가가 가지고 있는 지식과 경험을 더 해보라. 이것이 바로 융합의 시작이다.

과학의 발달은 현재의 기술에 누군가의 지식과 경험이 더해지면서 생겨난다. 인쇄술이 현미경을 만들었다는 사실을 아는가? 인쇄술이 독서를, 독서는 원시안경을, 원시안경은 렌즈의 발달을, 그리고 현미경까지 만들어진 과정은 모두 기존 기술이 새로운 필요에 의해 누군가의 지식과 경험이 융합되는 과정에서 탄생한 결과들이다.

인터넷은 컴퓨터의 네트워크를 만들었고, 그 네트워크의 활용 욕구가 웹이라는 온라인 공간을 만들었다. 그렇게 만들어진 웹에 데이터가 쌓이자 그것을 이용하기 위한 검색 기술이 만들어졌고, 그 과정이 반복되면서 더 많은 데이터 즉, 빅데이터가 쌓였다. 그렇게 만들어진 빅데이터가 우리들 각자를 정확하게 이해하는 시멘틱 데이터가 되었고, 결국은 '개인화'와 '초연결'을 동시에 가능하게 만들어 준 것이다.

이러한 과정 또한 기존 기술이 새로운 필요와 융합되면서 생겨난 결과들이다. 그러므로, 가장 먼저 현재의 기술을 정확하게 이해하고, 거기에 새로운 필요를 위한 누군가의 지식과 경험이 더해지는 과정이 바로 융합의 시작이다.

> 피타고라스는 수금이나 피리 같은 악기에서 나는 소리가 끈과 파이프의 길이에 따라 달라지며, 이들의 길이가 간단한 정수비를 이룰 때 가장 듣기 좋은 화음을 이룬다는 사실을 간파하면서 수학과 자연의 긴밀한 관계를 깨달았다고 한다. 이때 그가 제안했던 숫자들 사이의 비율, 즉 '피타고라스 음계'는 오늘날 서양음악의 기초를 이루고 있다.
>
> – 로저 펜로즈(Roger Penrose) 〈실체에 이르는 길〉 중에서 –

"융합은 무(無)에서 유(有)를 창조하는 것이 아니라,
유(有)에서 새로운 유(有)를 발견하는 것이다."

2013년 잭 안드라카(Jack Andraka)라는 15세 소년이 초저가 췌장암 조기진단 기기를 만들었다. 몰려든 취재진에게 이렇게 말했다.

"이 나이에 이걸 어떻게 했느냐고요? 그 동안 제가 배운 최고의 교훈은 바로 인터넷 세상에 모든 것이 있다는 걸 발견한 것입니다. 저명한 학자와 교수님들의 많은 논문을 인터넷을 통해 쉽게 접했고, 모든 아이디어를 인터넷에서 구했어요. 인터넷을 심심풀이로 이용하는 구태를 벗고 세상을 바꿀 수 있는 도구라고 생각해 보세요. 저 이제 겨우 15살이잖아요. 저도 했는데, 당신들은…"

이번에는 그림 이야기를 잠시 해보자. 인류는 그림을 그리기 시작한 이래로 계속해서 보다 사실적이고 정밀한 묘사로 화폭에 신화나 성경과 같은 이야기를 담기 위해 노력해 왔다. 이러한 노력은 1800년대 후반까지 계속된다. 그런데, 1800년대 후반에 갑자기 새로운 형태의 그림이 나타난다. 바로 네덜란드 출신으로 프랑스에서 활약한 고흐(Vincent van Gogh)이다. 그는 사실적이고 정밀한 묘사에 집중해온 이전의 화가들과는 달리, 굵은 붓 터치로 자신의 생각과 느낌을 표현하는 그림을 그리기 시작했다. 왜 하필 그 시기에 와서야 그림의 묘사 방법이 바뀌기 시작한 것일까? 바로 '카메라'의 탄생 때문이다.

사진은 사물을 정확하게 그려내는 도구이다. 그로 인해 기존의 그림이 경쟁력을 잃어갈 것임을 빠르게 인지하고, 그것을 극복하기 위해 기존의 그림에 새로운 융합을 시도한 것이다. 카메라의 탄생으로 화가들은 인간만이 할 수 있는 새로운 표현 방법을 찾기 위해 노력했다.

그리고 다시 1900년대 초가 되면서 그림의 묘사 방법에 또 한 번의 변혁이 일어난다. 바로 피카소(Pablo Picasso)가 시작한 입체주의 미술이다. 그의 그림에는 대상들이 난해한 구성으로 평면 여기저기에 배치되어 있다. 이러한 묘사 방법이 1900년대 초에 시작된 것은 분명 그 이유가 있다. 그것은 바로 '영사기'의 탄생이다.

사진을 연속적으로 보여주는 영사기는 평면에 시간의 흐름을 표현해 주었고, 이것을 피카소가 그림에 융합한 것은 아닐까? 사방에서 바라본 대상을 분해해서 하나의 평면에 재배치하는 방식으로 말이다. 이렇게 새로운 기술이 기존의 영역에 융합되면서 새로운 표현 방법이 탄생했고, 난해한 현대미술로까지 이어진 것이다.

4차 산업혁명이 우리들에게 요구하는 것도 바로 이러한 것이다. 사진보다 정밀한 그림을 그리기 위한 경쟁이 아니라, 인간만이 할 수 있는 영역을 새롭게 발견하고 그것을 융합하는 능력 말이다. 그 동안 인간의 영역으로만 생각해 왔던 것들이, 새로운 기술로 인해 그 자리를 하나씩 내어주고 있다. 여러분이 화가라면 사진과 경쟁할 것인가, 아니면 융합을 통해 새로운 자신만의 영역을 만들어 나갈 것인가?

이제부터의 창조는 기존의 것과는 다른 방식의 융합이다. 다시 한 번 강조하지만, 자신이 가지고 있는 현재의 지식과 경험에 누군가가 가지고 있는 지식과 경험을 새롭게 융합할 수 있는 능력을 갖추어야만 '이미 일어난 스마트 시대의 미래'의 '기술과의 경쟁'에서 살아 남을 수 있다.

융합은 분해에서부터

앞서 설명한 바와 같이 '융합'은 '현재 있는 것을 정확하게 살펴보는 것'에서 부터 시작해야 한다. 그러므로, 융합은 기존의 것을 분해하는 데서 시작해야 한다. 와해성 기술(Destructive Technology)은 스마트폰과 같이 기존 산업을 완전히 바꾸는 파괴적 기술이나 신제품을 가리키는 용어다.

창의적인 아이디어를 만들어내기 위해서는 낡은 기술을 해체하고 분해한 다음, 그것을 통해 새로운 기술을 쌓아 올려야 한다는 의미이다. 다시 말해 융합을 시작하려면 기존의 것을 분해할 수 있어야 한다.

이러한 분해는 단지 기술 분야만이 아니라, 비즈니스에도 적용된다. 현재의 사업을 기능별로 분해해 보고, 그 분해된 요소에서 새로운 기회를 찾을 수도 있다는 것이다.

대한항공은 항공사이지만 한국 최고의 식품 수출 기업이기도 하다는 사실을 알고 있는가? 기내식을 개발하여 이것을 타항공사에 판매하면서 이룬 수출 실적이 다른 식품 전문 기업들보다 높다는 것이다.

이렇게 자신의 사업을 분해해 보면, 자신의 고유업종이 아닌 분야에서도 새로운 기회를 찾아낼 수 있다. 여러분이 현재 하고 있는 일이나 전공 등을 분해해 보고 그 안에서 새로운 기회를 찾아보자.

"분해가 바로 융합의 시작이다."

여러분이 유명한 '맛집'을 방문한다면, 단지 음식만이 아니라 그 맛집이 성공한 이유를 발견하는 것에도 관심을 가져보라.

그것은 그 식당을 요소별로 분해하는 것에서부터 시작된다. 우선 하드웨어와 소프트웨어로 나누어서 분해해보자.

가게의 인테리어는 어떠한지, 음식이 담겨 나오는 접시는 어떠한지, 종업원들의 복장은 어떠한지 등이 하드웨어적인 요소다. 고객을 처음 맞이하는 방법은 어떠한지, 음식의 주문과 도착 과정은 어떠한지, 종업원들의 태도는 어떠한지 등이 소프트웨어적인 요소이다.

처음에는 큰 요소들만 분해하지만, 이것을 반복하면 좀 더 세밀한 요소들까지도 분해할 수 있게 된다. 이렇게 훈련을 거듭하면, 성공요소가 명확하게 보이기 시작한다.

결국은 그 동안 눈에 보이지 않았던 가게의 사장 혹은 지배인의 작은 행동에까지 주목하게 된다. 이것이 바로 분해가 가져다 주는 새로운 발견이다.

이러한 일상에서의 '분해훈련'을 통해 가능한 세밀하게 분해할 수 있는 능력을 갖추어간다면 융합은 자연스럽게 시작된다.

이번에는 A와 B를 선정하고 융합하는 훈련을 한 번 해보자.

> 먼저, 현재 A가 가진 모든 기능을 가능한 작게 분해한다.
> 그리고, 분해된 각 요소를 펼쳐 놓는다.
> 그 안에서 중복되는 요소는 과감하게 제거한다.
> 그 다음, 현재 B가 가진 모든 기능을 가능한 작게 분해한다.
> 그리고, 분해된 각 요소를 펼쳐 놓는다.
> 그 안에서 중복되는 요소는 과감하게 제거한다.
> 그리고, 남아 있는 A와 B의 요소들을 자유롭게 융합해본다.

예를 들면, 분식집을 A, 와인바를 B라고 생각하고 융합을 시도해보자. 각각의 성공 요소를 계속 분해해보면, 분식집은 누구나 부담 없이 방문할 수 있고 '가격대비 높은 성능' 즉, '가성비'가 좋다는 것으로, 반면에 와인바는 분식집보다 고가이긴 하지만 고급스러운 분위기와 와인을 매개로 한 대화가 좋다는 것으로 귀결된다.

이 두 가지 요소를 융합해서 가성비 좋은 와인바를 만들면 어떨까? 5만원 이하의 와인과 순대와 떡볶이 등을 안주로 내면서 말이다. 물론 이것을 실제 비즈니스로 이어지게 하려면, 보다 세밀한 분해와 반복된 융합 과정을 통한 문제점 제거와, 플랫폼의 3요소 즉, '만나는 이유'와 '머무는 이유', 그리고 고객 스스로의 '자가발전'으로 성장해갈 수 요소 등을 찾아내는 과정이 반드시 있어야 한다. 여러분이 마음만 먹는다면 이러한 '융합 훈련'은 일상생활에서 언제든 실행에 옮길 수 있다. 그리고, 더 나아가 A와 B, 그리고 C로 계속 융합의 대상을 확장해 나갈 수도 있다.

> "분해와 융합은 개인에게도 적용할 수 있다."

현재의 자신을 각각의 요소별로 분해해 보라. '하고 싶은 것', '하기 싫은 것', '할 수 있는 것', '할 수 없는 것' 등으로 나누어서 목록을 작성해 보는 것도 좋은 방법이다. 그렇게 만들어진 각각의 요소들을 펼쳐놓고 다시 융합해본다면 새로운 미래를 설계할 수 있다. 예를 들어, '하고 싶은 것'과 '할 수 있는 것'을 융합해 보면서 자신이 지금 어떠한 일을 하는 것이 좋을까에 대한 방향을 잡을 수도 있을 것이다. 스스로를 분해해서 정확하게 자신의 현재를 이해하고, 그 요소들의 융합을 통해 새로움을 발견하는 방법으로도 이용할 수 있다는 말이다. 이처럼 '분해'와 '융합'은 기업의 비즈니스뿐만 아니라 우리 개인에게도 적용할 수 있다.

> "진정한 발견의 항해는 새로운 땅을 찾는 것이 아니라, 새로운 눈을 갖는 것이다."
>
> – 프랑스의 소설가, 마르셀 프루스트(Marcel Proust)의 〈잃어버린 시간을 찾아서〉 중에서 –

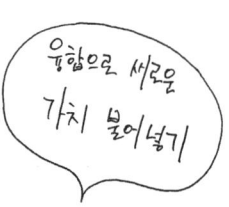
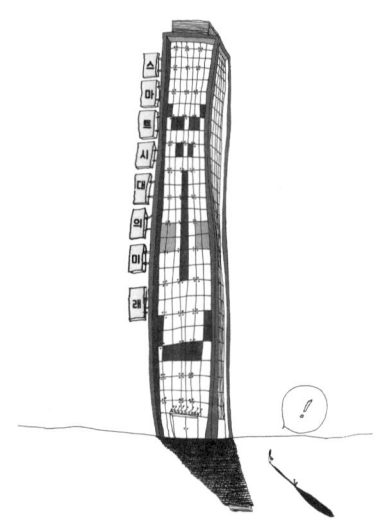

12. 융합으로 새로운 가치 불어넣기

"설마를 융합하라!"

고정관념 깨기, 공학과 인문학, 지식과 경험을 통한 생각의 충돌

자! 이제부터는 현재의 나를 이해하고 새로운 가치를 더하는 '융합'으로, 또 다른 행복을 만들어 가는 방법을 알아보자.

'똑똑이'와 '똘똘이'가 산속을 헤매다가 멀리서 다가오는 호랑이를 발견했다. 이 때, 암기력과 분석능력이 뛰어난 똑똑이는 논리적으로 상황에 대처한다. 호랑이가 전방 100m 거리에 있고, 시속 50Km로 달릴 수 있으니 초당 13.9m로 다가올 것이고, 앞으로 정확하게 7.2초 후면 만날 것이라는 분석부터 시작하는 것이다. 그럼 순발력과 창의력이 뛰어난 똘똘이는 무엇을 할까? 조용히 신발끈을 단단히 묶는다. 똑똑이보다 빨리 뛰기만 하면 호랑이에게 잡아 먹힐 확률은 현저히 줄어들 것이니까.

뇌 과학(Brain Science)을 공부해 보면, 인간이 위기를 마주했을 때의 의사결정은 계산하고 분석하는 의식적인 부분이 아니라, 무의식에 더 많은 지배를 받는다고 한다. 결국은 지능에만 의지하지 말고, 반복적인 생각 훈련을 통해 통찰을 만들어내고 무의식을 단련하는 것이 훨씬 중요하다는 이야기다. 더욱이 이제 인간은 암기력과 기억력만으로는 인공지능을 이길 수 없다. 카메라의 탄생으로 일어난 화가들의 변화와 같이, 새로운 방식의 대응이 필요한 것이다. 로봇과 인공지능이 인간보다 잘 할 수 있는 영역은 그것들에게 맡기고, 우리는 아직 인간의 영역 안에만 있는 창의력, 표현력, 순발력 등에 집중해야 한다. 이제 '창의적인 융합능력'은 우리 인간들이 반드시 갖추어야 할 능력임을 명심하자.

생각을 열어야 융합이 시작된다

변화된 세상에서 생존하려면 지금까지 우리의 생존을 보장했던 기존의 방식에도 변화가 시작되어야 한다. 무엇보다, 기존의 생각 방식인 고정관념(固定觀念)을 깰 수 있어야 변화가 시작된다. 여기서 '관념'은 '내 마음속으로부터 우러나오는 생각'을 말한다. 고정관념은 이러한 나의 생각이 굳어져서 하나의 신념이 된 것을 말한다. 결국 내 마음속에 자리잡고 있는 세상을 보는 방법을 바꾸어야만 고정관념을 깰 수 있다. 어떻게 보면 현재와 같은 주입식 교육은 고정관념을 더더욱 강화시키는 방식이다.

다시 한 번 강조하지만, 교육은 '집어넣기'가 아니라 '꺼내기'를 훈련하는 과정이다. 그런데, 현재의 교육 방식은 여전히 집어넣기에만 집중되어 있다. 고정관념을 강화시키는 훈련을 반복하고 있는 셈이다. '고정관념'은 집어넣기만 하고, 제대로 꺼내지 않아서 생기는 병이다. 다양한 방식으로 생각을 꺼내는 과정에서 융합이 일어난다.

물론 집어넣은 것이 없으면 꺼낼 수 있는 것도 없다. 그러므로 교육은 집어넣고 꺼내는 과정의 반복훈련이어야 한다. 지금부터라도, 무언가를 집어넣었다면 반드시 꺼내는 과정을 만들어라. 암기력 테스트와 같은 저장된 기억의 확인이 아니라, 집어넣은 주제로 토론을 하든 글쓰기를 하든 생각을 꺼내는 과정을 거치라는 말이다. 이 과정을 통해야만 통찰이 생기고 생각의 융합이 일어난다.

우생마사(牛生馬死)라는 말이 있다. 거센 물살에 소와 말이 떠내려간다면, 소는 살고 말은 죽는다는 이야기다. 말은 헤엄을 잘 치고 똑똑하기에 물살을 거슬러 올라가야만 살 수 있다는 생각에 열심히 헤엄치다가 결국은 지쳐서 죽게 되고, 소는 그저 물살에 몸을 의지하고 자연스럽게 강 바닥에 발이 닿을 때까지 기다렸다가 생명을 구하게 된다는 이야기다. '내 생각이 맞다'라고 끝까지 우기는 결과가 오히려 참담한 결과를 만들 수 있다는 것이다. 집어넣기 만으로 만들어진 고정관념은 오히려 상황 대처 능력을 방해하고, 결국은 스스로를 망친다는 교훈을 주는 우화이다.

말뚝에 사슬로 어린 코끼리를 묶어놓으면, 나중에 성장한 뒤에도 작은 사슬일지라도 발목에 무언가 묶여만 있으면 절대로 도망갈 생각을 하지 않는다고 한다. 말뚝을 충분히 뽑을 만큼 힘이 생겼는데도 말이다. 어차피 노력해봐야 되지 않는다고 학습된 고정관념의 결과이다. 여기서 또 하나 학습되는 것이 있는데 바로 '두려움'이다. 이렇게 학습된 두려움은 고정관념을 깨는 행위 자체를 포기하게 만든다. 물론 이 또한 생존에 필요한 효율적인 안전장치인 것은 맞다. 하지만, 잘못 학습된 두려움은 새로운 변화에 대한 대응 자체를 거부하게 만들어서, 결국은 생존을 위협하는 요소로 작용한다.

'고정관념 깨기'는 '학습된 두려움 깨기'이다

지동설을 주장한 코페르니쿠스(Nicolaus Copernicus)는 지구가 태양 주위를 돈다는 사실을 발견하고도 22년 동안이나 침묵했다. 태양이 지구 주위를 돌고 있다는 천동설이 지배하던 지식사회에서 따돌림이나 조롱을 받을까 두려웠기 때문이다. 게다가 그는 천문학자이자 성당의 신부이기도 했다. 이러한 이유로, 세상을 지배하고 있었던 고정관념을 깬다는 것은, 자신뿐만 아니라 공동체의 관념 또한 깨는 행위이기에 더 큰 용기가 필요했을 것이다. 그런데 더 놀라운 사실은 사람들이 지구가 태양 주위를 돌고 있다는 사실을 알게 된 것이 불과 500년도 안 되었다는 것이다. 그 이전까지 아무도 이러한 고정관념을 깨기 위한 노력조차 하지 않았다. 아직도 우리 주위에는 이러한 고정관념의 지배를 받고 있는 것이 산재해 있다.

고정관념이라고 생각되는 것을 찾아서 나열해보자. 그리고, 그 중에서 하나를 선택하고, 그것을 무조건 뒤집어 보자. 이렇게 고정관념을 깨기 위한 반복된 훈련을 통해 세상을 바꾸는 기회를 만들 수 있다. '연기는 위쪽으로 향한다'는 고정관념을 깨기 위한 노력이 드라이아이스를 이용해서 바닥에 연기를 머물게 하는 무대효과를 만들었다. 고정관념을 깨라는 말이 자신의 신념을 포기하거나 현실을 부정하라는 말은 결코 아니다. 고정되어 있는 시각을 다른 각도로 한 번 바꾸어보라는 것이다.

'시계는 보는 것이다'라는 고정관념을 깨면서 손으로 만지며 시간을 읽을 수 있는 점자시계가 탄생했다. 영국 출신의 디자이너 제임스 다이슨(James Dyson)은 바람을 만들기 위해서는 회전날개 즉, 팬(Fan)이 있어야 한다는 고정관념을 깨고 날개 없는 선풍기를 만들었다. '서점에 가면 책이 있다'는 고정관념을 한 번 깨보자. 프랑스 파리 소르본대학 옆에 있는 퓌프(Puf)라는 서점에는 책이 없다. 커피 한잔 마실 시간인 10분 정도면 책 한 권을 완성할 수 있는 에스프레소 북 머신(Espresso Book Machine)을 도입하여, 서점에 비치된 태블릿PC로 책을 선택하면 바로 그 자리에서 인쇄와 제본을 거쳐 한 권의 책으로 만들어 주는 곳이다. 실제로 그곳에서는 커피도 판매한다. 진열할 책이 필요 없으니 재고도 없고, 넓은 공간도 필요 없다. 또한 커피 판매 수익이 적지 않다. 융합을 통한 새로운 가치의 창조는 바로 이러한 고정관념 깨기에서 시작된다.

'고정관념 깨기'는 현재를 다르게 보는 것만으로도 시작된다. 1월 1일을 12월 32일 혹은 13월 1일이라고 표현할 수도 있다. '손으로 듣고, 귀로 보고, 눈으로 만지는' 등과 같이, 현재를 그저 다르게 표현해 보는 '생각의 충돌'을 시작하는 것만으로도 융합은 시작된다.

아는 만큼 보인다!

다시 뇌 과학으로 돌아가보자. 융합은 생각 충돌을 통한 뇌의 화학반응이다. 충돌에 사용할 수 있는 '생각의 재료'에다, 생각이 서로 충돌할 수 있는 환경을 제공하면 뇌는 화학반응을 시작한다.

생각의 충돌은 기존의 지식이나 경험이 새로운 지식이나 경험과 만날 때 시작된다. 그런데, 이러한 '생각의 충돌'은 '생각의 재료'가 풍부해야 가능하다. 여기에 바로 생각의 재료인 '지식과 경험'의 중요성이 있다.

필자는 한 달에 최소한 100권의 책을 본다. 어떻게 하면 이것이 가능할까? 최소한 일주일에 한 번은 인터넷서점 사이트를 방문하여 베스트셀러 목록을 살펴본다. 그리고, 그 목록과 책의 요약 부분을 모두 읽는다. 그 중에서 괜찮은 책을 발견하면 구입한다. 이 과정을 매주 반복하다 보면, 베스트셀러 목록이 한꺼번에 바뀌지 않기에, 일주일에 단 10분만 투자하면 목록의 새로운 부분을 읽을 수 있게 된다.

더욱이 계속된 독서가 만들어준 통찰로 인해, 신간일지라도 요약 부분만 읽으면 책의 내용을 파악할 수 있는 능력을 갖게 되고, 이로 인해 읽어야 할 책과 그렇지 않은 것을 구별할 수 있게 된다. 실제로 많은 수의 책이 후자에 속한다. 이렇게 한 달에 최소한 100권의 책을 보게 되는 것이다.

분명히 강조하지만 필자는 한 달에 100권을 '읽는다'라고 하지 않았고 '본다'라고 표현했다. 실제로 정독을 하게 되는 책은 3~4권이지만 말이다. 그리고, 책을 읽으면서 '집어넣기'만 하지 말고, 반드시 '꺼내는' 과정을 가져야 온전히 내 것이 된다는 것을 명심하자. 필자는 이 과정을 발표자료 작성으로 해결한다. 책을 읽으면서 만난 새로운 생각의 재료를 파워포인트와 문서작성기 등을 통해 타인에게 설명하기 위한 자료로 완성시키는 과정에서, 생각의 충돌을 만들고 그것을 정리한다.

읽기만 하는 행위보다 기억하는 데도 높은 효과가 있지만, 무엇보다도 꺼내면서 일어나는 생각의 충돌 과정을 통해 새로운 통찰을 만들어 간다는 데 더 큰 의미가 있다.

이러한 독서습관은 더 많은 생각의 재료와 새로운 통찰도 가져다 주지만, 요즘 사람들이 어떠한 것에 관심을 가지고 있는지에 대한 시대의 흐름 즉, 트렌드와 그 세부 내용을 놓치지 않게 만드는 역할도 함께 해준다. '베스트셀러' 도서는 동시대를 살고 있는 다수의 사람들이 쓰는 '공감언어'이기 때문이다. 그리고 이러한 공감언어 공부를 게을리하지 말아야 하는 이유는, 상대의 공감에 꼭 필요한 표현들이 여기에 있기 때문이다.

한 사람이 한 손에 횃불을 들고 하늘을 올려다 보면서 땅으로 내려오고 있다. 여러분은 이 장면으로 무엇이 상상되는가? 바로 그리스로마 신화에 등장하는, 신으로부터 불을 훔쳐 인간에게 가져다 준 프로메테우스(Prometheus)의 이야기다. 유럽 여행 중에 만나게 되는 예술작품들을 보면서 무엇을 의미하는지 이해하려면 반드시 그리스 로마 신화와 성경을 알고 있어야 한다. 이것이 바로 유럽인들을 이해하기 위한 '공감언어'이기 때문이다.

바다 한가운데 뱃머리에서 젊은 여인이 두 팔을 벌리고 바다를 향해 서 있다. 그 뒤편에 있는 젊은 남자는 상기된 모습으로 그녀를 바라보고 있다. 여러분은 이 장면에서 무엇이 상상되는가? 영화 타이타닉(Titanic)의 한 장면? 혹시 한국인이라면 임당수에 몸을 던지는 심청이 떠오르지는 않는가? 이 장면을 어떻게 해석하느냐에 따라 그 의미는 완전히 달라진다. 타이타닉은 남녀간의 사랑 이야기이고, 심청전은 부모를 위해 자신을 희생하는 효심에 관한 이야기다. 이처럼 공감언어에 따라 해석 자체가 달라질 수 있다. 우리는 언어로 생각을 전달하지만, 이해는 자신이 알고 있는 지식과 경험에서 만들어진 관념으로 한다. 그 관념을 정확하게 공유하기 위한 수단이 바로 '공감언어'다.

이처럼 공감언어를 알지 못하면 상대의 생각을 제대로 이해할 수 없다. 우리가 그리스로마 신화, 성경, 세계사, 고전문학, 그리고 현재의 베스트셀러 도서 등을 공부해야 하는 이유가 바로 여기에 있다. 현재 인기를 누리고 있는 노래와 드라마, 그리고 영화 등의 대중문화 또한 대표적인 공감언어다. 공감언어를 많이 알수록 타인의 공감을 이끌어낼 수 있는 힘을 더 많이 가지게 된다. 이것이 바로 공감언어를 최대한 많이 습득하기 위해 노력해야 하는 이유다. 다른 사람들 입에 오르내리는 이야기를 그저 흘려 듣지 말고 궁금해 하고, 그것을 알기 위해 노력하라는 말이다.

코난(Conan)을 아는가? 미래소년 코난(1978년), 바바리안 코난(1982년), 명탐정 코난(1994년) 등 무수히 많은 코난이 존재한다. 청소년기를 보낸 시기에 따라 코난은 서로 다른 사람이 된다. 이 때문에 서로 다툼이 생긴다면?

이처럼 세대간의 갈등도 상대의 공감언어를 제대로 이해하지 못해서 생기는 문제로 볼 수 있다. 우리가 '꼰대'라고 부르는 사람은 잘못된 생각을 하고 있는 사람이 아니라, 나와는 다른 공감언어를 쓰는 사람이라고 이해해 보면 어떨까? 이 경우, 상대의 입장에서 보면 나 또한 '꼰대'인 것을 알아야 한다. 결국은 공감언어의 차이가 만드는 결과인 것이다. 나이에 따른 세대 차이, 국적과 같은 출신지역에 따른 문화 차이 등, 인간 관계가 만드는 대부분의 마찰이 이 때문에 발생한다.

다른 사람들의 입에 오르내리는 모든 것에 관심을 가질 필요가 있다. 앞서 설명한 '베스트셀러 도서'와 마찬가지로, 천만 관객을 동원한 영화라면 반드시 보기를 권한다. 그런데 보러 갈 시간이 없거나 시기를 놓쳤다면, 그 내용이 무엇인지 만큼은 인터넷 검색을 통해서라도 알아보는 노력을 해야 한다. 더욱이 이러한 영화나 드라마의 줄거리를 친절하게 정리해 놓은 블로그를 검색만 해도 바로 찾을 수 있는 시대여서 결코 예전처럼 힘든 일도 아니다.

다른 사람과 대화하면서 상대의 말을 잘 이해하지 못하거나 자기가 하는 말을 상대가 잘 이해하지 못한다면, 그 대화가 나의 공감언어와 상대방의 공감언어의 교집합에서 서로 벗어나 있는 것이다. 상대의 공감언어를 이해하기 위한 노력이 뒤따르지 않는다면 분명 이런 상황은 반복될 수 밖에 없다. '공감언어'를 습득하기 위한 노력은 타인과의 공감을 위한 필수적인 행동이자, 생각의 충돌을 만들기 위해서 반드시 필요한 '생각의 재료'인 '지식습득'의 과정이기도 하기 때문이다.

경험한 만큼 보인다!

새로운 경험이 많아질수록 더 많은 생각의 재료가 만들어진다. 생각의 재료가 많아질수록 더 많은 생각의 충돌이 만들어진다. 이러한 생각의 충돌은 기존의 경험이 새로운 경험을 만날 때 발생한다.

우리가 만나는 경험은 주로, 생활 중에서 항상 이루어지고 있는 오감자극(五感刺戟)을 통한 경험 즉, 오감경험(五感經驗)에서 시작된다. 오감자극은 뇌를 깨우는 출발점이다. 그리고, 오감자극은 생각의 충돌을 위한 뇌의 스위치이다. 우리의 뇌는 오감자극에 의해 반응하고 그 과정을 통해 능력이 향상된다. 보고, 듣고, 만지고, 맛보고, 냄새를 맡는 등의 오감자극을 무의식적인 뇌의 반응으로만 이해해서는 안 된다. 이때 뇌는 수많은 정보처리 과정을 동시에 수행하기 때문이다. 그 덕분에 우리는 맛과 냄새로도 과거를 기억해내고 추억을 떠올리게 되는 것이다.

'오감경험'을 많이 하라. 오감으로 인한 단순자극이 아니라 오감이 새로운 경험으로 축적되는 행위를 하라는 말이다. 맛집 탐방이 그 대표적인 예이다. 맛집을 찾아 다니고 음식의 맛을 보는 과정에서 오감이 자극을 받고, 그로 인해 새로운 경험이 쌓이기 때문이다. 미술 전시회를 가서 시각적인 자극을 받는 것이나, 음악 공연에 가서 청각과 시각적인 자극을 동시에 받는 행위도 여기에 속한다. 종일 도서관에서 공부만 한다면 이러한 새로운 오감경험을 만날 수 없다. 최소한 일주일에 한 번만이라도 새로운 오감경험을 위한 투자를 계속하기를 권한다.

'오감경험'의 최고는 바로 낯선 곳으로의 '여행'이다. 낯선 곳에 가면 눈에 보이는 것도, 귀에 들리는 것도, 코로 느껴지는 냄새도, 모두가 평소와는 다르다. 이러한 새로운 자극을 만나면, 우리의 뇌는 이것이 무엇인지를 알아내기 위해 스스로에게 질문을 시작한다. 이 과정에서 생각의 충돌이 일어나고, 고정관념이 깨지기 시작하면서 융합이 일어나는 것이다. 바로 이것이 새로운 '오감경험'에 투자해야 하는 중요한 이유다. 여기서 말하는 '여행'이 미리 계획하고 실행으로 옮겨야 하는 힘겨운 일상탈출 행위만을 이야기하는 것은 아니다.

출퇴근길 혹은 등하굣길에서도 낯선 곳으로의 여행이 가능하다. 익숙한 것에서 벗어나기 위한 작은 변화를 시도하면 된다. 매일 이용하는 버스이지만, 오늘 한 번은 중간에 내려서 한 정거장만이라도 걸어보자. 버스나 지하철의 환승 방법을 바꾸어도 좋다. 평소에 안 다니던 골목길을 걸어보자. 그러면서 새로운 시각, 후각, 청각 자극을 만나게 될 것이고, 이것이 모두 '오감경험'이 될 것이다. 익숙하고 동일한 자극의 반복으로는 뇌를 깨우는 스위치가 작동하지 않는다. 일상에서의 작은 변화만으로도 오감을 자극하는 새로운 경험을 만들 수 있다.

경험해보지 못한 것이라면 무엇이든 새롭게 시도하는 과정에서 경험은 쌓여간다. 그림 그리기나 새로운 악기 다루기, 그리고 외국어를 배우는 것도 중요한 경험의 하나다. 모두 자신의 생각을 표현할 수 있는 일종의 언어를 익히는 일이기 때문에 더욱 중요한 경험이 된다. 새로운 생각 표현 방법을 배우는 과정에서 만들어지는 경험이야말로, 가장 좋은 생각충돌의 재료이기 때문이다.

기존과는 다른 방식으로 표현하는 새로운 언어를 배우는 과정에서, 뇌의 정보처리 과정과 기억장소 호출 과정 등이 새롭게 정립된다. 이 과정에서 뇌에서는 수많은 화학작용이 일어나면서 보다 활성화된다. 물론, 새로운 경험을 위해서는 많은 시간과 경제적인 부담이 동반되기도 하지만, 생각의 충돌을 만드는 최고의 투자라는 믿음이 그 밑바탕에 있기를 바란다.

지금까지 생각의 충돌을 만들어내기 위한 생각의 재료 즉, '지식'과 '경험'의 중요성을 이야기했다. '아는 만큼 보이고, 경험한 만큼 보인다'는 것을 명심하자. 융합은 '낯선 지식과 낯선 경험의 만남'을 통한 '생각의 충돌'이 있어야 시작된다. 만약 여러분이 지금까지 이

책을 읽으면서 지루함을 느끼지 않고 있다면, 필자가 전달하는 낯선 지식과 낯선 경험을 통해, 생각의 충돌을 제대로 즐기고 있는 것이다. 그렇지 않다면 필자가 여러분이 이해할 수 있는 적절한 공감언어를 쓰지 못하고 있기 때문일 것이다.

기존의 생각이 충돌하고 새로운 융합을 하면서, 혁신적인 아이디어가 폭발적으로 증가하는 현상을 메디치 효과(Medici Effect)라고 한다. 이러한 메디치 효과를 만들어내기 위해서는 '생각의 충돌'을 즐겨야 한다.

서로 다른 의견 때문에 생기는 타인과의 생각의 충돌 또한 감사해야 한다. 낯섦과 다름을 만나면 오히려 감사하자. 이것이 나의 고정관념을 깨고 융합능력을 향상시켜주는 고마운 과정이 되어주기 때문이다.

아는 사람 중에 이 책을 함께 읽은 사람이 있다면 그와 만나서 대화를 시작하라. 각자가 느낀 점이나 의견을 교환하라. 그 과정에서 생각의 충돌을 경험하라. 그리고 그것을 즐겨라. 이것이 바로 새로운 융합과 통찰을 만들어가는 중요한 과정이 되어줄 것이다.

'생각의 충돌'을 반복하며 '뇌 근육 만들기'

인간의 신체 부위 중에 가장 많은 에너지를 소비하는 곳이 바로 두뇌이다. 따라서 인간은 생존을 위해서라도, 두뇌를 효율적으로 사용해서 에너지를 아껴야만 한다. 인간의 정보처리 장치인 두뇌는 에너지 효율성을 위해 지각에 필요한 역할을 범주별로 나누어서 활동한다. 각각의 범주에 해당하는 지식과 경험 데이터들을 독립적으로 저장하고 관리하면서 정보처리를 단순화시켜 나간다. 이러한 과정의 반복이 고정관념을 더욱 단단하게 만드는 것이다. 이것이 바로, 융합을 위한 별도의 자극이 없으면 생각의 융합이 생기지 않는 이유이다. 게다가 지식과 경험마저 부족하다면 더욱 그렇다. 소위 말하는 '꼰대'가 되는 과정이다. 이렇게 보면, 나이가 들수록 심한 꼰대가 되는 것은 뇌의 에너지 효율을 위한 자연스러운 진화의 산물이기도 하다.

'야외 테라스에 앉아 여유롭게 커피 한 잔을 마시고 있다. 그리고, 바람에 나뭇잎 부딪는 소리에 숲속으로 눈을 돌렸다. 그때, 어디선가 들려오는 모짜르트의 피아노 선율…' 여러분은 무엇을 느끼는가?

뇌의 정보처리 영역이 범주별로 구분되어 발달한 사람일수록 커피와 나무, 그리고 모짜르트 등으로 각각을 나누어 인식하게 된다. 하지만, 뇌가 말랑말랑한 사람은, 그 순간 첫사랑을 떠올리고 추억에 빠져든다. 이것이 생각의 충돌이 만들어주는 새로운 융합이다. 상상력은 바로 이러한 뇌의 정보처리 과정에서 '생각의 충돌로 시작되는 융합의 산물'이다.

그러므로 생각의 충돌을 만드는 일을 게을리 하면, 그저 단순 정보만 효율적으로 처리하게 되고, 생각의 충돌이나 상상력은 일어나지 않게 된다. 꼰대가 되지 않으려면, 생각의 충돌을 지속적으로 만들어야 한다. 음식을 먹을 때도 그냥 먹는 데만 집중하지 말고, 배경음악과 함께 하자. 그러면 나중에 그 음악만 들어도 그때 먹은 음식이 생각날 것이다. 뇌의 범주별 영역이 서로 연결될 수 있는 자극을 지속적으로 주어야 우리의 뇌는 말랑말랑해진다.

운동을 하지 않으면서 근육이 만들어지기를 바라는 것은 어리석은 생각이다. 육체의 근육은 반복적인 자극과 훈련이 있어야 만들어진다. 뇌도 마찬가지다. 뇌 근육을 키우려면 뇌도 운동이 필요하다. 바로 '집어넣기'와 '꺼내기'의 반복훈련이다. 무언가 새로운 지식을 집어넣었다면 그것을 꺼내는 과정을 반드시 거쳐야 한다.

오늘 저녁에 누군가를 만난다면 이 책의 내용을 마치 자신의 것인 양, 상대에게 얘기해 보라는 말이다. 이렇게 밖으로 꺼내며 설명하는 과정에서 생각의 충돌이 일어나고, 그렇게 뇌 근육이 만들어지기 시작한다. 이러한 설명을 10명에게 했다면, 10번의 반복훈련을 한 것이다. 이렇게 집어넣기와 꺼내기의 반복훈련 과정에서 뇌 근육은 더욱 튼튼해진다. 그렇게 만들어진 뇌 근육이 일정 높이 이상을 뛰어넘을 수 있을 만큼 강해지면, 그때 생기는 결과물이 바로 '통찰'이 된다. 주변에 이러한 이야기를 나눌 수 있는 대상을 많이 만들자. 그리고 그와 함께 뇌 근육을 키워보자.

뇌 근육을 키울 생각이 전혀 없는 사람들끼리의 대화는 꽉 막힌 꼰대 간의 대화가 될 확률이 높다. 여러분은 이들의 대화가 어떠한 결말을 맞이하게 될지 상상이 되는가? 십중팔구는 다툼으로 끝이 난다. 뇌의 에너지 효율만을 위해 만들어진 자기 주장만을 반복할 테니까. 그럼에도 불구하고, 아예 어떠한 생각의 충돌도 거부하고 단순 지식만을 나열하는 사람 보다는, 그래도 자기 주장이라도 꺼내며 다툼이 생기는 대화가 그나마 나은 것이다. 생각의 충돌을 즐겨야 통찰이 생긴다. 자신이 집어넣은 것을 기쁘게 꺼낼 수 있는 대상과의 만남이야말로 생각이 서로 충돌할 수 있는 최고의 환경을 갖추는 것이다.

"나는 사과 한 알로 파리를 놀라게 하겠다"고 결심한 프랑스의 화가 폴 세잔(Paul Cezanne)은 당시 신과 영웅 이야기, 그리고 인물과 풍경만을 주로 그리던 인상파 화가들이 주류였던 프랑스 파리를 떠나, 고향인 엑상프로방스(Aix-en-Provence)에서 정물화에만 집중한다.

가장 좋아하고 잘 하는 것에 집중하는 반복된 훈련과정에서 세잔은 중요한 것을 발견한다. 인간은 하나가 아니라 두 개의 눈으로 사물을 본다는 사실이다. 그는 이것을 평면 그림에 융합했다. 그 결과 500년을 지속해 온 원근법을 넘어서서 그림 속 테이블의 수평을 좌우가 다르게 묘사하는 등의 새로운 표현 방법을 만들어냈다. 반복 훈련으로 얻은 통찰의 결과이다.

융합의 기회는 의외로 가까운 곳에 있다

단순한 융합부터 시작해보자. 책꽂이와 소파의자를 융합하여 '책꽂이 의자'를 만들 수 있다. 둥근 소파의자 주변을 책꽂이로 두르면 된다. 이렇게 하면, 앉은 상태에서 편하게 책을 뽑아서 읽을 수 있는

'책꽂이 의자'가 탄생한다. 자전거 앞 바퀴에 잔디 깎는 기계를 장착하면 자전거를 타면서 잔디를 깎을 수 있는 '잔디깎기 자전거'가 만들어 진다. 융합은 결코 복잡하지 않다.

융합은 현재의 것에 새로운 필요를 더하면서 시작된다. 제품 이름 자체가 'Ding'인 '스마트 도어벨'이 있다. 스마트폰과 도어벨을 융합하여 새로운 가치를 만든 제품이다. 문 밖 도어벨과 문 안의 스피커로 구성되어 있다. 물론 둘 다 무선으로 인터넷에 연결되어 있다. 방문자가 벨을 누르면 바로 원격지의 스마트폰으로 연결되고, 스마트폰에서 음성으로 말하면 스피커에서 소리를 전달하여 마치 집안에 있는 것처럼 위장할 수도 있고, 문도 열어줄 수 있는 시스템이다.

아기가 편하게 잠자는 요람에 아기의 울음소리를 인식하여 자동으로 흔들어 주는 기능을 융합한 '스마트 요람'도 있다. 아기 울음소리의 크기에 따라 진동을 다르게 할 수도 있다.

분식집에서 맥주를 마시고 싶다는 필요를 융합하여 '분식호프' 집이 생기고, 순대를 와인과 함께 즐기고 싶다는 필요를 융합하여 '분식와인' 집이 생길 수 있는 것이다. 이 모두가 새로운 필요를 현재의 융합으로 구현한 사례들이다.

스페인의 어느 희극(Comedy) 공연장에서 최신 기술을 이용한 새로운 서비스를 시작했다. 공연 관람석 앞면에 안면인식용 카메라를 설치하고 관객이 웃을 때마다 카운트하여, 그것과 비례해서 돈을 지불하게 만든 것이다. 이 서비스가 만들어진 배경에는 당시 스페인의 경기침체가 한몫을 했다. 경기 상황이 나빠지면서 관객들은 문화비

지출을 가장 먼저 줄이기 시작했고, 세입이 부족했던 정부마저 공연료 세금을 8%에서 21%로 인상했다. 이 때문에 대부분의 공연장들은 계속 적자인 상황이었다. 하지만, 이 공연장은 행복한 경험을 주는 새로운 서비스를 시작했고, 사람들의 뜨거운 관심을 이끌어내면서 엄청난 흥행을 만들 수 있었다.

필요한 앱을 설치해 오면 공연장 입장은 무료이지만, 공연중 한 번 웃을 때마다 일정한 돈을 받겠다는 아이디어다. 물론 상한금액은 정해져 있다. 원래의 공연장 입장료인 24유로다. 사람들은 돈을 아끼려는 마음으로 최선을 다해 웃음을 참았지만, 이것이 오히려 더 큰 웃음을 만들어냈고, 결국은 모든 금액을 지불할 수 밖에 없게 된 것이다. 이렇게 'Pay per Laugh'라는 독특한 서비스로 불황을 타개한 아이디어의 이면에는 '현재'와 '필요'가 만나는 새로운 융합의 시도가 있었다.

'공학과 인문학'의 융합

"공학은 아름다운 소리를 재생하는 장치를 고안한다"는 명제를 잠시 살펴보자. 소리를 재생하는 장치를 고안하는 것은 분명 공학이 바탕이 되어야 하니 맞는 말이다. 그런데, 여기에 중요한 문제가 하나 숨어 있다. '아름다운 소리'는 무엇을 말하는 것인가? 이것을 공학적으로 정의할 수 있는가? 아름다움의 정의는 인문학의 범주이다. 인문학적인 접근이 함께 있어야만 아름다운 소리 재생 장치를 만들 수 있는 것이다.

미국의 컴퓨터 산업은 보스턴을 중심으로 동부지역에서 시작되었고 그곳에서 대부분의 하드웨어가 만들어졌다. 그런데, 소프트웨어 산업은 정반대에 위치한 샌프란시스코 주변의 서부지역에서 주도적으로 만들어지기 시작했다. 대부분의 연관산업은 주변지역에서 함께 발전하는 것이 일반적인데, 컴퓨터에 필요한 소프트웨어는 왜 이렇게 멀리 떨어진 곳에서 발전하게 되었을까? 바로 히피(Hippie)들 때문이다.

히피는 1960년대 미국서부의 청년층을 중심으로 시작된, 기존의 사회규범과 가치관을 거부하고 인간성 회복을 위해 자연으로 돌아가자고 주장하는 사람들을 일컫는 말이다. 순서와 절차에 따라 만들어지는 하드웨어와는 달리, 소프트웨어는 기존의 방식과는 다른 창의적인 접근 방법이 필요했다.

고정관념을 깨는 생각과 행동을 하는 히피들이 소프트웨어 산업에 투입되면서 성과를 만들었고, 그들이 머물고 있는 서부지역에서 발전하게 된 것이다.

인문학적인 성향을 가진 이들에게 소프트웨어 개발에 필요한 공학을 알려준 것이 그 반대의 경우보다 훨씬 높은 성과를 만들어 낸 것이다. 컴퓨터 소프트웨어와 마찬가지로 현재 우리가 필요로 하는 새로운 융합은 인문학적 사고와 공학적 지식을 동시에 요구하고 있다. 고정관념을 깨는 용기와 함께 말이다.

인간 의지의 나약함을 이해하는 인문학적인 접근으로, 잠이 완전히 깰 때까지 도망다니는 바퀴 달린 '알람시계'가 탄생했다. '울로(Ulo)'라는 부엉이 모양의 CCTV는, 외부에서도 집에 혼자 있는 애완동물의 상태를 실시간으로 파악할 수 있을 뿐만 아니라, 마이크와 스피커도 달려 있어서 스마트폰을 통해 애완동물과 소통도 가능하다. 특히, 부엉이의 눈동자가 애완동물의 움직임에 반응하며 친밀감을 더한다. 공학적인 CCTV 기능에 인문학적인 요소가 융합되어 만들어진 것이다.

인문학이 결여되면 공학적인 기능에만 집중하게 된다. 하지만, 우리가 만드는 모든 것은 바로 우리 인간을 위한 것임을 명심하자. 융합은 인문학과 공학이 결합되어야만 그 가치가 더해진다.

인문학은 인간과 관련된 근원적인 문제나 사상, 문화 등을 중심적으로 연구하는 학문이다. 역사, 문학, 철학, 언어학, 고고학, 법률, 비평 등이 여기에 속한다. '나는 무엇인가?', '인간은 무엇인가?' 등의 인간에 관한 질문이 바로 인문학이다. 적절한 인문학적인 소양을 갖추어야 인간을 이해하고 인간에게 필요한 도구들을 만들어 낼 수 있는 것이다.

예일대 교양과목 중에 수강 신청자가 재학생의 25%에 달하는 1200명이 몰리는 과목이 있다. '심리학과 좋은 삶(Psychology and the Good Life)'을 주제로 진행되는 로리 산토스(Laurie Santos) 교수의 과목인데, 'Hack Yourself'라는 소제목으로 학기를 진행했다. 목적은 하루 동안 내가 행한 행동과 그에 따른 감정을 기록한 다음, 그것이 과연 내가 걱정하고 갈등을 겪어야 할 것이었는지 체크하고, 필요 없고 쓸 데 없는 감정이라면 지우고, 남은 것을 통해 내일에 집중하게 만드는 것이다. 중간고사 문제는 '지금부터 나가서 1시간 15분 동안 공부하지 말고 즐기기만 하라'이다. 이러한 교양과목에 왜 이렇게 많은 학생들이 몰리는 것일까? 스스로에게 질문하고, 스스로를 돌아보는 과정에서 자신뿐만 아니라 타인도 이해하게 만들어 주기 때문이다. '스스로에게 질문하라.' 이것이 바로 인문학의 시작이다.

나의 본질 즉, 나만의 통찰과 스토리를 정립하고 만들어가기 위한 핵심도구이자, 그것을 설명하기 위해 필요한 공감언어가 바로 인문학이다. 인문학을 통해 생각의 힘을 강화시키는 노력이 있어야 스스로를 정립할 수 있다. 거기서 비롯되는 스스로의 통찰과 스토리를 설명하기 위해서도 인문학은 필요하다.

인문학 공부에도 순서가 중요하다. 먼저 역사를 이해하고 문학을 공부한 다음, 철학을 공부하는 것이 좋다. 과거의 기록인 역사를 이해해야 현재를 제대로 이해할 수 있고, 그래야만 새로운 미래를 설계할 수 있다. 이것이 바로 '역사'를 먼저 공부해야 하는 이유다. 그리고, 역사를 통해 만들어진 우리의 감성이 희노애락(喜怒哀樂)으로 표현된 것이 '문학'이다.

문학은 스스로를 밖으로 꺼내는 공감언어 능력을 갖추기 위해서도 필요하다. 이렇게 공부 과정에서 발생하는 질문들이 '철학' 공부로 이어진다.

인문학 공부를 통해 인간을 이해할 수 있어야, 인간을 위한 새로운 '필요'를 발견하고 그 해결책을 찾아 낼 수 있다. 거기에 기술을 융합하면서 미래를 만들어 가는 것이 '4차 산업혁명'이 우리들에게 요구하는 삶이다. '인문학'과 '공학'의 융합이 반드시 필요한 이유도 여기에 있다.

인문학과 공학의 정점에는 '미래학'이 있다. 미래학은 과학기술의 변화 자체가 아니라 그로 인해 파생될 문제를 연구하는 학문이다. 결국 인문학도 미래학도 '인간과 세상의 본질을 꿰뚫어 보는 눈을 갖는 것'에 목적이 있다.

> "우리가 도구를 만들어 내지만 그 후엔 도구가 우리를 만든다"
>
> – 마셜 맥루한(Herbert Marshall McLuhan),
> 캐나다의 미래학자 겸 미디어 철학자 –

융합이 가져다 준 새로운 직업

지금까지 융합 능력이 얼마나 중요한지, 그것을 갖추기 위해서는 무엇이 필요한지를 알아보았다. 이번에는 융합이 우리의 직업을 어떻게 바꿀 것인지를 살펴보자.

요리사는 어떤 사람이 되어야 할까? 미각에 뛰어난 사람? 한결같은 맛을 내기 위해 그것에 숙련된 사람? 요리의 재료를 모두 이해하고 그것을 잘 융합하는 사람? 이 모두는 무엇을 할까인 What과 어떻게 할까인 How의 문제이다. 그런데, 이러한 것들은 이제 인공지능 로봇이 더 잘하게 되었다. 그러므로, 인간의 영역인 Why로 요리

사라는 직업을 재정의하면, '내 요리에 행복해 하는 사람을 보는 것이 너무 좋은 사람'이 되지 않을까?

그런데, 이 요리사가 레고블록 조립을 좋아하는 사람이라면? 그가 조립한 레고 테이블로 가득한 공간에서 '내 요리에 행복해 하는 사람을 보는 것이 너무 좋은 사람'이 운영하는 식당이 될 수 있다. 이렇게 내가 좋아하는 것의 융합이 바로 나의 '직업'이 되어야 하지 않을까?

이번에는 '목수'라는 직업을 재정의해 보자. 톱과 망치를 잘 다뤄서 식탁과 같은 가구제작을 잘하는 사람을 목수라고 부른다. 그런데, 숙련된 한 가지 일은 인공지능 로봇이 인간보다 월등하게 더 잘할 것이기에 미래에는 '목수'라는 직업도 위태로울 수 있다.

그런데, 요리를 좋아하고 나무도 잘 다루는 목수라면? 분명 그가 그렇지 않는 목수들보다 요리용 선반이나 식탁을 훨씬 더 잘 만들 수 있을 것이다. 우리는 이러한 직업을 '목수'가 아니라 '요리 목수'라고 불러야 할 것이다.

음악을 좋아하는 목수는 음악 공연장을 더 잘 만들 수 있을 것이고, 컴퓨터를 좋아하고 잘 다루는 목수는 사람의 신체 구조를 자동으로 파악하고 그 결과에 따라 높이를 조절해 주는 테이블도 만들 수 있을 것이다. 우리는 이제 이들을 '음악 목수'와 '컴퓨터 목수'라고 불러야 한다. 게다가 요리와 음악, 그리고 컴퓨터 모두를 좋아하고 잘하는 목수가 있다면, 그는 '요리음악컴퓨터 목수'가 될 것이다. 이렇게 융합이 많아질 수록 경쟁력은 높아진다. 다시 한 번 강조하지만, 좋아하는 것의 융합이 '직업'이 되어야 하고, 그래야만 인공지능 로봇과의 경쟁에서도 이길 수 있다.

바텐더는 '고객과 대화하며 그들의 힐링을 도와주는 것이 너무 행복한 사람'이 되어야 한다. 얼음을 다듬거나 레시피에 따라 칵테일을 제조하거나 하는 등의 기술적인 부분은 인공지능 로봇을 시키고, 인간 바텐더는 고객의 심리상태를 파악하고 적절하게 대응하며 고객을 행복하게 해 주는 역할을 할 수 있어야 한다. 더욱이 고객의 심리상태 파악 또한 안면인식 기술을 이용하게 될 것이다. 그러므로, 앞으로 바텐더는 칵테일과 심리상담을 동시에 좋아하고 잘 할 수 있는 '심리상담 바텐더'가 되어야 하고, 그래야만 경쟁력을 갖추게 될 것이다.

앞으로의 직업은 기존의 직업에, 무엇을 융합할 수 있느냐에 따라 새롭게 정의될 것이기에, 그에 필요한 대응능력을 반드시 갖추고 있어야 한다. 그것이 바로 '융합 능력'이다. 경쟁 상대보다 1%만 나으면 경쟁에서 이길 수 있다. 그 1%를 융합에서 찾는다면 인공지능 로봇과의 경쟁에서도 이길 수 있다. 생각의 충돌을 통해 융합을 만드는 습관을 가졌다면 이미 이러한 경쟁에서 이긴 것과 다름 없다.

취미를 직업에 융합하라!

레오나르도 다빈치, 정약용, 괴테, 아인슈타인, 이들의 공통점은 무엇일까? 모두가 여러 분야에서 능력을 발휘한 '멀티플레이어(Multiplayer)'였다는 사실이다. '이미 일어난 스마트 시대의 미래'는 이들과 같은 다양한 지식과 경험을 갖춘 멀티플레이어를 원한다. 논리적인 수학지능과 철학적인 사유, 음악, 운동, 언어 등의 지능을 골고루 발전시켜야 한다. 인간의 지능을 세분화하여 그것을 모두 발전시키기 위한 다양한 교육 방법들도 나와 있다. 하지만, 다재 다능한 사람이 되기는 결코 쉬운 일이 아니다. 모든 분야의 전문가가 되라는 말도 아니다.

그래서 한 가지 쉬운 방법을 제안하고자 한다. 바로 '취미'를 즐기라는 것이다. 최소한 한 두 개의 취미를 즐기며, 그 수준을 어느 정도까지는 끌어 올리는 노력을 하라는 말이다. 이것이 바로, 평소의 생활을 통해 멀티플레이어로 발전하는 가장 쉬운 접근 방법일 것이기 때문이다.

취미를 그저 소일거리로 생각하지 않기 바란다. 마치 취업을 위해 학원을 다니듯 필수적인 생존 조건으로 생각하고 제대로 즐겨야 한다. 그렇다고 한 가지에만 집중하라는 것도 아니다. 더 즐거운 취미를 만나면 바꾸어도 좋다. 하지만, 한두 가지의 취미는 반드시 가지고 있으라는 말이다. 취미는 나의 전공 지식과 더불어 나의 융합을 만들어줄 또 하나의 중요한 생존 조건이 될 것이다. 이와 더불어 인문학과 새로운 기술에 관한 공부를 게을리 하지 않는다면 성공적인 삶이 함께할 것이다.

이미 일어난 '일자리'의 미래

'10년 후의 일자리 60%는 아직 생기지도 않았다'라고 미래학자 토마스 프레이(Tomas Frey)는 주장했다. 그리고, 2030년까지 200만 개의 일자리가 사라질 것이라고 말했다. 하지만, 일자리가 사라지는 것이 아니라, 다른 것으로 바뀌는 것이라고 표현하는 것이 더 적절하다고 생각한다. 타자기를 다루는 일자리가 컴퓨터 워드프로세스를 다루는 일자리로 바뀐 것처럼 말이다.

어찌되었건 수많은 일자리가 인공지능 로봇으로 대체될 것은 분명해 보인다. 공장 노동자나 운전기사, 스포츠 경기 심판 등이 여기에 속할 것이다. 진단을 전문으로 하는 동네 병원의 의사나 처방전에 따라 의약품을 전달하는 약사들도 여기에 포함될 수 있다.

학생들을 가르치는 교사는 안전한 직업일까? 단순 지식 전달자로서의 교사라면 분명 그렇게 될 것이다. 인공지능 로봇이 나를 시멘틱 데이터로 이해하고, 그것을 통해 나의 생활 패턴과 취향에 맞춘 가장 개인화된 방법으로 가르친다면, 인간 교사보다 경쟁력이 높을 수 밖에 없다. 나의 집중력 지속시간이 30분이고 그 시간마다 물을 마셔야 하는 사람이라면, 그 시간에 맞게끔 단락을 나누어 학습 진도를 나가는 방식으로 말이다. 그것도 내가 가장 좋아하고 편안해 하는 목소리 톤으로 지식을 전달해 준다면 당연히 그렇게 될 것이다. 물론 나의 Why를 자극하고 그것에 관한 생각의 충돌을 이끌어 내는 인간 교사라면 당연히 예외다.

정해진 기능을 수행하고 단순 지식을 전달하는 일은 더 이상 인간의 직업이 아니게 될 것이다. 인간의 다양한 욕구를 맞춰야 하거나, 인간을 마주하며 응대해야 하는 직업이 그래도 살아남을 확률이 높다. 무엇보다 인간의 마음을 이해하고 보살피는 직업이 가장 안전한 영역에 속한다. 결국은 인간을 가장 잘 이해하고 인간과 적절하게 교감할 수 있는 직업들만이 인간의 몫으로 남을 것이다. 이 또한 인문학이 중요한 이유이다.

증기기관의 발명으로 시작된 산업혁명 시대에 방직기가 만들어지면서 방직공들은 일자리를 잃기 시작했다. 하지만, 그들 중에서도 살아남은 사람들이 있다. 아니 오히려 더 성공적인 직업을 가지게 된 사람들이 있다. 바로 방직기를 이해하고 잘 다루는 방직공들이다. 결국 기존의 일자리를 잃게 된다는 것은 새로운 지식과 경험의 융합 노력이 부족했다는 얘기가 된다.

다시 한 번 정리하자면, 인공지능 로봇과의 경쟁에서 승리하는 방법은 단순 업무는 로봇에게 맡기고 우리는 그 결과물을 이용한 새로운 무언가를 하는 것이다. 조립에 필요한 단위 블록은 로봇이 만들고, 우리는 그 블록을 융합해서 새로운 무언가를 만드는 것으로 말이다. 인공지능 로봇과 협업하여 나만의 통찰과 스토리를 융합하는 능력이 우리들이 반드시 갖추어야 할 능력이다.

나만의 통찰과 스토리 만들기

'미의 개념'을 기존의 고정관념을 깨면서 새롭게 정의한 프랑스의 예술가 마르셀 뒤샹(Marcel Duchamp)은 1917년에 철물점에서 구입한 남성용 소변기 하나에다 철물점 주인의 이름인 'R. Mutt'라고 쓰고는 샘(Fontaine)이라는 제목으로 전시회에 출품했다. "뮤트 씨가 자신의 손으로 이 작품을 만들었는가 아닌가는 중요한 것이 아니다. 나는 이것을 선택했다. 따라서 나는 이 물체에 새로운 의미를 부여한 것이다."라고 말했다. 나만의 통찰과 스토리로 무언가에 의미를 부여하면, 그것이 바로 예술작품이 된다고 주장한 것이다.

여러분들도 이미 존재하고 있는 무언가에 자신만의 통찰과 스토리로 새로운 의미를 부여할 수 있어야 한다. 그것이 바로 여러분의 삶을 하나의 예술작품으로 만들 수 있는 방법이기 때문이다.

'현재의 자신을 직시하고 그 위에 나만의 통찰과 스토리를 만들고, 타인과의 협업을 통해 새로운 가치를 융합'할 수 있는 사람이 되어야만 '이미 일어난 스마트 시대의 미래'를 승리로 이끌 수 있다.

13. 협업지능 (Collaboration Intelligence)

"세상에 혼자 할 수 있는 일은 하나도 없다!"

구성원 모두가 리더인 협업공동체, 협업리더십

이제는 창조가 아니라 융합이다. 하지만, 융합은 결코 혼자서는 헤낼 수 없다. 나의 융합 능력과 상대의 융합 능력이, 협업을 통해 또 다시 융합되어야만 가치 있는 융합이 완성된다. 변화된 이 시대가 우리들에게 요구하는 융합의 방식은 '협업'이다.

'지식의 유통'이 만든 산업혁명의 진화 과정
(이 부분은 미국의 경영학자 피터 드러커(Peter Ferdinand Drucker)가 주장한 지식이 적용되는 과정에서 일어난 산업혁명의 진화 과정을 참고했다)

본격적으로 협업을 이야기하기에 앞서, 경제적인 관점에서 지금까지 우리의 변혁을 이끌어온 '혁명'은 어떠한 과정을 거쳐 왔는지, 그리고 그 중심에는 무엇이 있었는지를 먼저 살펴보려고 한다. 지금까지의 기술 중에서 가장 빠른 속도로 전세계에 보급된 것은 무엇일까? 21세기에는 휴대전화, 20세기에는 컴퓨터, 19세기에는 재봉틀과 전화기였다. 그렇다면, 18세기 이전 근대기술 중에서는?

바로, 독서용 원시안경이다. 1270년 영국의 프란체스코회 수도사인 베이컨(Roger Bacon)이 사용했고, 20년 후에는 교황재판에서, 다시 10년 후에는 이집트 카이로에 있는 술탄(Sultan)이, 그리고, 10년 후인 1310년에는 중국의 원나라 황제까지 쓰게 되었다. 당시 물품의 이동경로와 속도를 고려하면 엄청나게 빠른 속도의 전파였다.

그런데, 여기서 주목해야 할 것은 원시안경의 다음 단계인 근시안경의 탄생시기는 200년이나 지난 1500년대 초였다는 사실이다. 이미 가까운 것을 보는 원시안경은 일반화되었는데, 어떻게 멀리 있는 것을 보는 근시안경의 발명은 이토록 늦어진 것일까?

이 질문의 답은 바로 '지식의 유통'에 있다. 우리 인류는 지식이 어떻게 유통되고, 관리되느냐에 따라 단계별 발전 과정을 거쳐 왔다. 구전으로만 전해지던 지식이 문자화되면서 전달과 관리가 용이해졌다.

하지만, 문자를 일일이 손으로 적어서 전달해야 했으므로, 지식의 유통은 극소수의 사람들에게만 제한적으로 이루어졌고, 그로 인해 타인과의 지식 융합을 통해야만 일어나는 새로운 발명은 거의 일어나지 않았다.

이러한 이유로 획기적인 지식 유통 방법이 탄생하기 전까지, 인류의 발전은 매우 느린 속도를 유지해 왔다. 이때까지만 해도 지식은 타인과 나눌 수 없는 권력 그 자체였기 때문이다.

이렇게 극소수가 소유하고 있었던 '지식 권력'을, 한 순간에 파괴하는 획기적인 '지식의 유통' 방법이 탄생했으니, 바로 '인쇄술'이다. 이 덕분에 인해 인류는 급진적인 발전을 시작하게 된다.

현존하는 세계 최초의 목판 인쇄물은 751년 통일신라 경덕왕 10년에 만들어진 무구정광대다라니경(無垢淨光大陀羅尼經)이지만, 지식의 대량유통을 가능하게 만든 금속활자 '인쇄기'의 발명은 1400년대 구텐베르크(Johannes Gutenberg)에 의해서다. 그가 만든 '압착식 인쇄기'로 인해 유럽은 대변혁을 맞이하게 된다. 당시까지만 해도 3만 권에 불과했던 유럽 전체 도서가 인쇄기의 탄생으로 5년 만에 2천만 권으로 늘어났고, 다시 1년 사이에 2억 권이 되었다고 하니, 가히 지식이 폭발적으로 유통되기 시작한 것이다.

이렇게 지식이 유통 가능한 정보가 되면서, 그 동안 일부 장인들만의 비밀스러운 기능이었던 테크네(Techne)가 유통 가능한 정보로 체계화(Logy)되면서 테크놀로지(Technology) 즉, '기술'이 탄생했다. 은밀하게 전해졌던 '테크네'가 공개적으로 유통 가능한 '테크놀로지'가 되었고, 이로 인해 '기능' 중심이었던 인간의 능력이 '기술' 중심으로 바뀌게 되었다.

기술의 발명은 1700년 이후 불과 50년 사이에 폭발적으로 일어났고, 이것이 바로 1780년 이후 시작된 산업혁명(Industrial Revolution)으로 이어진 것이다.

1881년 미국의 프레드릭 테일러(Frederick Winslow Taylor)가 '지식을 작업에 적용'하는 연구 결과를 발표했고, 이것을 생산현장에 적용하면서 노동생산성이 폭발적으로 늘어나는 '생산성혁명'이 일어나게 된다. 대량생산이 가능해진 것이다. 이로 인해 타국가보다 월등한 생산성을 확보한 미국이 풍부한 전쟁물자 생산으로 전쟁을 승리로 이끄는 등 세계 패권을 쥐는 계기가 되었다.

1945년 제2차 세계대전 이후에는 '지식을 지식에 적용'하는 '경영혁명'을 통해 지식이 보다 효과적으로 경영에 투입됨으로써 생산의 '양'과 '질' 모두의 발전을 가져오게 된다. 이로써 풍부한 일자리가 만들어졌고, 안정적인 일자리 덕분에 삶의 질이 높아지면서 인구가 늘어나고 수명이 연장되는 '인구혁명'을 맞이하게 된다.

노령화 등 이런 저런 이유로 육체노동이 힘겨웠던 사람들도 '육체근로'가 아니라 '지식근로'로 자리매김할 수 있었고, 그 때문에 '지식근로자'가 새로운 경제주체로 자리잡기 시작했다. 인구가 많아진다는 것은 경제적인 차원에서도 큰 의미가 있었다. 생산인구뿐 아니라 소비인구도 증가한 것이다.

그리고 컴퓨터의 탄생과 통신기술의 발전으로 '지식이 공간과 시간의 제약 없이 실시간으로 전세계에 유통'되는 '정보혁명'을 맞이하게 된다. 무엇보다 아날로그 형태의 정보가 디지털 형태로 변환되면서 지식의 저장과 유통이 완전히 새로워진 것이다. 이로 인해 인류는 산업혁명을 넘어서는 급속한 발전을 이루었고, 이것이 오늘날의 '4차 산업혁명'까지 이어지게 한 것이다.

모든 '혁명'의 기초 자산은 바로 '지식'이다

앞에서 설명한 모든 '혁명'의 기초 자산은 바로 '지식'이다. 이러한 '지식의 유통'이 다양한 진화과정을 거치면서 단계별로 '혁명'이 일어난 것이다. 지식을 어떻게 관리하고, 어떻게 유통하고, 무엇보다 그것을 어떻게 응용하느냐가 바로 우리 인류의 발전사였다.

'지식'에 관해 좀 더 자세히 살펴보자. 헝가리 출신의 철학자 마이클 폴라니(Michael Polanyi)는 지식을 크게 두 가지 유형으로 분류했다.

경험과 학습에 의해 몸에 쌓여 언어화하기 힘든 아날로그 지식인 암묵적(暗默的) 지식(Tacit Knowledge)과 그것을 언어화하고 사회화한 논리적 디지털 지식인 형식적 지식(Explicit Knowledge)이다. 기본적으로는 각자의 경험으로 만들어진 암묵적 지식이 지식의 원천이다. 개인의 것이었던 '암묵적 지식'을 전달이 용이한 '형식적 지식'으로 전환하고, 이것을 다양한 방법으로 유통하면서 인류는 발전을 거듭해 온 것이다.

지식은 '단순히 알고 있는 것을 말하는 것이 아니라, 그것에 사고와 경험을 통합한 것'이어야 한다. 그러므로, 그저 많이 아는 사람이 아니라 유통 가능한 지식 즉, 정보를 인식하여 자신만의 신념을 가지고 행동하고 표현하는 사람이 바로 '지식인'인 것이다. 그러므로 '지식인'은 '지식을 통해 자신만의 통찰과 스토리를 갖춘 사람'을 말한다.

앞서 강조한 바와 같이, 이제는 각각의 전문 분야와 다른 분야가 '융합'되어야만 새로운 가치를 만들 수 있는 시대다. 이러한 '융합'은 '지식인'들간의 협업(Collaboration)을 통해야만 달성 가능하다.

게다가 기업과 조직 단위에서 이루어졌던 정보의 수집과 공유가 스마트한 소통방법과 SNS 등으로 인해 각 개인 단위로 넘어오게 되면서, 이제는 성과를 얻기 위한 개인들간의 협업이 가장 중요한 화두가 되었다. 이것이 바로 '4차 산업혁명'에 반드시 수반되어야 하는 '융합과 협업'의 중요성이다. 그러므로 '지식의 유통' 관점에서는 '4차 산업혁명'을 '융합협업혁명'이라고 해야 한다. 그 동안의 혁명을 이끌어 온 '지식의 유통'이 '지식의 융합'으로 그 주체가 바뀌었고, 융합은 '협업'을 통해야만 달성할 수 있기 때문이다.

지식 근로자와 육체 근로자, 그리고 '협업자'

인공지능 로봇 등의 등장으로 육체노동을 요구하는 일자리는 더 이상 인간의 몫이 아니기에 앞으로는 모두가 '지식 근로자'일 수 밖에 없다. '지식근로자'는 생산시설에 종속되는 '육체 근로자'와는 달리 지식이라는 생산수단을 자신이 직접 소유하고 있다. 그러므로 지식근로자는 어느 회사를 다니고 있느냐는 고용기관의 이름 보다는, 자신이 하는 일이 무엇인지에 관한 전문지식 분야의 구별이 더 중요해진다.

의사에게 "지금 무슨 일을 하고 있나요?"라고 질문하면, 그들은 근무하는 병원의 이름을 말하기 보다는 자신의 전문 분야인 "외과 의사입니다"라고 대답하는 것이 일반적이다. 이러한 지식 근로자의 생산성은 경영자의 지시가 아니라 거의 대부분은 지식 근로자들간의 '협업'으로 결정된다.

이제 기업 경영은 지식 근로자들의 '협업'을 통한 생산성 향상에 집중해야 한다. 그러므로 앞으로의 근로자는 협업자(Collaborator)여야 한다. 경영 개념 또한 '토탈협업관리, TCM(Total Collaboration Management)' 즉, '협업경영'으로 변모할 것이다. 근로자 개개인의 풍부한 경험과 다양한 협업 활동을 통해 얻어진 결과가 바로 '경영성과'가 될 것이므로, '성과를 만드는 협업'이 경영의 목표가 되어야 한다. 인공지능 등으로 대체 할 수 있는 '지식'보다는 풍부한 경험으로 만들어진 '지혜'가 '협업자'의 핵심 역량이 되어야 하는 이유가 바로 여기에 있다.

'협업자'는 직원이 아니라 '동업자이자 경영자'

협업의 성과는 상하관계의 지시가 아닌 조직구성원 모두를 동료 경영자로 그리고 동업자로 인정할 때 제대로 낼 수 있다. 그러므로 각각의 '협업자'는 성과와 동시에 책임도 함께지는 '동업자'로, 무엇보다 각자의 전문분야에서는 '최고경영자'처럼 생각하고 행동해야만 한다.

실제 전투상황을 상상해보자. 소대를 이끌던 소대장이 전사한 상황이라면 바로 다음 계급인 분대장이 그 역할을 대신해야 한다. 그런데, 분대장마저 없다면? 그렇게 일개 병사에게까지 리더의 역할이 넘어 올 수 있다. 그러므로 개개인 모두가 적절한 상황판단과 의사결정을 내릴 수 있는 리더의 자격을 갖추어야 생존이 가능해 진다. 쏟아지는 포탄아래 지시할 누군가가 없는 상황이라면? 막연히 지시를 기다릴 것이 아니라 스스로 빠른 지시를 내릴 수 있어야 한다.

'협업자'도 이와 마찬가지다. 다른 사람이 내린 명령 수행이 아니라, 조직을 위해 책임을 스스로 이행할 수 있어야 한다. 자신의 전문 분야에 있어서는 더욱 그렇다. '협업자'는 자기의 전문 분야는 조직 내의 어느 누구보다 올바른 의사결정을 내릴 수 있는 사람이어야 한다. 이러한 의사결정이 조직의 성과로 이어질 것이기에, '협업자'는 조직구성원들 모두의 동업자이며, 한 사람의 경영자이기도 함을 반드시 인지해야 한다.

그리고, 또한 '협업자'는 자기 전문 분야의 '경영자'이면서 다른 전문 분야의 지식근로자와 협업하며 새로운 융합을 만들어 낼 수 있는 능력을 갖춘 사람이어야 한다. '전문 지식간의 협업을 통한 융합'이 바로 조직의 목표이기 때문이다. 조직에서 무엇을 얻고자 한다면 그것은 스스로가 투자한 '협업의 양과 질'에 달려 있음을 명심하자.

여러분이 '협업자'라면, 야근까지 하면서 열심히 일했다는 시간을 기준으로 한 '노력'에 대한 것이 아니라, 성과를 만들기 위해 어떠한 기여(寄與)를 했는지를 설명할 수 있어야 한다. 그리고, 누군가 여러분에게 하는 일을 물어보면 "영업팀 과장입니다"라는 '직책'이 아니라, "조직 내부와 외부 관계를 돈독히 하며 그 대상을 확장하는 일을 하고 있습니다"라는 동업자로서 역할(役割)을 설명할 수 있어야 한다. 협업자라면 조직 전체의 성과에 스스로 책임을 지는 사람이어야 하기 때문이다.

당신이 청중을 대상으로 강의를 진행하고 있다면, 하고 싶은 말을 열심히 하는 것이 아니라 청중이 필요로 하는 것을 제대로 전달하는 데 목적을 두어야 하듯이, 조직이나 회사의 구성원들도 마찬가지다. 조직에 소속된 협업자라면 '내가 열심히 노력하는 것이 아니라, 조직이 필요로 하는 것에 기여하는 것'에 초점을 맞추어야 한다.

조직내의 '협업자'끼리의 대표적인 협업 수단이 바로 '회의'와 '토론'이다. 회의와 토론에 참석해서 역할을 수행하기 위해서는 반드시 '의사결정'과 '표현' 능력을 갖추어야 한다. 여러분은 '협업자'로서 의사결정과 표현 능력을 갖추고 있는가? 이것이 협업자가 되기 위한 핵심 능력임을 지금이라도 인정하고 준비하기를 바란다. 의사결정과 표현이 없는 회의는 단지 지시전달 수단에 불과하다. 차라리 메일로 전달하는 것이 훨씬 효율적일 것이다.

회의에 참석했다면 반드시 자신의 전문분야에 있어서는 한 사람의 경영자로서 자신의 의사결정 사항을 '공감언어'로 다른 협업자들에게 적절하게 표현할 수 있어야만 한다. 이것이 바로 '협업자'로서의 역할과 기여를 다하기 위한 기본 조건이기 때문이다.

육체근로자를 위한 당근과 채찍 vs.
협업자를 위한 재미와 열정

1945년 미국의 심리학자이 칼 덩커(Karl Duncker)가 만든 유명한 촛불 문제(Candle Problem)를 한 번 살펴보자. 테이블 위에는 양초 하나와 압정이 가득 들어 있는 상자 하나, 그리고 성냥 한 통이 놓여 있다. 그리고 이렇게 요구한다. "불이 붙은 양초가 반드시 테이블 위쪽의 공간에 위치해야 하고 촛농이 테이블에 떨어져서는 안 된다. 방법을 찾아라!"

그는 이 실험을 두 그룹을 나누어서 진행했다. A그룹에게는 빨리 답을 찾아내면 금전적인 보상을 하겠다고 제안했고, B그룹에게는 보상은 없고 시간만 측정하는 것이니 편하게 문제를 풀어보라고 제안했다. 놀랍게도 어떠한 보상도 제안받지 못한 B그룹이 문제를 더 빨리 해결했다. 이유는 단순하다. 시간의 제약이 오히려 고정관념 안에서의 답 찾기에만 집중하게 만든다는 것이다. 자유롭고 창의적인 융합 능력은 시간제한이나 보상과 같은 '당근'이나 긴장감을 주는 '채찍'으로는 발현되지 않는다는 것을 실험으로 증명한 것이다.

그리고, 위의 문제를 조금 다르게 변형해서 진행했다. 똑같은 조건이지만 압정을 테이블 위에 쏟아놓고 압정이 들어 있던 상자를 빈 상태로 놓아 둔 것만 다르다. 이 경우에는 A그룹이 더 빨리 문제를 해결했다. 이유는 창의력이 필요 없는 단순조립 문제였기 때문이다. 문제의 해결 방법은 압정을 쏟아내고 빈 상자를 만든 후 그 상자

안에 양초를 위치시키면 되는 단순한 것이었지만, 빈 상자를 구하는 과정에서 창의력이 필요했던 것이다. 단순 노동을 반복하는 육체근로자의 성과는 시간과 보상으로 발현시킬 수 있지만, '융합'과 '협업'을 위한 '협업자'들의 창의력은 그렇지 않음을 살펴본 실험이었다.

협업자의 성과는 '당근과 채찍'으로는 발현되지 않는다. 협업자에게 필요한 동기부여는 '결과에 대한 보상' 보다는 '열정을 불러내는 것'이 훨씬 효과적이다. 협업자들이 만들어내는 협업의 성과는 서로가 발전하고 있다고 느낄 때 가장 효과적으로 발현된다.

협업지능 (Collaboration Intelligence)

개미의 생활을 한 번 살펴보자. 개미는 알에서 깨어나는 순간, 스스로 자신이 할 일을 찾아간다. 누군가의 지시나 명령이 아니라, 스스로 무리 전체를 위해 지금 자신이 할 일이 무엇인지를 찾아서 그 일을 수행한다. 먹이를 구하는 일개미 한 마리가 혼자서는 옮길 수 없는 크기의 먹이를 만나면 바로 근처에 있는 다른 개미들이 힘을 더해주는 행동을 자연스럽게 시작한다. 각자의 '역할(役割)' 수행이 조직 전체의 '기여(寄與)'에 초점이 맞춰져 있기 때문이다. 개미는 자기 생존을 위한 '개별지능(個別知能)' 보다는 전체를 생각하고 행동하는 '협업지능(協業知能)'이 더 발달해 있어서 지금까지도 지구에서 그들의 생존과 번영을 누리고 있는 것이다.

무리의 이동경로 중간에 바위틈이 나타나면, 맨 앞의 개미가 그

바위틈에 자신의 몸을 서슴지 않고 내 놓으며 다른 개미들이 타고 넘어가도록 다리 역할을 자처한다. 그 과정에서 다리 역할을 하던 개미가 아래로 떨어지면 바로 다음 개미가 그 역할을 수행한다. 이것이 바로 '전체를 생각하고 행동하는 협업지능'이다.

협업지능을 가진 사람이라면, 해당 업무 담당자가 나타나서 일을 해결하기까지 기다리지 않는다. 그러므로, 기업 내에서 협업지능을 높이려면 자신의 전문분야뿐만 아니라 기업 전체의 상황을 함께 볼 수 있는 노력을 병행해야 한다. 무엇보다 조직 전체를 하나의 생명체로 볼 수 있어야 한다는 것이다. 전체를 볼 수 있어야만 조직 전체에 '기여'하기 위해 필요한 '역할'을 시의적절하게 수행할 수 있기 때문이다.

연인도 부부도 가족도 모두가 하나의 생명체다. 구성원들 각자가 전체에 기여하기 위해 생각하고 행동할 때 그 생명체는 유지될 수 있다. 조직이나 기업도 마찬가지다. 나의 역할이 나만을 위한 것이 아니라 전체를 위할 때, 협업의 성과가 나타나기 때문이다. 국가도 지구도 하나의 생명체이다. 구성원들이 전체를 위한 '협업지능'을 제대로 발휘한다면, 조직 전체와 각각의 구성원 모두가 행복해지는 결과가 만들어질 것이다.

협업리더십 (Collaboration Leadership)

이러한 협업지능은 '협업자' 스스로가 각자에게 주어진 역할에 대한 주도적인 리더십을 갖추고 있을 때에만 제대로 발현된다.

'비가 내리는 강변에서 유유자적 경치를 즐기고 있는데 갑자기 둑이 무너지려고 한다. 모두가 머뭇거리고 있는 가운데 한 사람이 몸을 던져 무너지려는 둑을 막았다. 얼마 후 또 한 사람이 나서서 첫번째 사람을 돕기 시작했다. 그리고 잠시 후 또 한 사람이 그 두 사람을 돕기 위해 나섰다. 그러자 주변에 있던 모든 사람들이 그들을 돕기 시작했다. 이렇게 모두의 참여를 만들어낸다.'

이러한 현상을 리더십 관점에서 살펴보자. 이들 중 누가 리더일까? 맨 먼저 도전한 사람? 아니면, 첫 도전자를 응원하기 위해 나온 두번째? 아니면 모두의 참여를 이끌어낸 세번째? 여러분은 이들 중 누가 리더라고 생각하는가?

기존의 관점으로 보면 당연히 첫번째로 도전한 사람이 리더이다. 하지만, '협업지능'의 관점에서 보면 이들 모두가 리더이다. 각자의 역할이 다를 뿐이다. 모두가 전체를 생각하고 전체를 위해 필요한 행동을 실행으로 옮긴 리더들인 것이다.

첫번째로 무언가를 시작한 사람은 '도전리더'이다. 도전리더는 손을 들고 나를 따르라고 외치는 사람이다. 그리고, 두번째로 도전리더를 응원하기 위한 나온 사람은 '응원리더'이다. 그는 도전리더를 응원하고 그의 도전에 명분을 더해 주는 사람이다. 세번째로 도전리더와 응원리더의 행위에 동참하며 나머지 모두의 참여를 이끌어 내기 위해 행동하는 사람은 '참여리더'이다. 그는 도전리더와 응원리더를 적극적으로 응원하며 나머지의 참여를 독려하는 사람이다.

조직의 협업을 위해서는 이렇게 각자의 성향에 따라 역할은 분담될 수 있지만 구성원 모두가 전체를 위해 행동하는 리더여야 한다. 이것이 바로 '협업리더십'이다.

남 앞에 나서기를 좋아하고 카리스마 넘치는 외향적인 사람만이 리더여서는 살아있는 협업이 만들어지지 않는다. 자신이 내성적인 성향이라면 응원리더 또는 참여리더 역할을 수행하면 된다. 이들 모두가 전체를 위해서 반드시 필요한 역할별 리더이기 때문이다.

'협업리더십'은 '누군가의 도전'과 '누군가의 응원'을 통해 '모두의 참여'를 이끌어 내는, 기업과 조직의 구성원들 모두가 갖추어야 할 필수 역량이다.

도전리더는 Why로 명분을 만들고 구성원을 설득할 수 있는 경영자, 응원리더는 How를 구체적으로 설명할 수 있는 관리자, 참여리더는 What을 열정적으로 수행하며 질문에 집중하는 실무자로 구분해서 정의할 수 있다.

하지만, 이것은 일반적인 구분을 위한 설명이고, 각각의 역할이 서로 교차될 수도 있어야 한다. 상황에 따라서는 관리자가 참여리더 역할을 할 수도 있다. 자신의 전문 분야를 주제로 한 회의에서는 실무자가 도전리더 역할을 할 수도 있어야 한다. 이때는 경영자가 응원리더 역할을 해주면서 말이다.

일반적인 조직은 도전리더와 응원리더 그리고 참여리더가 구성원의 절반을 차지한다. 나머지는 그저 끌려가거나 회의적이거나 반대하는 사람들이다. 물론 반대하는 사람도 필요하다. 이들도 그 상황에 대한 의견은 다르지만 의사결정에 참여하는 리더이기 때문이다.

하지만, 그저 끌려가거나 회의적인 태도로 일관하는 사람이 되어서는 결코 안 된다. 이들의 일자리는 인공지능 로봇으로 대체될 가능성이 매우 높다. 성공적인 협업조직이 되려면 도전리더와 응원리더 그리고 참여리더로 가득해야 한다. 일부 반대리더까지 포함해서 말이다.

도전과 응원과 참여

동물원에서 원숭이 우리 높은 곳에 바나나를 매달아 놓았다. 그런데 그것을 먹기 위해 도전하는 원숭이가 바나나에 가까이 가기만 하면 물을 뿌렸다. 이것을 반복하면 어느 순간 어떠한 원숭이도 도전을 하지 않게 된다. 더욱이 그 우리에 새로 투입된 원숭이조차 도전을 하지 않는다고 한다. 주변에서 포기를 독려했기 때문이다.

반면, 일본 어느 해안에 사는 원숭이 무리 중에서, 어떤 한 마리가 흙이 묻은 고구마를 씻어 먹기 시작했다. 그것을 본 다른 원숭이가 따라 하기 시작했고, 그 결과 모두가 바닷물에 고구마를 씻어 먹게 되었다고 한다. 누군가의 도전에 응원과 참여가 뒤따랐기 때문이다. 협업자라면 누군가의 도전을 응원하며 참여해야 한다. 오히려 물을 뿌리는 방해로 포기하게 만드는 우를 범해서는 안 된다.

기업은 리더들의 협업공동체

기업이란 '공동의 목표달성을 위해 내외부와 상호작용하면서 두 사람 이상이 모여 융합을 통해 기여하는 협업 리더들의 공동체'이다. 그러므로 '협업자'는 한 분야의 전문가이면서 다른 분야를 이해하며 융합할 수 있는 능력을 갖춘 '리더'여야 한다.

앞으로 기업은 지시나 보고가 아닌 융합 능력을 갖춘 리더들의 협업이 될 것이다. 이것을 위해서는 반드시 '융합 능력'과 '협업 능력'을 갖추어야 한다. 누군가의 도전과 누군가의 응원, 그리고 모두의 참여를 이끌어내는 '협업 리더들의 공동체'가 바로 기업이어야 하기 때문이다.

이로 인해, 기업에 필요한 인재상에도 변화가 생겨난다. 모든 것이 협업을 통해 결과를 만들어 나가야 하는 협업공동체의 구성원을 찾는 일이므로, 다른 협업자가 인정하는 신뢰와 평판을 갖춘 사람이 제격이다.

더욱이 급속도로 발전하는 스마트 기술은 업무의 모빌리티를 계속해서 확장시켜 나가고 있다. 이 때문에 기업의 구성원들은 자신이 언제 어디에 있든지 회사의 데이터 자산을 자유롭게 이용할 수 있게 되었다. 그러므로 이제는 데이터의 외부 유출을 막는 보안 시스템만이 아니라, 예측 시스템과 협업 시스템에 더 많은 투자가 있어야 한다.

협업의 밑바탕은 신뢰

협업을 위해서는 다양한 요건들이 마련되어야 하지만, 그 중에서 가장 중요한 것을 하나 뽑으라면 바로 서로간의 '신뢰'이다. 그리고, 협업을 위한 신뢰 행위를 한마디로 정의하라면 그것은 바로 '예측 가능하게 행동하는 것'이다. 회사 생활에서 출근과 퇴근 시간을 지키는 등의 근무 태도를 중요하게 여기는 이유도 바로 여기에 있다. 약속한 시간에 나타나지 않는 사람을 신뢰할 수 없고, 그를 협업의 대상으로 여길 수는 없기 때문이다.

보고나 정보 공유 또한 예측 가능해야 한다. 수요일 오후 3시까지로 약속된 것이지만 이를 지키기 못할 것을 미리 알았다면 상대가 예측할 수 있도록 미리 조치를 취해야 한다. 수요일 오전 12시 이전에는 상대에게 미리 통보해야 하며, 오후 6시까지와 같이 예측 가능한 시간을 반드시 명시해서 알려주는 배려가 필요하다. 협업은 신뢰가 바탕이 되어야만 이루어지는 관계 기반 행위임을 명심하자.

세상에 혼자 할 수 있는 일은 하나도 없다

나무 조작가가 자신이 구상한 멋진 작품을 하나 만들었다. 작업실에서 혼자서 한 달 동안 고생한 결과라면, 그 작품은 혼자 해낸 것이 맞는가? 작업에 사용한 조각도와 망치는? 작품의 중요한 요소인 나무는? 세상에 혼자 해낼 수 있는 일은 하나도 없다. 특히 조직에서는 타인과 협업 없이 할 수 있는 일이 없다. 기업에 필요한 융합 또한 협업의 결과물이다. 협업은 그저 타인과 잘 지내기가 아니라, 나와 타인 모두가 승리하기 위한 생존의 필수 능력임을 명심하자.

속도가 아니라 방향

올바른 협업은 속도가 아니라 방향에 의해서 이루어진다. 타인과 경쟁하면 그들이 적이 되지만, 자기 자신과 경쟁하면 타인이 내편이 된다. 타인을 속도 경쟁의 대상이 아니라, 같은 방향으로 향해 가는 협업의 대상으로 봐야 한다는 말이다.

"짐을 옮겨야 한다. 혼자 들기에는 무겁다. 그래도 최선을 다해서 노력했다. 하지만, 꼼짝도 하지 않았다. 그래서 어쩔 수 없이 포기했다."

정말 최선을 다한 것인가? 왜 그 최선에는 타인이 포함되어 있지 않는가? 주변에 도움을 청해라. 타인과의 협업을 통한다면 분명 옮길 수 있을 것이다. 지금 무엇에 집중하고 있는가? 주변을 둘러보라. 그곳에는 분명 협업의 대상이 있다.

14. Why로 시작하는 삶과 업무

"What과 How는 인공지능 로봇이,
 우리는 Why에 집중해야!"

일관성 있는 Why로 자신만의 매니아 만들기

지금까지 설명한 '이미 일어난 스마트 시대의 미래'가 우리들에게 요구하고 있는 것을 한마디로 요약해보면, "What과 How는 인공지능 로봇에게 맡기고, 우리들 인간은 Why에 집중해야 한다"로 정리할 수 있다. 이제 더 이상 이미 결정되어 있는 '무엇을 하는지'와 '어떻게 하는지'로는 인공지능 로봇을 이길 수 없다. 그러므로 우리들은 인공지능 로봇이 수행할 '무엇'과 '어떻게'를 정의하기 위한 '왜'에 집중해야만 한다. 이번 장에서는 우리가 그 동안 What과 How에만 매달려 사느라 잊고 있었던 Why를 재조명해 보고, Why로 시작하는 삶과 업무에 관해 이야기를 해보려고 한다.

요즘 대학 졸업반 학생들에게 무엇(What)을 공부하고 있는지를 물어보면 대부분은 '취업 공부'라고 대답한다. 그리고, 어떻게(How) 공부하고 있는지를 질문하면, 학원 또는 인터넷 강의로 하고 있다고 답한다. 마지막으로 왜(Why) 취업 공부를 하고 있는지를 물으면, 돈을 벌기 위해, 결혼을 하기 위해 등의 대답을 한다. 이렇게 '왜'라는 질문을 반복하면 대부분 '행복하게 사는 것'으로 그 대답이 모아진다.

그런데, '지금 취업 공부 하는 것이 행복한가?'라는 질문에는 대다수가 '아니오'라고 대답한다. 행복하자고 시작한 미래의 취업 공부 때문에 좋아하는 친구들과의 만남도 거부하면서, 현재를 힘겹게 살고 있다는 사실은 정말 아이러니하지 않은가? 게다가 바라는 직업과 직장의 선택 또한 자신의 궁극적인 삶의 목표인 행복과는 상관없이, 현실의 What과 How의 조합으로만 결정하고 있지는 않은가?

취업공부를 하지 말라는 것도 아니고, 행복한 미래를 위해 인내하지 말라는 것도 아니다. 문제는 우리가 대학을 졸업할 때까지 What과 How에만 집중한다는 데 있다. 대기업에 들어가려면 무슨 과목을 어떻게 준비해야 하는지, 돈은 어떻게 하면 잘 벌 수 있는지, 이 모두가 What과 How이다.

어디에도 Why가 없다. '왜 그것을 하려고 하는지'를 먼저 설정하고, 그 다음에 What과 How가 뒤따라야 하는데도 우리는 가장 중요한 '왜'를 생각하는 교육을 간과했다. 이제라도 왜로 시작되는 질문 훈련을 시작해야 한다.

Why로 시작하는 행복의 정의

지금 내 눈앞에 요술램프 요정이 나타나서 세 가지 소원을 들어주겠다고 한다면, 무엇을 말하겠는가? 큰 집, 멋진 차, 엄청난 재물 등을 생각하고 있지 않은가? 그런데, 지금 생각하는 소원 모두가 행복 자체가 아니라, 그 수단을 이야기하고 있다는 것은 알고 있는가? 우리는 지금까지 What에 집중하는 교육만을 받아왔고, 그래서 What을 목적이라고 착각하며 살게 된 것이다.

뷔페에서 음식을 한 접시만 담을 수 있다면 여러분은 무엇부터 담을 것인가? 평소 먹기 힘든 비싼 것부터? 아니면 가격과 상관 없이 평소 좋아하는 것부터? 뷔페를 방문한 목적이 좋아하는 음식을 다양하게 먹기 위한 것임을 망각하고, 좋아하는 음식이 아니라 평소 먹기 힘든 비싼 음식에 먼저 손이 가는 자신을 발견하게 된다. 놀랍게도 우리의 모든 판단 기준이 What과 How에만 집중되어 있고, 자신도 모르게 그 노예가 되어가고 있다.

'왜 사는가?'라는 고차원적인 철학적 사유(思惟)를 시작하라는 것도 아니다. 그저 삶에서 만나는 매 순간의 결정 과정을 지금과는 다르게 재정립해 보자는 것이다.

무엇이든 '왜'로 시작해보자. 오늘 저녁에 친구와 약속이 있다면 무엇을 먹을 것인가가 아니라 왜 이 친구를 만나는 것인지를 먼저 생각하라는 것이다. '왜'가 먼저 정립되고 난 후 만남을 가진다면, 친구와 무엇(What)을 먹을 것인가로 다툴 이유도 없어진다. What으로 싸우지만, Why를 상기하면 싸움의 이유가 사라진다.

　많은 사람들이 '왜 사는가'라는 질문의 답으로 '행복'을 말하면서도, 행복 그 자체가 아니라 그것의 수단에만 집중되어 있고, 궁극적인 자신의 행복에 대한 개념은 제대로 정의조차 되어 있지 않다. 우리는 가장 먼저 각자의 행복에 대한 정의부터 정립해야 한다.

　행복을 생각하면 떠오르는 연관어들을 나열해보자. '자부심, 흥미, 열정, 사랑, 기쁨, 조화, 풍요, 평온, 감사, 희망, 재미, 공감' 등등. 이러한 단어들이 향하는 방향을 찾아가며, 스스로 질문하며 다시 한 번 생각을 정리하자. 이 과정을 반복하며 자신만의 행복의 개념을 정립하는 과정을 먼저 가져야 한다. 그런데, 이렇게 생각을 정리하며 자신만의 개념을 정립하는 일은 결코 쉽지 않다. 따라서 배움도 필요하다.

　오선지에 악보를 그릴 줄 알아야 음악 작곡을 할 수 있다. 제대로 된 작곡을 하려면 음표를 배우고 화성을 익히고 필요한 악기의 특성을 먼저 알아야 한다. 그렇게 익힌 도구들을 나만의 방식으로 융합하면서 작곡이 이루어지는 것이다. 우리가 생각을 정리하고 그것을 융합하면서 나만의 통찰을 만들어 가는 방식도 이와 같다. 이 과정에서 필요한 것이 바로 '인문학'이다.

　Why는 What처럼 명확하지도 How처럼 순서가 정해져 있지도 않다. 그렇기에 Why를 찾아가는 과정은 What과 How를 찾을 때보다 더 많은 노력이 필요하다. What과 How에만 집중된 '지식습득'을 위한 현재의 교육 시스템에서 Why를 찾아가는 것을 기대하기는 불가능에 가깝다.

> "What과 How는 '지식'이 필요하지만,
> Why는 '지혜'가 필요하다."

Why로 시작하는 교육의 정의

다시 한 번 강조하지만, 교육(Education)이라는 말의 어원은 라틴어 'Educare'이다. 이 단어의 뜻이 '밖으로 꺼내다'임을 상기해야 한다.

교육 본연의 목적은 집어넣기를 통한 정해진 '답 찾기'가 아니라 꺼내기를 통한 '질문하기'에 있어야 하며, 왜라고 질문하는 방법을 배우는 데 있어야 한다. 그런데, 현재의 교육 시스템은 What과 How를 위한 지식습득에만 중점을 두고 있다. 그것도 평가하기 쉽고 평가자의 주관적인 개입을 피할 수 있는 '객관식' 문제로만 말이다.

'역사'는 답 찾기를 위한 암기 과목이 아니다. 역사는 인간의 과거를 이해하고 왜 이렇게 살게 되었는가를 질문하게 만드는 과목이어야 한다. '수학'은 공식을 암기하고 적용하는 것을 배우는 것이 아니라, 그 공식이 왜 만들어졌는지를 알게 하는 과목이어야 한다. 주어진 문제에 기존의 공식을 대입하는 '답 찾기'가 아니라, 자신만의 방식으로 문제를 해결하기 위해 스스로 공식을 찾아가는 '질문하기' 과목이어야 한다는 것이다.

수렴적 사고 vs. 발산적 사고

(미국의 심리학자인 길퍼드(Joy Paul Guilford)가 지능에 대한 가설적 모형에서 소개한 개념이다.)

이제라도 교육의 중심이 암기를 통한 '답하기'에 중심을 둔 수렴적 사고(Convergent Thinking)가 아니라, 추리와 상상을 통한 '질문하기'에 중심을 둔 발산적 사고(Divergent Thinking)로 바뀌어야 한다. 즉 여러 개의 질문을 하나의 답으로 수렴시키는 '수렴적 사고'가 아니라, 하나의 질문을 여러 질문으로 발산시키는 '발산적 사고'를 훈련해야 한다.

What과 How가 중심인 수렴적 사고 만들기의 교육시스템에서는 다른 생각을 하면 F학점을 받게 되고, Why가 중심인 발산적 사고 만들기의 경우는 반대로 다른 생각을 해야만 A학점을 받는다. '발산적 사고'는 '엉뚱한 질문하기'이기 때문이다.

"스마트폰으로 무엇을 할 수 있나?"라는 질문을 하면, 대다수는 스마트폰의 기능을 나열하기 시작한다. 답하기의 수렴적 사고에 익숙해져 있어서다. 질문에 질문을 시작하는 발산적 사고로 접근하면, '높이 던져서 사진 찍기? 그럼 깨지지 않을까? 그럼 깨지지 않는 스마트폰은 없나?'와 같은 질문을 반복하며 새로운 발견을 시작한다. 그렇게 질문을 반복하면서 정해지지 않은 새로운 답을 찾게 된다.

물론 수렴적 사고도 반드시 필요하다. 발산적 사고를 통해 여러 개의 질문을 만들고, 그 질문에서 다시 무언가를 찾아내려면, 반드시 수렴적 사고가 뒤따라야 하기 때문이다. 그러므로 문제를 해결하는 과정은 '발산적 사고로 시작해서 수렴적 사고로 끝내기'가 되어야 한다.

이제 시대가 바뀌었다. 수렴적 사고만으로는 인공지능 로봇과의 경쟁에서 이길 수 없다. 지금부터라도 우리의 교육 시스템이 발산적 사고 만들기에 집중해야 하는 이유이다.

질문에 질문하기!

지금까지 '수렴적 사고' 보다는 '발산적 사고'에, '답하기' 보다는 '질문하기'에 집중해야 하는 이유를 설명했다. 그렇다면 '질문'이란 무엇일까? 내면의 궁금증과 호기심이 밖으로 튀어 나오는 것을 말한다.

질문을 하려면 먼저 궁금증과 호기심이 만들어져야 한다. 그런데, 그것들이 만들어지기 위해서는 '지식'과 '경험'이 필요하다. 따라서 '발산적 사고'와 '질문하기'의 출발은 '지식과 경험 쌓기'이다.

'아는 만큼 보인다'와 '경험한 만큼 보인다'라는 말을, '아는 만큼 질문할 수 있다'와 '경험한 만큼 질문할 수 있다'로 바꾸어 보자. 많은 질문을 하려면 많은 지식과 경험이 있어야 한다. 이것이 바로 다양한 '지식'과 '경험'을 만들기 위한 노력이 계속되어야 하는 이유이다.

여러분은 인문학이 무엇이라고 생각하는가? 지금 이 질문에 답하기 전에, 먼저 이 질문에 질문을 해보자. 누군가의 질문에 '왜 지금 이 상황에 나에게 이런 질문을 할까?'라는 질문을 먼저 하라는 것이다.

Why로 시작되는 질문으로 '문장이나 말'이 아니라 그 '뜻'을 찾아가는 과정이 바로 '질문에 질문하기'이다. 하나의 질문에 Why로 시작하는 질문을 통해 여러 개의 질문으로 발산시키는 과정이 바로 발산적 사고이기 때문이다.

미국의 3대 대통령인 토마스 제퍼슨(Tomas Jefferson)이 독립선언서를 발표한 곳인 제퍼슨 독립기념관은 건물의 외벽 손상 때문에 해마다 많은 돈을 들여 페인트칠을 하는 고질적인 문제를 안고 있었다. 이 문제를 '질문에 질문하기'로 해결해가는 과정을 살펴보자.

왜 외벽 손상이 심한걸까? 잦은 비누청소 때문이다. 그렇다면 왜 비누청소를 자주해야 하는가? 비둘기 배설물 때문이다. 왜 비둘기가 그곳에 올까? 먹거리인 거미 때문이다. 왜 거미는 많을까? 거미의 먹거리인 불나방 때문이다. 왜 불나방이 그곳에 많을까? 밝은 전등불빛 때문이다. 그렇다면 밝은 전등불빛을 도시의 다른 곳보다 늦게 켠다면? 불나방도 모여들지 않게 되고, 결론적으로 외벽의 비누청소도, 페인트칠도, 비용도 절감할 수 있게 되는 것이다.

문제를 만나면 바로 답을 찾기 시작하는 수렴적 사고가 아니라 반복된 질문으로 문제의 근본적인 뜻을 찾아가며, 결국은 답을 찾아가는 발산적 사고가 보다 현명한 결과를 도출해 낸다는 사례다.

지금부터라도 '질문에 질문하기' 훈련을 시작해보자

맥주는 왜 모두 갈색 병인가? 유통 과정에서 맥주 안에 있는 효모가 더 이상 발효하지 않도록 자외선의 유입을 차단하기 위해서다. 그렇다면, 효모가 없는 소주는 왜 모두 초록색 병인가? 한 기업이 순수하고 깨끗한 이미지를 주기 위해서 초록색 병에 담아서 팔기 시작했고, 그것이 시장 점유율 1위를 달성하면서 경쟁 기업 모두가 같은 색의 병을 따라서 썼기 때문이다. 그렇다면 소주를 갈색 병에 담아서 팔면 안될까? 이렇게 주변에서 만나는 모든 것에 '질문에 질문하기'를 반복하는 훈련을 시작해보자.

누군가와 대화할 때도 상대가 던지는 말 한마디에 일희일비하기 전에, '왜 지금 이런 말을 나에게 할까?'라는 '질문에 질문하기'로 시작하면 상대 말의 진의를 이해할 수 있게 된다. 상대 질문에 답을 찾기 보다는 'Why 찾기' 질문을 먼저 하라는 말이다.

예술 작품을 감상하는 것 또한 작품에 내포되어 있는 작가의 'Why 찾기'이다. 'What, 무엇을 그렸을까?'와 'How, 어떻게 그렸을까?'가 아니라 'Why, 왜 그렸을까?'를 살펴보는 행위가 바로 작품 감상의 본질이기 때문이다. 작품의 Why를 이해하려면 그 작품의 탄생 배경을 질문하게 되고, 다시 작가의 삶을 살펴보게 되는 '질문에 질문하기'가 반복된다. 혹시 여러분은 미술관에 가서 What과 How만을 보고 온 것은 아닌가?

생각의 중심을 What과 How에서 Why로!

생일파티 준비를 위해 쇼핑몰을 방문한다고 가정해보자. '뭘 살까?'에 중심을 두었다면 할인상품 등 소비를 유혹하는 물건에 관심이 가게 된다. 그런데, '왜 왔지?'에 중심을 둔다면, 오롯이 생일파티 준비 등 본연의 목적에만 충실하게 된다. 이렇게 생각의 중심을 Why에 두면 시간과 돈을 절약할 수 있게 된다.

Why로 시작해서 필요한 What과 How를 찾아가는 과정으로 새로운 사업 아이템을 만들어 낼 수 있다. 빨래는 옷을 깨끗하게 하는 것이라는 What과 How에 중점을 두고 만들어진 것이 석유냄새 가득한 세탁세제였다.

그런데, '빨래는 왜 할까?'라는 Why로 시작해서 사람들을 관찰해보면, 세탁된 옷을 가지고 제일 먼저 하는 행위가 냄새를 맡는 것이라는 것을 발견하게 된다. 세탁 후에 좋은 느낌을 받기 위함이다. 그러므로 세탁의 궁극적인 목적은 깨끗함과 더불어 좋은 느낌 받기에 있다. 이것을 발견한 한 기업에 의해 향기 가득한 세제가 탄생하게 되었다.

인도의 타타(Tata) 자동차는 2008년 나노(Nano)라는 도시용 소형 자동차를 출시했다. 모터사이클이나 스쿠터 고객을 대상으로 2,500달러라는 초저가의 자동차를 내놓은 것이다. 그런데, 고객들은 6,200달러나 하는 일본 스즈키(Suzuki)사의 알토(Alto) 자동차를 더 좋아했다.

이유는 무엇일까? 하루 벌어 하루 먹고 사는 사람들에게는 고장이 발생하면 일을 할 수 없기에, 비싸더라도 고장이 적은 자동차를 선택하게 된 것이다. '무엇을 팔까?'가 아니라 '왜 살까?'에 중심을 두었다면 제품의 완성도를 충분히 확보하고 나서 출시했을 것이다.

2004년 미국의 유명한 방송 진행자인 오프라 윈프리(Oprah Winfrey)의 토크쇼에서 그날 참석한 방청객 전원에게 자동차를 한대씩 선물하는 파격적인 이벤트를 진행했다. 폰티액(Pontiac) G6 276대를 선물하며 당시에 약 7백만 달러가 투입된 초대형 이벤트였다. 이 행사 후 자동차를 선물 받은 방청객들은 주변과 SNS 등에 자동차 이름을 언급하기는커녕 그저 선물을 준 오프라 윈프리를 격찬했다. 그런데 이 막대한 돈을 투자한 것은 오프라가 아니라 미국의 자동차 회사인 GM이었다. 신차 발표를 위해 유명한 토크쇼를 이용한 것이지만 그 효과는 미미했던 것이다. '왜 주는지'가 아니라, '무엇을 주는지'에만 중점을 두었기 때문이었다.

'왜 셔츠를 바지 속에 꼭 집어넣고 입어야 하나?'라는 질문으로 시작한 비즈니스가 있다. 바로 미국의 남성용 셔츠 판매 스타트업 기업인 언턱잇(UNTUCKit)이다. 2011년에 창업한 이 기업은 2016년에 매출 1천만 달러를 돌파했고, 2017년에는 3천만 달러의 투자를 유치했다. 셔츠 밑단 하나만 바꿨는데 2천억 원의 기업가치가 만들어진 것이다.

'싼 가격으로 항공기 이용 승객을 유치하자'라는 목표로 설립된 항공사가 바로 저가 항공사다. 그런데, 싼 가격인 What이 아니라,

'왜 항공사 요금은 비싸야 하나?'라는 Why로 시작한 기업이 있다. 바로 싸우스웨스트 항공(Southwest Airlines)이다. 그들은 'Why? 왜 버스나 기차 승객들이 비용부담 없이 탈 수 있는 비행기는 없는가?' 'How? 어떻게 하면 대중교통 같은 편안함을 줄 수 있을까?' 'What? 버스나 기차와 같은 싼 가격과 단순한 서비스에 재미를 더할 수 있는 것은 무엇일까?'

이렇게 그들은 단순히 기존 항공사 대비 싼 가격의 저가 항공사가 아니라, 버스와 기차 승객을 항공기로 유치하기 위한 것을 목표로 삼았다. 대중교통 같은 편안함을 제공한 이 항공사는 경제위기 때에도 고객들의 적극적인 이용으로 적자를 내지 않았고, 계속 승승장구할 수 있었다.

'모두가 좀 더 싼 컴퓨터를 만들 수 없는가?'라는 What과 How에 몰두할 때, '왜 개인은 성능 좋은 컴퓨터를 사용할 수 없는가?'라는 Why로 시작한 기업이 있다. 바로 애플(Apple)이다. 모두가 기업용과 경쟁할 때 그들은 개인에 집중했다. "한 개인의 힘으로 기업을 운영할 수 있게 만들어 보자"라는 목표를 가지고 말이다.

애플은 경쟁사 제품의 What이 아니라 기존 권력에 도전하는 Why에 집중했다. 아이팟은 기존의 'MP3 플레이어'가 아니라 거대 '음원시장'에 도전한 것이고, 아이폰은 기존의 '휴대전화' 제조사가 아니라 '통신사'에 도전한 것이다. 게다가 애플은 어떠한 광고에도 What과 How를 설명하지 않는다. 오직 Why만을 설명하고 있다는 점을 상기하자.

회사에서 직원들의 업무 집중을 독려하는 방식에도 What과 How가 아닌 Why로 중심을 옮겨보자. 출퇴근 시간을 확정해 놓고 지각이나 조기퇴근 등으로 이를 어길 시에는 감봉 등의 강력한 조치를 하고, 퇴근 시간을 지나서 근무하는 것에는 별다른 불이익을 주지 않는 것이 일반적인 방식이다. 그런데, 출퇴근 시간을 정해 놓는 것은 같지만, 이를 어길 시 상여금을 지급하지 않는 방식으로 업무 시간을 정확하게 지키도록 규제하는 방식은 어떨까? 정확한 시간에 퇴근할 것을 강제하면서 여가 시간을 보장하는 것에 목적을 두고 말이다.

이렇게 하면, 오히려 업무 시간의 집중도를 높일 수 있다. 사실 직원들이 회사를 다니는 근본적인 이유는 행복한 삶을 위해 필요한 돈을 벌기 위함이나. 그러므로 무슨 일을 얼마나 했느냐의 What과 How에 중심을 둔 관리가 아니라, 직원들이 왜 회사를 다닐까인 Why에 중심을 두고 업무 시간에 집중하도록 독려하는 것이다.

회사에서 영업을 독려하는 방식도 매출 금액에 따라 성과를 측정하고 이에 따른 보상을 하는 것이 일반적이다. 그래서 영업 직원들은 'What, 무엇을 판매할까'와 'How, 어떻게 판매할까'에 중점을 두고 일하게 된다. 그런데 이러한 판매자의 입장이 아니라 고객의 입장에서 성과를 측정하면 어떨까? 고객으로부터 받은 감사 메일 등으로 '고객을 얼마나 행복하게 만들었는지'로 말이다. 상품의 판매 목적이 그것을 통해 고객을 행복하게 만드는 데 있어야 함에도, 대부분은 이러한 Why가 아니라 What과 How에만 집중하고 있다.

회사는 더 이상 지금처럼 암기력을 측정하는 시험 결과로만 직원을 뽑아서는 안 될 것이다. 이제는 회사의 Why를 이해하고 그것을 공유할 수 있는 '협업자'를 찾는 데 집중해야 한다. 특히 경력자를 채용하는 경우라면 더욱 그러해야 한다. 회사의 Why를 유지하고 관리하는 역할을 해야 하기 때문이다.

창업이란, Why를 정립한 사람이 Why를 공유하는 협업공동체 만들기!

이번에는 Why로 시작해서 필요한 What과 How를 찾아가는 과정을 라이트 형제(Wright Brothers)의 비행기 발명 과정에서 한 번 살펴보자.

'왜 인간은 날지 못할까?'라는 질문으로 시작해서, '왜 새들은 날 수 있을까?'라는 질문으로, 그렇게 날개가 필요하다는 것을 발견했다. 그렇다면 라이트 형제의 목표는 '날개 만들기'일까? 아니면, '인간이 하늘을 나는 것'일까? 답하기 교육에 길들여진 대다수는 What과 How인 '날개 만들기'에 집중하느라, Why로 시작된 '하늘을 나는 꿈'을 망각하곤 한다.

라이트 형제 보다는 늦게 시작했지만, 미국 육군성의 전폭적인 지원을 받으며 비행기구 발명에 뛰어든 새뮤얼 피어폰 랭리(Samuel Pierpont Langley)는 막대한 자금과 최고의 기술자들로 팀을 꾸렸는데도 실패했다. '날개 만들기'를 위해 모인 그곳 팀원들은 실패 가능성이 조금이라도 생기면, 자신의 명성에 오점이 될까 두려워 떠나기 일 쑤였다. 이에 반해 라이트 형제가 꾸린 팀원들은 실력은 조금 부족하더라도 '하늘을 나는 꿈'을 가진 사람들이었기에, 수많은 실패에도 좌절하지 않고 끝내 성공할 수 있었다. 조직의 성공은 What과 How보다는 Why가 우선시 되어야 한다는 것을 확인시켜준 사례이다.

> "만일 당신이 배를 만들고 싶다면, 사람들에게 목재를 가져오게 하거나 일을 지시하고 일감을 나눠주는 일은 하지 마라. 대신 그들에게 저 넓고 끝 없는 바다에 대한 동경심을 키워줘라."
>
> – 앙투안 드 생텍쥐페리 (Antoine Marie Roger De Saint Exupery) –

Why의 일관성

"사람들의 습관을 바꿔보자. 맑은 공기를 마시며 걷게 해 보자. 우리 때문에 한 사람이 한 블록을 더 걷게 된다면 성공한 것이다."라는 창업 목표를 가지고 시작한 기업이 있다.

바로 포케몬 고(Pokemon Go)이다. 이들은 이렇게 긍정적인 Why로 출발했다. 스마트폰을 이용한 아웃도어 게임 방식으로 자발적인 몸의 움직임을 만들어내는 기발한 What과 How로 성공한 비즈니스 모델이었다. 하지만, 창업의 이유였던 Why는 퇴색되고 What과 How의 아이템 판매에만 집중함으로써 고객으로부터 외면받기 시작했다.

아이들에게 꿈을 심어주고 행복한 삶으로 이끌어주는 Why로 시작해서 Why와 일치되는 What과 How를 일관성 있게 유지한 기업이 있다. 바로 월트 디즈니(Walt Disney)이다. 이들은 흔들릴 수 있는 What과 How를 Why를 상기하며 바로잡았다. 매출에는 도움이 되지만 Why에 위배되는 자극적인 폭력물 등은 결코 만들지 않았다. 이렇게 Why의 일관성을 유지함으로써 고객의 사랑을 이어가고 있는 것이다.

비즈니스의 목적이 수익을 내기 위한 What과 How 찾기라는 것이 일반적인 통념이다. 하지만 그 밑바탕에는 반드시 Why가 존재해야 하고, 그것을 일관성 있게 유지할 수 있어야 한다. Why가 바로 기업의 존재 이유이기 때문이다.

물론 비즈니스의 수익과 성장을 위한 What과 How도 중요하다. 하지만, 창업 당시의 Why를 일관성 있게 유지하는 노력이 바탕에 있지 않다면, 결코 고객으로부터 지속적인 사랑을 받을 수 없을 것이다.

Why를 일관성 있게 유지하려면 명사가 아닌 동사로 표현하는 것이 좋다. 추구하는 가치를 동사로 표현하면 개념이 보다 잘 드러나기 때문이다.

'성실'은 '항상 올바르게 행동하라'로, '혁신'은 '다른 각도에서 문제를 보라'는 식으로 말이다. '취업'을 '직업 구하기'가 아니라, '나의 신념을 즐겁게 지속할 수 있는 일 찾기'라고 보다 구체적으로 표현하면 훨씬 목표가 선명해진다.

Why를 공감하는 매니아 만들기

비즈니스에 있어서 자신의 Why를 공감하는 고객들을 확보하고 유지하기 위한 브랜드 관리는 매우 중요하다. 기업들의 로고를 한번 살펴보자. 로고에 굳이 기업의 Why가 포함되어 있지 않더라도, 분명 기업의 로고는 단순한 그림이 아니라 기업의 Why를 나타내는 상징이다. 미국에서는 애플의 로고를 팔에 문신한 사람을 어렵지 않게 만날 수 있다. 반면 한국의 대기업 로고를 문신한 사람을 본 적이 있는가?

모토사이클 기업인 할리데이비슨(Harley-Davidson)의 로고를 문신한 사람들은 전세계에 있다. 이 기업은 자신을 사랑해주는 고객들의 자존심을 지켜주기 위해서라도 할인 판매 등은 하지 않는다. 기업 수익의 12%가 로고 관련 사업에서 만들어지는 것만 보더라도 이 기업의 Why를 추종하고 공유하는 고객들은 엄청나다. 바로 Why의 일관성을 지켜나가며 Why와 일치되는 What과 How만을 지속해 나가기 때문이다.

로고를 비롯해 기업의 모든 브랜드 관리는 Why를 지속하는 신뢰 유지의 핵심 행위이다. 브랜드 관리를 통해 Why를 유지하는 것은 자신만의 가치를 지키는 중요한 일이다. '고객이 공감하고 공유하고 싶은 자신만의 Why를 만들고 유지하는 것'이 기업의 핵심가치가 되어야 한다. 이것을 통해 '기업 내부의 임직원들과 외부의 고객 모두를 하나의 협업공동체로 만들어 가는 것'이 비즈니스의 목표가 되어야 하기 때문이다.

기업은 'Why의 일관성을 유지하면서, 필요한 상품이나 서비스인 What을 찾고, 다양한 전략인 How를 지속적으로 만드는 것'에 역량을 집중해야 한다. 개인도 이와 다르지 않다. 자신만의 Why를 정립하고, 그것을 구현하고 유지하는 What과, 자신만의 특화된 표현 방식인 How를 갖춘다면, 당당하고 행복한 삶을 영위할 수 있을 것이다.

앞서 설명한 기업의 로고 문신의 경우에서 보듯, 누군가의 Why를 공감하고 그것에 열광하는 매니아(Mania)들은 스스로가 알아서 또 다른 고객을 끌고 온다. 이것은 성공적인 비즈니스 플랫폼의 핵심 요소인 '자가발전' 구조를 완성시키는 최고의 방법이다.

극소수의 거대기업이 지배하는 대량생산을 통한 대량판매시장(Mass Market)은 불특정 다수를 그 대상으로 한다. 하지만, 소량생산으로 틈새시장(Niche Market)을 공략해야 하는 대다수의 일반기업들은 매니아 고객에 집중해야 한다. 자신만의 광팬 즉, 매니아를 만들고 그들을 유지하고 관리하는 데 집중해야 한다는 것이다.

이러한 매니아를 확보하려면 자신만의 특화된 Why가 있어야 하고 그것을 유지할 수 있어야 한다. 작은 식당을 운영한다면, 가게 앞을 지나가는 불특정 다수를 대상으로 할 것이 아니라 단골 손님을 확보하는 일에 먼저 집중해야 한다. 지나가는 행인들에게 전단지를 배포하기 보다는, 방문한 고객에게 더 많은 시간을 투자하라는 말이다. 매니아를 확보하기 위해서는 음식의 값과 맛도 중요하다. 하지만, 무엇보다 재방문할 수 밖에 없는 그곳만의 특별한 매력을 갖추어야 한다. 예를 들면 욕쟁이 할머니와 같이 부모님의 잔소리가 그리운 사람들을 대상으로 한다든지, 부드러운 고객 응대로 자신이 존중받고 있음을 느끼고 싶은 사람들을 대상으로 한다든지 등과 같이, 명확하게 정의된 대상과 그들이 공감할 수 있는 특별한 매력이 있어야 한다. 자신의 Why를 공감해주고 그것을 지켜주는 곳이라면 당연히 자발적으로 매니아 고객이 될 것이기 때문이다.

애플의 매니아 고객들은 애플 제품을 자랑스럽게 생각하고 그것만을 고집한다. 새로운 제품이 나올 때마다, 이들이 기본적인 매출을 책임져준다. 불특정 다수의 새로운 일반 고객을 대상으로 하는 경우에는 홍보와 마케팅 비용도 상대적으로 높을 수 밖에 없지만, 이렇게 매니아 고객들을 다수 확보하게 되면, 저비용 홍보로도 안정적인 수익 구조를 갖게 된다.

개인용 컴퓨터 OS 시장을 90% 이상 차지하고 있는 마이크로소프트와 7% 정도를 차지하고 있는 애플을 비교해보면 이것은 더욱 명확해진다. 열 배 이상의 시장 점유율 차이에도 불구하고, 'i'만 봐도 열광하는 애플의 매니아 고객들이 안정적인 매출을 확보해주고 있어서 수익성을 확보하고 있는 것이다. 무엇보다 이들 매니아 고객들은 애플의 다른 제품들도 산다는 것을 상기해야 한다.

2018년까지도 여전히 적자 기업인 테슬라(Tesla)의 기업가치가 2017년에 이미 포드(Ford)와 GM(General Motors)을 넘어섰다. 이들이 당시까지 판매한 차량대수를 비교해 보면 더욱 흥미롭다. GM이

천만 대, 포드가 7백만 대인 데 비해, 테슬라는 고작 8만 대이다. 결국 테슬라의 기업가치는 예약 주문 등을 통해 증명된 매니아 고객들의 가치이다.

식료품 분야에서도 충성스러운 매니아 고객들 덕분에 성공한 기업이 있다. 바로 미국의 유기농 식품유통 업체인 '트레이더 조(Trader Joe's)'이다. 기업 규모는 경쟁사인 '홀푸드'보다 작지만 성장률만큼은 동종업계 1위이다. 이들이 매니아 고객을 확보한 방법은 교육수준이 높고 여행경험이 많은 사람들에게 그들이 구하기 힘든 특별한 제품을 싸게 판매하는 데 집중한 것이다. 일반 식품 매장에 있는 흔한 제품은 취급하지 않는 등, 대상 고객을 명확하게 설정하고 이들에게 집중해 얻은 성공이었다.

매니아 고객 만들기로 성공한 기업 사례 중에, 미국의 온라인 신발 판매 업체인 자포스(Zappos)를 빼놓을 수 없다. 이들은 서비스에 기꺼이 비용을 지불할 수 있는 중산층 이상의 고객을 목표로 삼고, 행복한 이웃집 같은 고객응대로 차별화된 서비스를 제공함으로써 매니아 고객을 확보했다.

콜센터에서 전화 상담원들이 고객을 응대하는 방법을 보면, 확실하게 이들의 전략을 알 수 있다. 수다쟁이 고객과 10시간 43분 통화하기, 고객의 집 주변 피자가게 전화번호 안내 요청에 아무런 거부 없이 5개나 찾아서 알려주기, 재고가 없는 제품의 경우는 경쟁사의 재고를 파악하고 그곳을 소개해주기, 한 고객이 어머니의 구두를 주문했으나 갑작스러운 사망으로 반품을 요청하자 무료 반품은 물론

위로 편지와 함께 꽃다발까지 선물하기와 같은, 그들만의 특별하고 감동적인 응대 방법을 지속했다.

'행복 배달'이라는 자신만의 Why를 확고히 설정하고 거기에 집중했기에, 떠나지 않는 매니아 고객을 확보할 수 있었다. 게다가 자포스에는 특별한 상여금 제도가 있다. 직원이 신청만 하면 바로 '3천 달러'를 지급한다. 조건은 퇴사이다. 자포스의 Why에 동의하지 않거나 유지하기 싫은 사람은 언제든지 회사를 떠나라는 것이다. 아마존이 거금을 들여 자포스를 인수한 이유가 이들로부터 고객 응대 방법을 배우기 위함이라는 의견도 있는 것을 보면 이들의 매니아 고객 만들기는 분명 특별했다.

모든 것이 매니아 고객을 향한 기업

2007년 창업하여, 2018년에 기업가치 2조2천억 원으로 급성장한 영국의 수제 맥주 회사가 있다. 바로 브루독(Brewdog Beer)이다. 이 기업의 매니아 고객들은 방문한 술집에 브루독이 없으면 바로 소동을 일으킬 만큼 광팬들이라고 한다. 그런데 이 기업에는 이러한 광팬이 9만 명이나 있다. 종교 단체도 아닌 맥주 기업이 어떻게 이러한 광팬들을 만들 수 있었을까?

당시 24살의 청년 제임스 와트(James Watt)와 마틴 디키(Martin Dickie)가 "우리는 돈을 벌기 위해서가 아니라 맛있는 맥주를 만들어서 사람들에게 맥주에 대한 열정을 퍼뜨려야 한다는 사명감으로 창업을 결심했다"며 시작한 이 회사는 상품 개발과 판매, 그리고 서비스와 마케팅 방식까지 회사가 행하는 모든 것이 주주와 매니아 고객을 향했다.

창업 당시부터 크라우드 펀딩(Crowd Funding)으로 투자자와 주주를 모집했고, 이같은 일을 반복하며 2018년까지 9만여 명을 확보한 것이다. 이들 모두가 주주이자 매니아 고객이기도 하니 그 힘이 얼마나 막강한 것인지를 알 수 있다.

주주가 되면 ID카드를 발급하고, 브루독이 운영하는 술집 평생 5~10% 할인, 생일에는 원하는 사이즈의 맥주 한 잔 무료, 브루독 온라인쇼핑몰 평생 20% 할인, 한정판 맥주 우선 구매 기회, 새로 문여는 매장에 정식 오픈 전 초대 등의 다양한 혜택을 제공한다.

그리고, 크라우드 펀딩 최고 금액인 5만 파운드를 투자한 주주에게는 집에서 생맥주를 마실 수 있도록 미니 '브루독 바'를 설치해주고, 병맥주 보관 전용 냉장고도 준다. 주주들을 위한 맥주 시음 행사인 브루데이(Brewday)에서 새롭게 출시할 제품을 주주들과 함께 결정한다.

미국 오하이오주 콜럼버스 브루독 양조장을 방문하고자 하는 주주들을 위한 맥주 전용 호텔도 열었다. 이 또한 크라우드 펀딩으로 자금을 조달했다. 런던과 미국 양조장을 직항으로 왕복하는 항공기도 구입했다. 1인당 한화 180만 원에 항공권과 숙박, 그리고 식비 등이 모두 포함되어 있다. 물론 주주들만 이용할 수 있다.

자신들의 Why를 공감하는 매니아들을 주주로 영입하고, 그들을 최고로 대접하여 강력한 매니아 집단을 만들었고, 이들을 통해 자신만의 Why를 유지하고 발전시켜 나가고 있는 것이다.

특정 부류의 사람들만을 대상으로 한시적으로 영업하는 팝업비즈니스(Pop-Up Business)도 매니아 고객을 대상으로 한, 특화된 비즈니스 모델로 활용될 수 있다. 특별한 장소를 단기간 대여하여 한시적으로 특정 대상만을 상대로 영업하는 식당이 여기에 해당한다. 더 나아가 초대한 사람만 올 수 있는 폐쇄적인 운영 방식도 매니아 고객을 위한 차별화된 서비스로 활용될 수 있다.

'나만의 매니아 고객 만들기'에 집중하고 그들만을 위한 특화된 비즈니스 모델을 만드는 것이, 작고 빠른 기업들이 성공할 수 있는 최상의 방법일 것이다. 이미 일어난 비즈니스의 미래는 '거대한 매스(Mass) 마켓에서 경쟁하면서 규모를 키우기' 보다는, '작은 개인화(Semantic) 마켓에서 차별화된 매니아 만들기로 독점적인 위치 지키기'가 될 것이다.

Why는 영감을 주고 충성심을 높인다!

혹시 여러분은 누군가에게 자신을 소개할 때 '나는 좋은 차가 있고, 좋은 집이 있고, 유명 대학의 학위가 있고, 어떻게 이 성공적인 자리까지 왔는지' 등의 What과 How로만 설명하고 있지 않은가? 하물며 사랑에 빠진 이유조차 그렇게 설명하고 있지는 않은가? 믿음과 신뢰는 What과 How가 아니라 Why가 명확해야만 생긴다. 왜 내가 당신을 사랑하게 되었는지를 What과 How가 아닌 Why로 설명할 수 있어야 한다. What과 How만으로 과시는 할 수 있지만 사랑을 얻지는 못한다. Why는 영감을 주고 충성심을 높이기 때문이다. 또한, 나의 Why를 공감하는 사람만이 충성도 높은 매니아가 된다는 것을 상기하자.

Why의 시작은 '자기발견'에서!

"Why는 자신만의 통찰로 만들어낸 신념이다. How는 그 신념을 실현하기 위한 행동이며, What은 그 행동으로 만들어지는 결과물이다." 그런데, 이 모두의 주체는 무엇인가?

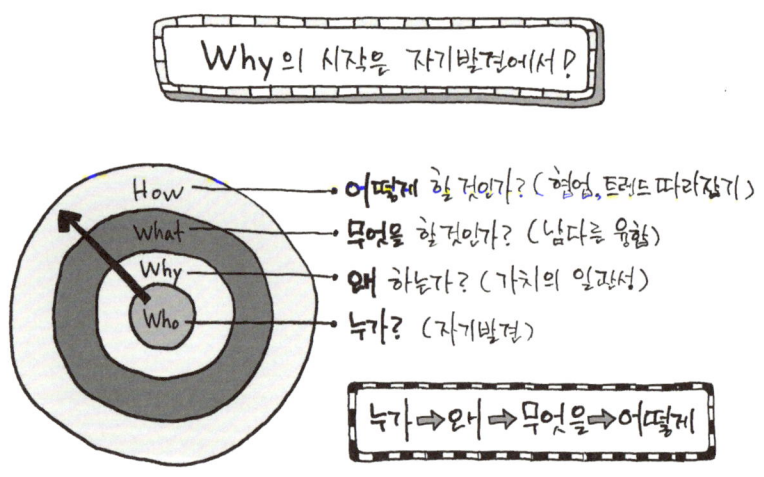

Why로 시작해서 What과 How를 거쳐가는 과정의 출발점에는

Who가 있다. Who 즉, 자기자신을 먼저 발견하고 Why를 시작해야 한다. '나는 누구인가?'라는 질문으로 자신의 본질을 찾아가는 철학적 사유(思惟)까지는 가지 않더라도, 먼저 스스로가 무엇을 좋아하는지, 어떠한 것에 의미를 두고 있는지, 삶의 가치를 어디에 두고 있는지 등을 발견하고 나서, '왜 이것을 하려는지?'의 질문으로 넘어가라는 말이다. '누가, 왜, 무엇을, 어떻게'의 순서이다.

'Who와 Why' 보호 공식

그리고, 무엇보다 'Who와 Why의 합'이 'What과 How의 합'보다 최소한 같거나 큰 성공적인 삶을 살아야 한다. '누가 왜 하는가'가 '무엇을 어떻게 하는가'보다 더 커야 한다. 이 공식을 항상 기억하고 현재의 상황을 대입해본다면, What과 How가 Who와 Why보다 앞서가는 것을 방지할 수 있을 것이다. 현재 하고 있거나 행하려고 하는 What가 How가, 자신 또는 상대방(Who)의 Why보다 중요하게 다루어지고 있는 것은 아닌지, 지금 한 번 자문해보자.

우리는 세상을 볼 때, 하나의 렌즈가 아니라 지식과 경험으로 겹

겹이 쌓여 있는 프리즘으로 세상을 본다. 우리 안에는 여러 개의 프리즘이 있다. 지금 이 순간의 왜라는 질문을 통해 그 중 하나를 선택하고, 그것으로 눈앞의 세상을 본다. 여기서 그것을 보는 주체는 Who이고, 선택된 프리즘은 Why이며, 프리즘 내부에 겹겹이 쌓인 렌즈들이 바로 What과 How이다.

이렇게 Why로 시작하는 프리즘 선택이 내가 보는 세상을 결정한다. 무엇을 어떻게 보느냐가 아니라 누가 왜 보느냐가 먼저여야만, 내가 보는 세상 안에 나와 상대가 존재할 수 있다. 내가 선택한 '세상보기'로 쌓여가고 있는 나만의 통찰과 스토리에, 나와 상대가 함께이기를 바란다.

이제 인공지능이 '소설'도 쓰고 '시'도 쓴다. 그런데 이것은 인간의 그것과 무엇이 다를까? 이것은 진짜 '시'가 될 수 없다. 이유는 단호하다. 이것에는 Who가 없기 때문이다. 누가 왜 이것을 했는지가 없기 때문이다. 단지 What과 How의 조합이다. 이것이 바로 우리 인간이 인공지능과 다른 점이다.

그러므로 인간은 'Who와 Why', 즉, '나만의 통찰과 스토리가 있는가?'라는 질문에 제대로 답할 수 있어야 한다. What과 How만으로는 인공지능과의 경쟁에서 이길 수 없다.

'책 쓰기'의 과정을 살펴보자. 가장 먼저 'Who' 자신만의 통찰과 스토리가 있어야 하고, 'Why' 왜 누구를 위해 쓰려고 하는지를 결정해야 한다. 그리고, 'What' 무엇에 관해 쓸 것인지로 주제를 선택하고, 마지막으로 'How' 어떤 느낌으로 스토리를 전개할 것인지를 결정한다. 앞서 설명한 순서가 지켜져야 좋은 책이 만들어진다. 우리들 삶의 과정도 이러한 책 쓰기 순서와 다르지 않다. 'Who와 Why를 바탕에 두고, What과 How로 통찰과 스토리를 만들어가는 모든 과정'이 바로 우리들의 삶이기 때문이다.

'직업 선택'은 자신만의 Why(업;業)를 정립하고, 그 Why를 구현할 What(직;職)을 찾는 것이다. 'Why(업;業)로부터 파생된 What(직;職)의 선택'이 바로 나의 직업(職業)이 되어야 한다. 그렇기 때문에 기업의 규모와 연봉과 같은 What과 How가 아니라, 자신만의 Why를 구현하고 유지할 수 있는지가 선택 기준의 최우선에 있어야 한다.

직업 선택은 '무엇을 먹을까?'와 같이 What으로 선택해도 크게 상관 없는 일회성의 단기적인 문제가 아니라, 오랫동안 자신의 삶과 함께 해야 하는 장기적인 문제임을 명심해야 한다. 그리고, 삶은 최고가 아니라 최선의 선택을 요구한다. 최소한 나의 Why를 유지할 수 있는 것 중에서 최선을 선택하자. 이렇게 '지키고 싶은 나만의 통찰을 스토리로 이어가는 삶의 표현'이 직업(職業)으로 연결된다면 행복한 삶이라 할 것이다.

생각하고 질문하기 훈련

What과 How에만 매달려 살고 있는 우리가 Why를 찾으려면, 가장 기초적인 '생각하고, 질문하기' 훈련부터 시작해야 한다.

생각하자! 혹시 여러분은 깊은 사색을 해 본적이 있는가? 그것이 언제였나? 스마트폰이 생활의 편리함을 가져다 주었지만, 오히려 생각할 기회를 빼앗아 가고 있다는 생각을 해본적은 없는가? 반복되는 단순 작업과 인터넷 검색 등을 통한 단편 지식 습득에만 익숙해지면 생각하는 힘이 점차 약해져 간다.

지금부터라도 생각하기 훈련을 시작해야 한다. 주제를 하나 정해서 5분만 집중해 보자. 앞장에서 설명한 '협업'에서 '나는 과연 주변 사람들과 협업을 제대로 하고 있는지'에 관해, 지금 눈을 감고 5분만 생각해 보자. 짧은 5분조차도 생각에 집중하기 힘든 자신을 발견하게 된다.

인간의 뇌는 계속해서 사용하는 부위만 지속적으로 발전시키고, 그렇지 않은 부위는 작동을 차단하는 에너지 효율에 중점을 두는 시스템이다. 그런데, 우리는 스마트 기기 덕분에 뇌의 겉면만 발달시키고 있다. 때문에, 사색을 위한 뇌의 깊은 부위는 퇴화되고, 얕은 지식을 위한 껍질 부위만 발달하고 있다.

잠자기 전에 하루를 복기해보자. 그리고, 왜 그랬는지를 생각해보자. 아침에 일어나면서 오늘 무엇을 해야 할지를 계획해보자. 그리고, 왜 그것을 해야 하는지도 생각해보자. 이것의 반복만으로도 뇌의 깊은 부위가 작동을 시작할 것이다.

질문하자! 생각중에 질문을 발견하고, 그렇게 발견한 질문을 타인에게 해보자. 타인에게 꺼내는 과정에서 스스로의 발견이 있을 것이다. 주변에 좋은 멘토가 항상 있어야 하는 이유가 바로 여기에 있다. 지금 어디서 누구와 시간을 보내고 있는지가 삶의 풍요로움을 결정한다. 좋은 멘토를 찾고 유지하는 일은 결코 게을리 해서는 안 된다. 그리고, 다시 스스로에게 질문해보자. 그리고, 그 과정을 반복하자. 그렇게 자신만의 Why를 찾아가는 과정을 반복하다 보면, 분명 Who와 Why 중심의 사고가 자리잡게 될 것이다. 또한 이 과정에서 새로운 질문을 위한 공부의 필요성을 발견하게 된다. 생각중에 질문을 발견하기 위한 기초 공부인 '인문학'이다. 역사, 문학, 철학 등을 공부해야 하는 이유가 바로 여기에 있다.

이렇게 '생각하고, 질문하기 훈련'을 통해 스스로를 발견하고 자신만의 Why를 정립할 수 있다. 그리고, 무엇이든 실행에 앞서 가장 먼저 '스스로에게 설명하기 훈련'을 하나 더 제안하고자 한다. 지금 결정한 이것이 무슨 의미이며 왜 중요한지? 그것도 실제 자신의 목소리로 자신이 이해할 수 있을 때까지 스스로에게 설명하는 과정을 반복하다 보면 자신만의 Why가 좀 더 명확하게 다듬어질 것이다.

자신만의 Why를 찾고, 공유할 내 편(Mania)을 만들고, 도와줄 멘토와 함께 한다면 여러분의 삶은 훨씬 더 풍요로워질 것이다. 여러분의 미래는 What과 How의 속도 경쟁이 아니라, Who와 Why에 의한 방향으로 결정됨을 다시 한 번 강조하면서, 이 책을 만난 것이 긍정적인 질문이 많아지는 계기가 되었기를 바란다.

에필로그

기술은 계속해서 진화하지만 책에 기록된 글은 그대로이니. 그러므로, 기술을 설명하는 과정에서 언급된 숫자와 상황은 작성 당시로 이입하여 인식하는 독자의 너그러움을 구한다.

이 책을 통해 여러분 스스로에게 질문이 만들어졌기를 기대한다. 그 질문의 답을 구하고 또 다른 질문이 생겨나는 반복된 과정에서 자신만의 통찰이 형성되길 바란다.

책의 본문에서 '만나고, 머물고, 자가발전' 하는 비즈니스 플랫폼의 개념을 얘기했지만, 비즈니스뿐 아니라 여러분 개인도 '매력적인 만남의 이유'와 '행복하게 머물 수 있는 이유'를 만들고, 주변 사람들이 자발적으로 여러분을 추천해주는 성공적인 플랫폼이 되기를 바란다. 이 책 또한 주변이나 SNS에 말로 글로 추천이 된다면, 여러분의 자발적인 도움으로 성공적인 플랫폼이 되리라 믿는다.

긍정적인 자극이 전달되었기를 바라며, 끝까지 읽어 준 독자들에게 마음 가득 감사를 전한다.

원 석 연